Wir freuen uns über Ihr Interesse an diesem Buch. Gerne stellen wir Ihnen kostenlos zusätzliche Informationen zu diesem Titel oder Programmsegment zur Verfügung.

Bitte sprechen Sie uns an:
E-mail: walhalla@walhalla.de
http://www.walhalla.de

Walhalla Fachverlag · Haus an der Eisernen Brücke · 93059 Regensburg
Telefon (09 41) 56 84 100 · Telefax (09 41) 56 84 111

Gerd Gehrmann · Klaus D. Müller

Praxis sozialer Arbeit:
Familie im
Mittelpunkt

Handbuch effektives Krisenmanagement
für Familien

WALHALLA

Die Deutsche Bibliothek – CIP-Einheitsaufnahme

Gehrmann, Gerd :
Praxis sozialer Arbeit : Familie im Mittelpunkt ;
Handbuch effektives Krisenmanagement für Familien /
Gerd Gehrmann ; Klaus D. Müller. – Regensburg ; Bonn : Walhalla, 1998
    ISBN 3-8029-7465-4

Zitiervorschlag:
Gerd Gehrmann – Klaus D. Müller, Praxis sozialer Arbeit: Familie im Mittelpunkt;
Handbuch effektives Krisenmanagement für Familien
Regensburg, Bonn 1998

© Walhalla u. Praetoria Verlag GmbH & Co. KG, Regensburg/Bonn
Alle Rechte, insbesondere das Recht der Vervielfältigung und Verbreitung
sowie der Übersetzung vorbehalten. Kein Teil des Werkes darf in irgendeiner Form
(durch Fotokopie, Diskette oder ein anderes Verfahren) ohne schriftliche
Genehmigung des Verlages reproduziert oder unter Verwendung elektronischer
Systeme gespeichert, verarbeitet, vervielfältigt oder verbreitet werden.
Produktion: Walhalla Fachverlag, **93042** Regensburg
Druck und Bindung: PVA – Pfälzische Verlagsanstalt GmbH, Landau
Printed in Germany
ISBN 3-8029-7465-4

Inhalt

Einleitung 9

1. **„Families First" oder „Homebuilding" – die amerikanischen Originale und ihre Verbreitung in Europa** 15

2. **Der Weg von „Families First" nach Deutschland – wie aus „Families First" „Familie im Mittelpunkt" (FiM) wurde** 21

3. **Charakteristika und Elemente des „Familie im Mittelpunkt"-Programms** 25
   Wertvorstellungen 27
   Handlungsrahmen 34

4. **Theoretische und konzeptionelle Grundlagen** 45
   Social Attachment Theory – These der sozialen Zugehörigkeit 47
   Der systemtheoretische Blick auf die Familie 51
   Krisentheorie und Krisenintervention 54
   Das Sozialräumliche Konzept, das therapeutische Mißverständnis und die Domäne Sozialer Arbeit 62
   Verhaltenstherapie 65
   Die Rational-Emotive-Therapie 67
   Die personenzentrierte Gesprächsführung 76
   Stärkenansatz und Empowerment 77
   Das Kompetenzmodell 80
   Die Familien- und Environment-Aktivierung 87

5. **Übernahme und Engaging** 93
   Wie arbeitet „Familie im Mittelpunkt"? 93
   Die Rolle des/der Familienarbeiter(in)s im Programm 94
   Die Übernahme einer Familie 103
   Familienarbeiter(innen) im Engaging-Prozeß 114

6.	**Konfliktdämpfung und Stärken-Assessment**	125
	Konfliktdämpfung	125
	Das Stärken-Assessment	129
7.	**Ziele setzen, planen und durchführen**	135
	Ziele setzen und planen	135
	Dokumentation der ersten Phase	142
	Realisieren und erneutes Planen	147
	Arbeitstechniken und -instrumente	151
	Ein weiteres Beispiel: Familie Barbara F.	155
	Perspektiven	159
8.	**Beendigung und Evaluation**	163
	Beendigung	163
	Evaluation	170
	Design der Begleitforschung für das FiM-Projekt beim ASK Hanau	172
9.	**Qualitätsmanagement und Organisation**	183
	Größe des Teams	185
	Evaluation des Programms als Qualitätsmanagement	187
	Öffentlichkeitsarbeit	188
	Qualität der Mitarbeiter	188
10.	**Auswirkungen des Programms als innovatives System auf die Soziale Arbeit**	193
	FiM in der Bundesrepublik Deutschland	193
	Der innovative Charakter von „Familie im Mittelpunkt"	197
	Der eindeutige Dienstleistungscharakter der Arbeitsstrategien	199
	Einige Konsequenzen der Einrichtung der „Familie im Mittelpunkt"-Dienste in Deutschland für die Praxis der Sozialen Arbeit und ihre Ausbildung	205
	„Familie im Mittelpunkt" und andere Dienste der Familienhilfe	206
11.	**„Familie im Mittelpunkt" in der Ausbildung**	215
	Das Trainingsprogramm „Familie im Mittelpunkt"	217
	Möglichkeiten der Weiterbildung	220

Inhalt

12. Anhang: Arbeitshilfen und Instrumente 223
    Arbeitshilfen für Ausbildung und Praxis 225
    Arbeitsbögen für Praxis und Evaluation 258
    FiM-Trainingsprogramm für Studierende 289
    ERASMUS Curriculum Entwicklungsprogramm 1994/1995 297

Weiterführende Literatur 311

Hilfreiche Adressen 314

Abkürzungen 315

Stichwortverzeichnis 316

Einleitung

Dieses Lehrbuch ist ein Programm zur intensiven Krisenintervention, um die Herausnahme von gefährdeten Kindern aus Familien zu vermeiden und kriminellen Karrieren von Jugendlichen vorzubeugen.

Seit mehr als 20 Jahren setzt sich in den USA die Erkenntnis durch, daß Kinder oft allzu schnell aus Familien herausgenommen werden, wenn sie dort nicht so aufwachsen können, wie es sich die Gesellschaft, vertreten durch Jugendämter, vorstellt. Es wuchs die Einsicht, daß Fremdplazierung selten die bessere Alternative für die Kinder und die Eltern ist und daß es in aller Regel für alle Beteiligten, vor allem die Kinder, besser und humaner ist, wenn man der Familie hilft, ihre Probleme selbst in den Griff zu bekommen. Dies gilt auch für die Mehrzahl der Fälle von schwerer Vernachlässigung, Mißhandlung und Mißbrauch. Inzwischen deutet sich auch in Deutschland ein Bewußtseinswandel an, der nicht zuletzt im Kinder- und Jugendhilfegesetz (KJHG) seinen Ausdruck gefunden hat. So gibt es in den meisten Städten Einrichtungen der Sozialpädagogischen Familienhilfe (SPFH), die ebenfalls Fremdplazierung verhindern wollen. Familienaktivierung ist nun ein Programm, das die SPFH nicht ersetzen, sondern eher ergänzen soll. Die SPFH kann mit bestimmten Familien gut arbeiten, verfehlt jedoch aufgrund organisatorischer und methodischer Beschränkungen viele Familien in Not und kann oft über ihre Erfolge nur schwer Auskunft geben, weil die Kriterien und Evaluationsanstrengungen selten verfügbar sind.

Familienaktivierung, in den USA und den Niederlanden auch „Homebuilding" oder „Families First" genannt, ist im Unterschied dazu ein Programm, das äußerst intensiv und sehr kurz (in der Regel vier Wochen) wirklich kundenorientiert als Dienstleistung angeboten wird und die realistisch gesteckten Ziele zu über 80 % erreicht. Dabei ist es in hohem Maße kosteneffektiv und erfüllt mit dem integrativen Bestandteil „Evaluation" professionelle Ansprüche an Überprüfbarkeit. Die Methoden und Arbeitstechniken sind unterschiedlichen theoretischen Erkenntnissen, Therapien und Lernprogrammen entnommen und über die praktische Familienarbeit in der Lebenswelt der Familien, vornehmlich ihren Wohnungen, zu neuen Konzepten und Methoden weiterentwickelt worden. Daraus ist ein sozialarbeiterisches Arbeitsprogramm entstanden, das diesen Namen wirklich verdient. Die gut ausgebildeten Familienarbeiter(innen) werben um die Kooperation jeder Familie und lassen sich wie Handlungsforscher auf die Lebensstile der Familien ein. Sie respektieren die Familien und führen auf partnerschaftlicher Grundlage eine Problemlagen-Untersuchung (Assessment) durch. Im Anschluß entwickeln sie mit Hilfe eines reichhaltigen Methoden- und Technikrepertoires ein spezielles, auf die jeweilige Familie abgestimm-

Einleitung

tes Arbeitsprogramm. Damit ist Familienaktivierung alles andere als eine Form von Sozialtechnologie, wie dies manchmal in Unkenntnis der Arbeitsweise behauptet wird.

Wir erhoffen uns mit der Einführung von Familienaktivierungsdiensten in Deutschland bedeutsame Auswirkungen auf die Professionalisierung der Sozialen Arbeit, konkret: auf die Praxis der Sozialen Dienste, ihre Kundenorientierung und Methoden sowie ihre Darstellung in der Öffentlichkeit. Auch Studium und Ausbildung dürfen davon nicht unberührt bleiben.

Wir werden in den folgenden Kapiteln über die Entstehung des „Families First-Programms" in den USA berichten. Dabei wird das Programm knapp skizziert und in seinen theoretischen Komponenten entfaltet. Im Fortgang berichten wir über die Phasen und Arbeitsweisen und stellen die dafür benötigten Instrumente und Arbeitshilfen vor, die wir nicht nur in die deutsche Sprache übersetzt, sondern auch, wie das gesamte Programm, für die Familienaktivierung in Deutschland überarbeitet haben.

Es schließen sich Überlegungen darüber an, welche Auswirkungen die Einführung eines solchen Programms auf die Praxis der Sozialen Dienste, die Familienhilfe, die Methodenentwicklung, die Ausbildung und die Profession insgesamt haben könnte.

Den Abschluß bildet eine Materialsammlung der Arbeitshilfen.

Im ersten Kapitel beginnen wir mit einer kurzen Darstellung der Geschichte und Erfolge der Programme „Families First" und „Homebuilding" in den USA. Wir berichten von der Einführung in den Niederlanden und der Rolle der „International Initiative" bei der Verbreitung in Europa. Es folgen Hinweise auf Chancen und mögliche Widerstände gegen die Einführung dieses Programms in Deutschland, das nach Aussage von Jugendamtsleitern erwünschte Nebenwirkungen auf die Arbeit der Allgemeinen Sozialen Dienste (ASD) in Deutschland haben wird. Der Weg von „Families First" nach Deutschland wird im zweiten Kapitel beschrieben. Wir schildern, wie wir das Programm kennengelernt haben, und erläutern unseren inhaltlichen Bezug.

Das dritte Kapitel befaßt sich mit den Besonderheiten von „Familie im Mittelpunkt" (FiM), ihren Charakteristika und Bestandteilen. Zunächst begründen wir, warum wir es mit einem „Programm", nicht etwa nur mit einer Methode, zu tun haben. Familienaktivierung wird als eine Einheit aus Wertvorstellungen, Organisation, Elementen, Methoden, Techniken und Handlungsstrategien begriffen, um aus dem spezifischen Assessment der Stärken und der Problemlage jeder Familie ein auf die jeweiligen Besonderheiten zugeschnittenes Arbeitskonzept zu erstellen.

Die theoretischen und konzeptionellen Grundlagen der Familienaktivierung werden im vierten Kapitel vorgestellt. Wir geben eine Einführung in die wichtigsten Elemente aus Theorien sowie pädagogischen und therapeutischen Verfahren: Lerntheorie, Rational-Emotive-Therapie, Systemischer Ansatz, Soziale Ökologie, Soziale Zugehörigkeitsthese, Empowerment und Stärkenorientierung, klientenzentrierte Gesprächsführung u. a. Es folgen Hinweise auf Literatur zur vertiefenden Lektüre.

Im fünften Kapitel beginnt die Darstellung der Arbeit von „FiM". Methoden und Techniken werden mit Beispielen erläutert: Die Anfangsphase der Familienaktivierung (Intake, Assessment) wird beschrieben, Ausschlußkriterien werden benannt und erklärt sowie Materialien bereitgestellt, zum Beispiel das Übernahmeprotokoll. Weitere Instrumente wie die die Arbeit strukturierenden Assessment-Bögen werden eingeführt. Insbesondere das Stärken-Assessment muß trainiert werden, weil es gegen die in der Sozialen Arbeit übliche und allgegenwärtige „Problemorientierung" steht. Hier wird einer der wichtigsten Prozesse im Programm beschrieben, nämlich wie der Familienarbeiter trotz der anfänglichen Zwangssituation (die Familie muß sich auf FiM einlassen, weil ihr sonst die Kinder „genommen" und fremdplaziert werden) durch intensives Werben und die Vermittlung von Hoffnung von der Familie einen Arbeitsauftrag erhält (Engaging).

Mit Konfliktdämpfung, Beruhigen und Stärkenassessment befaßt sich das sechste Kapitel. Entscheidend für das Gelingen eines Arbeitsprozesses mit einer Familie in der Krise ist der deutlich andere Umgang schon beim ersten Hausbesuch. Die Familienarbeiter(innen) müssen die Kompetenz erlernen, um die Familie in einer Krise zu werben und sich von ihr engagieren zu lassen, obwohl allen Beteiligten die oft dramatischen Anlässe für die Einschaltung der Familienaktivierung bekannt sind, und diese auch nicht beschönigt werden. Hierfür steht ein besonderes Training bereit, für das Arbeitshilfen bereitgestellt werden. Dies gilt auch für die wichtigsten und dringlichsten Ziele: die Sicherheit aller Familienmitglieder zu gewährleisten und die Gewalt zu dämpfen.

Der Prozeß des Zielesetzens, der Planung und Durchführung schließt sich an (Kapitel 7). Krisen können besser bewältigt werden, wenn es gelingt, Hoffnung zu vermitteln und eine Perspektive auf eine bessere gemeinsame Zukunft zu eröffnen, die bereits morgen beginnen kann.

Neben der stützenden Grundhaltung arbeiten die Familienarbeiter(innen) mit Wunsch- und Hoffnungskarten, mit deren Hilfe ein gemeinsamer Arbeitsplan erstellt wird. Es werden auch hier weitere Instrumente für die praktische Arbeit vorgestellt und anhand von zwei Praxisbeispielen illustriert.

Eine Grundlage für die erfolgreiche Arbeit der Familienaktivierung ist, daß sämtliche Techniken zum Engagement, zum Kommunikationstraining und zur Gewaltdämpfung in direkter Form den Mitgliedern der Familie vermittelt werden.

Einleitung

Dies geschieht mit modellhaftem Demonstrieren, mit Videofilmen und mit Rollenspielen, Verfahren, die den Familienarbeitern bereits aus der Ausbildung vertraut sind.

Ganzheitlich ist die methoden-integrative Familienaktivierung, weil sie im Lebensalltag und mit der Problemsicht der Betroffenen Konflikte, Probleme und Anforderungen mit den Kunden gemeinsam angreift und zu lösen versucht und zugleich die Prozesse der Problemlösung vermittelt. Materielle, soziale, physische und psychische Unterstützungsleistungen sind dabei immer integriert.

„FiM" zielt auf Verbesserung der elterlichen Erziehungskompetenz und der Kommunikation in der Familie, aber auch auf die Entwicklung hauswirtschaftlicher Fähigkeiten und den verantwortungsvollen Umgang mit Geld.

Die gemeinsame Renovierung der Wohnung etwa ist eine gute Gelegenheit, miteinander ins Gespräch zu kommen und die Verwirklichung dieser Ziele anzupacken.

Als Materialien werden Checklisten für die Sicherheit und Kompetenzprofile bereitgestellt.

Mit der Termination (Beendigung) und Evaluation (Kapitel 8) schließt die Darstellung der Praxis ab.

Am Ende der Familienaktivierung steht immer eine Phase, in der die Familie auf die Zeit vorbereitet wird, in der die Familienarbeiter von „FiM" nicht mehr in die Familie kommen. Es muß ausführlich abgeklärt werden, welche weiteren Hilfen die Familie im Anschluß noch braucht. Dies geschieht als Klärungsprozeß zwischen dem Familienarbeiter, der Familie und dem Sozialarbeiter der überweisenden Einrichtung, in der Regel dem ASD. Schließlich erfolgt eine ausführliche gegenseitige Beurteilung nach einem elaborierten Verfahren und die Rückübergabe an die überweisende Stelle. Ein ausführliches Gutachten gibt Auskunft, ob die Situation der Kinder in der Familie nach der Familienaktivierung sicher und welche Unterstützung weiterhin erforderlich ist.

Wichtig ist, daß auch die Familie das Programm und die Sozialarbeiter bewertet und damit Soziale Arbeit der Kritik der Kunden ausgesetzt wird. Dafür werden Arbeits- und Evaluationsbögen eingesetzt.

Supervision, Qualitätsmanagement und Organisation folgen in Kapitel 9.

Die „International Initiative" und „Families First", insbesondere des Staates Michigan, wenden viel Energie auf, um das Programm der Krisenintervention zu verbreiten. Dabei legen sie großen Wert auf Modelltreue und die Qualität von Ausbildung, Praxis und der Begleitforschung.

Praxisnahe Supervision nach amerikanischem und niederländischem Vorbild ist dringend erforderlich.

Einleitung

Offenkundige Abweichungen vom Modell müssen verhindert werden, das Abdriften in therapeutische Verfahren etwa – eine Gefahr, in die besonders deutsche Familienhilfen leicht geraten.

Das Scheitern solcher Projekte schadet immer auch den erfolgreicheren, modelltreuen Projekten.

Deshalb ist die authentische Ausbildung und Supervision, ein permanentes Qualitätsmanagement und eine fachlich begründete Unabhängigkeit der Organisation von immenser Bedeutung.

Mögliche Auswirkungen des Familienaktivierungs-Programms auf uns werden in Kapitel 10 diskutiert.

Zweifellos wird sich das Familienaktivierungs-Programm auch in Deutschland durchsetzen. Das große Interesse von Fachleuten auf unseren ersten, noch sehr allgemeinen Aufsatz zum Thema (Gehrmann/Müller 1993) und der Zwang der Verwaltungen zum Sparen sind hierfür Indizien genug.

Insbesondere die Allgemeinen Sozialen Dienste (ASD) der Städte und Kreise, aber auch alle Schattierungen bestehender Familienhilfen sowie Einrichtungen der stationären und mobilen Jugendhilfe werden davon betroffen sein. Großes Interesse wurde uns auch von Seiten der Jugendgerichtshilfe und der Bewährungshilfe signalisiert, Bereiche, in denen in den USA bereits beachtliche Erfolge erzielt wurden.

Im Anhang werden alle Materialien, Instrumente und Arbeitshilfen abgedruckt, die wir aus dem Amerikanischen und dem Niederländischen übertragen oder die wir selbst entwickelt haben.

Bedanken möchten wir uns bei der studentischen Projektgruppe, und hier ist vor allem Georg Tresp zu erwähnen; sie halfen uns, den Programmtitel zu finden.

Gerd Gehrmann   *Klaus D. Müller*

1. „Families First" oder „Homebuilding" – die amerikanischen Originale und ihre Verbreitung in Europa

Das erste Programm der intensiven Familienerhaltung, das 1974 in Tacoma, Washington, unter dem Namen „Homebuilding" begonnen wurde, war von Anfang an von großer Skepsis begleitet. Vorbehalte kamen nicht nur von außen, auch die Gründer(innen) selbst hatten Zweifel, ob diese neue „In-home-Familien-Krisen Intervention" den Erfolg haben würde, den sie sich davon versprachen, nämlich Kinder in ihren Familien zu schützen und zu fördern und auch dort eine Fremdplazierung zu vermeiden, wo Sozialarbeiter(innen) gewöhnlich scheitern.

Kinney, Haapala und Booth berichten 1991, daß allein in ihrem Bereich 2 600 Familien und 4 700 Kinder die Dienstleistungen der „Homebuilders" in Anspruch nahmen. Zwischen 73 und 91 % der Kinder (je nach Problemlage) hätten vor Fremdplazierung bewahrt werden können (vgl. Kinney u. a. 1991, S. 3). Inzwischen hat sich das Programm in über 32 Bundesstaaten der USA verbreitet und erzielt überall hohe Erfolgsquoten. Die Evaluation der verschiedenen Programme unter den Namen „Homebuilders" oder „Families First", zusammen „Intensive Familiy Preservation", wurde zunächst für ein Jahr vorgenommen. In Michigan wurde das „Families First"-Programm inzwischen unter der fachlichen Leitung von Susan Kelly auf hohem Stand institutionalisiert, so daß es den gesamten Bundesstaat flächendeckend überspannt. Hier wurde bereits eine Begleitforschung der Michigan State University abgeschlossen, die den Zeitraum von 30 Monaten nach Beendigung der Intervention umfaßte. Zwar gehen die Familienarbeiter(innen) selbst vierteljährlich in die Familien, um nachzusehen, ob die Kinder noch ungefährdet aufwachsen können, doch wird die vom Programm geforderte Evaluation in den USA in aller Regel von einer unabhängigen Hochschule vorgenommen. Dies geschieht schon deshalb, weil es auch in den USA lange Zeit üblich war, Kinder bei Gefährdung durch Vernachlässigung, Gewalt und Mißbrauch aus der Familie zu nehmen. Die Kritiker(innen) dort, wie auch später in den Niederlanden und in Deutschland, argumentierten durchaus ähnlich. Sie konnten sich nicht vorstellen, daß das Programm in so kurzer Zeit (in der Regel vier Wochen) wirken und daß beinahe alle Familien sich als fähig erwiesen zur Veränderung. Ein Lehrstück für all die Sozialarbeiter(innen) und selbsternannten Kinderschutzspezialist(inn)en, die die Weisheit über den Umgang mit Familien in der Krise schon immer für sich gepachtet hatten.

1. „Families First" – „Homebuilding"

Trotz der langjährigen Praxis, der weiten Verbreitung und der nachweisbaren Erfolge in den USA, seit drei Jahren auch in den Niederlanden, werden immer wieder drei Standardargumente gegen „Familie im Mittelpunkt" ins Feld geführt:

1. „Families First" wird unterstellt, es ziele auf eine künstliche Erhaltung der überkommenen Kleinfamilie nach dem Muster – Vater, Mutter, ein bis zwei Kinder. Das Programm versteht jedoch unter Familie jede Form des Zusammenlebens von Erwachsenen und Kindern. Es kommt nicht darauf an, ob die Eltern miteinander verheiratet sind und welche Verwandschaftsbeziehungen zwischen den einzelnen Familienmitgliedern bestehen oder ob die Gemeinschaft auf Dauer angelegt ist. Das traditionelle Familienmodell mit seiner typischen Rollenverteilung ist keinesfalls das Muster, nach dem die in eine existentielle Krise geratene Familie geformt werden soll.

Eine Grundregel des Programms lautet, daß die Familienarbeiter(innen) sämtliche angetroffenen Lebensstile und Werte achten, solange sie nicht die soziale, psychische und körperliche Unversehrtheit der Kinder bedrohen. Das gilt insbesondere für die Arbeit mit ethnischen Gruppen, die nicht aus dem westlichen Kulturkreis stammen. In den USA sind dies oft weitverzweigte Mehrgenerationen-Familien indianischer, puertoricanischer oder mexikanischer Herkunft. In den Niederlanden sind es vor allem surinamesische Familien, die zum Teil matriarchalisch organisiert sind und in denen die Männer oft nur Gastrollen spielen.

Auch die Praxis der Familienarbeit zeigt, daß „FiM" nicht dogmatisch die traditionelle Kleinfamilie im Blick hat. Ein Großteil der Kunden sind Alleinerziehende, oft drogenabhängig. Sie stammen meist aus der sozialen Unterschicht und leben in anderen Formen, als sie die Tradition vorgibt.

Da sich aber professionelle Sozialarbeit an den Interessen und Bedürfnissen der Kunden zu orientieren hat, muß sie sich davor hüten, eigene Vorstellungen vom Zusammenleben auf die Kunden zu projizieren. Diese Überzeugung verhindert, daß das Modell der Kleinfamilie einer Gruppe übergestülpt wird, der diese Lebensform ganz und gar fremd ist. Ideologische Festlegungen, gleich welcher Art, vertragen sich nicht mit professioneller Arbeit.

2. Von feministischer Seite wird „Families First" vorgeworfen, daß der (fast immer männliche) Täter nicht unverzüglich aus der Familie entfernt, sondern in das Programm miteinbezogen wird. Vorrangiges Ziel von „Familie im Mittelpunkt" ist aber gerade die Sicherheit der Kinder und damit die Beendigung des Mißbrauchs. Wenn dies nicht gelingt, etwa weil der Täter nicht kooperiert oder weil die Mutter den Mißbrauch deckt, dann sind die Grenzen der Hilfe von „Families First" erreicht.

1. „Families First" – „Homebuilding"

Ob dies der Fall ist, kann aber erst im Verlauf eines fundierten Assessments (s. Kapitel 6, S. 125 ff.) festgestellt werden. „Families First" arbeitet mit den Tätern innerhalb der Familien, wenn sie Einsicht in ihre Problematik zeigen und wenn das Zusammenleben für das Wohl des Kindes wichtig ist. Eine Entfernung der mißbrauchenden Person kann nämlich bei den Kindern Trennungsschmerzen oder Schuldgefühle hervorrufen, da sie glauben, die Familie zerstört zu haben. Um jedem Mißverständnis gleich entgegenzutreten: Sexueller Mißbrauch hat auf die Opfer gravierende Auswirkungen und kann nicht entschuldigt werden. Wir beabsichtigen auch nicht, in die problematische Diskussion über den „Mißbrauch des Mißbrauchs" einzutreten. Es geht bei „Familie im Mittelpunkt" in erster Linie um das Wohl der Kinder. Und es geht um das Wohl der Familie, die für die Kinder überlebensnotwendig ist.

3. Von therapeutisch geschulten und orientierten Mitarbeitern sozialer Dienste, insbesondere der Familienberatung und der Sozialpädagogischen Familienhilfe (SPFH), wird immer wieder behauptet, ein Programm, das nur vier Wochen dauere, könne keine grundlegenden Veränderungen bei defizitären Persönlichkeits- und Beziehungsstrukturen erzielen.

Sie mißtrauen sogar den von unabhängigen Institutionen, in der Regel Hochschulen, durchgeführten Begleitforschungen, deren Forschungsdesigns und -prozesse publiziert sind, was man doch von den meisten Programmen der Sozialen Arbeit nicht behaupten kann. Zugegeben, die Ziele von „Familie im Mittelpunkt" sind konkret, realisierbar und damit auch bescheiden. Keineswegs wird versprochen, „neue Menschen" hervorzubringen. Was jedoch erreicht werden kann, wird operationalisiert und wissenschaftlich nachgewiesen. Je weiter die Ziele Sozialer Arbeit gesteckt sind, desto nebulöser werden sie und desto weniger kann ihre Erreichung belegt werden. Viele kostspielige Programme laufen einfach deshalb weiter, weil sie bereits existieren und nicht, weil ihre Wirksamkeit wirklich nachgewiesen worden wäre.

Wirksame Soziale Arbeit kann auch nicht mit einer psychozentristischen Perspektive betrieben werden, weil es bei Sozialer Arbeit immer um das Individuum oder die Familie im sozialen Umfeld geht. Denn die Problemlagen, mit denen es Soziale Arbeit zu tun hat, sind nur zu einem geringen Teil mit Persönlichkeitsdefiziten zu erklären, die geheilt werden müßten (Therapie).

Wir haben die professionelle Aufgabe der Sozialen Arbeit (Gehrmann/Müller 1993 und Müller/Gehrmann 1994) wie folgt beschrieben und entsprechen damit der in den USA und den Niederlanden geführten Diskussion.

1. „Families First" – „Homebuilding"

Kunden Sozialer Arbeit befinden sich in gesellschaftlich induzierten Problemlagen (vgl. „Neue Fachlichkeit" 1977), aus denen sie ohne professionelle Hilfe nicht herauskommen. Ihre erworbenen Kompetenzen reichen nicht aus (Pedologisch Instituut Amsterdam), die eigenen Stärken und Ressourcen (Empowerment) und die im Umfeld vorhandenen Netzwerke zu mobilisieren, um so ihren Lebensraum (Soziotop) lebenswert zu gestalten und den Spielraum für das eigene Handeln auszuweiten. Soziale Arbeit hat Dienstleistungen zu erbringen, die die Kunden dazu bringen, Probleme und Krisen aus eigener Kraft zu bewältigen. Hindernisse im sozialen Umfeld und Schwierigkeiten, die sich aus der Biographie und den gesellschaftlichen Bedingungen herleiten, müssen gemeinsam überwunden werden. Hier erhält Soziale Arbeit ihre eminent politische Dimension.

Es sind in der Regel die als „Unterschichten" bezeichneten sozialen Gruppen, die aufgrund ihrer Lebensentwürfe nicht in der Lage sind, sich der sozialen Einrichtungen und therapeutischen Hilfen zu bedienen. Viele würden am liebsten jeden Kontakt zu sozialen Diensten vermeiden, weil sie subjektiv keine guten Erfahrungen mit ihnen gemacht haben.

Soziale Arbeit muß oft aus gesetzlichen und sozialpolitischen Gründen eingreifen und hat damit auch Kontrollfunktion für Gesellschaft und Staat übernommen.

In einem demokratischen Gemeinwesen hat sich die Profession, auch wo sie im Rahmen von Kreisen und Kommunen tätig wird, von der obrigkeitsmäßigen Behörde hin zu einer modernen Dienstleistungsagentur zu entwickeln und neben dem gesellschaftlichen Auftrag auch den der Kunden einzuholen und sie in ihren bürgerlichen Grund- und Menschenrechten zu achten („Neues Denken").

Da sie meist über öffentliche oder (bei freien Trägern) über öffentlich beschaffte Mittel verfügt, muß sie kundenorientiert, effektiv und effizient arbeiten („Neue Sachlichkeit").

Soziale Arbeit verfügt inzwischen über eine Reihe neuerer Konzepte und Methoden, die ihr eine professionelle Arbeit in diesem Sinne ermöglichen, zum Beispiel das Case-Management, Video-Home-Training, das Selbstreflexive Arbeitskonzept und nicht zuletzt „Familie im Mittelpunkt".

Diese von vielen Fachkolleg(inn)en in Europa und Übersee geteilte Auffassung von der Sozialen Arbeit als Profession schlägt sich auch in der Diskussion der „Domaine of Social Work" (Karls und Wandrei 1990) nieder, in der eine eigene Standortbestimmung, Fachsprache und Begriffsbildung gefordert werden.

Soziale Arbeit hat im Verständnis der fortschrittlichen Sozialarbeiter(innen) in den USA dort ihre Domäne, wo das Individuum mit seinem sozialen Nahumfeld problemhaft in Berührung kommt. Das Konzept, das die spezifisch eigenen Sichtweisen und Problemlösungskompetenzen der Sozialen Arbeit begründet und in vielen Feldversuchen belegt wurde, heißt „PIE". „PIE" bedeutet „Person in Environment" und konzeptualisiert Soziale Arbeit als zuständig für die Person in ihrem sozialen Nahumfeld (Soziotop).

Neben der Klärung ihrer Stellung zu staatlichen Eingriffsrechten ist die Entwicklung eigenständiger, in ihrer Wirkung nachprüfbarer und lehrbarer Methoden eine Voraussetzung, von dem Status der Semiprofession wegzukommen.

Dabei ist die inhaltliche und mentale Vorliebe für therapeutische Verfahren, der Versuch, wenn schon nicht durch Soziale Arbeit, so doch über scheinbar klare Methoden der Therapie als „Minitherapeut" tätig zu werden, der direkte Weg ins professionelle Abseits. Sozialarbeiter(innen) können keine Therapeut(inn)en sein. Dafür sind sie nicht ausgebildet. Ihre Klientel ist eine andere als die der Therapeut(inn)en, die in Organisation und Methode Unterschichtangehörige oft ausschließen.

Die Tatsache, daß Psychozentrismus den ebenso falschen Soziozentrismus abgelöst hat, ist unserer Meinung nach auch eine Folge des Dilemmas, daß zumindest in Deutschland die Ausbildung an den Fachhochschulen bis auf einige Ausnahmen noch immer nicht aus einer eigenständigen Perspektive auf die Soziale Arbeit hin praktiziert wird. Das rührt daher, daß die Hochschullehrer(innen) nicht nur von ihrer Ausbildung und Berufserfahrung her, sondern auch inhaltlich von fremden Disziplinen bestimmt werden. Kolleg(inn)en der ersten Stunde der Fachhochschulen wehren sich gegen die Diskussion um die „Kolonialisierung" der Sozialarbeit durch Fremddisziplinen (Müller/Gehrmann 1994).

Erschwerend kommt in Deutschland hinzu, daß man gleichzeitig mit der Einrichtung des Studiums der Sozialen Arbeit an Fachhochschulen ohne Promotionsrecht an den Universitäten Diplomstudiengänge für Diplompädagogen mit der Fachrichtung Sozialpädagogik eingerichtet hat.

Die dort lehrenden Kolleg(inn)en und ihre Absolvent(inn)en beanspruchen, auch für Soziale Arbeit zuständig zu sein, die sie allerdings der Sozialpädagogik und damit der Erziehungswissenschaft unterstellt sehen.

Da nun diese erziehungswissenschaftlich geprägte Sozialpädagogik über keine griffigen Methoden für das Alltagsgeschäft verfügt, wird auch hier im Nebenfach Psychologie studiert und nach dem Examen eine therapeutische Zusatzausbildung absolviert. Derart an der Sozialen Arbeit vorbei ausgebildet, „bevölkern" die Absolvent(inn)en Beratungsstellen und Familienhilfen und kommen aufgrund ihrer unpraktischen Orientierung zu der bekannten Skepsis gegenüber Programmen wie „Families First".

Als vom theoretischen Standpunkt aus verwerflich wird auch der Eklektizismus des Programms angesehen, das nach praktischen Erfordernissen

1. „Families First" – „Homebuilding"

Teile aus unterschiedlichen pädagogischen und therapeutischen Verfahren zu einem neuen Ganzen vereinigt.

Da haben es unsere niederländischen Kolleg(inn)en einfacher. Dort, wie auch in den USA, wird eher schon mal ausprobiert, was in der Praxis realisierbar und erfolgversprechend ist.

Hierzulande gibt es viel zu viele akademische „Denkverbote" der Art: Ist es denn überhaupt erlaubt, beispielsweise Gesprächführungstechniken von Rogers und Gordon mit anderen Theorie- und Therapieelementen zu kombinieren, ohne die gründliche (und teure) Ausbildung in Gesprächsführung vorzusehen? Wie sieht es mit dem philosophischen und auf den Zen-Buddhismus zurückgehenden ideologischen Hintergrund aus? Wie paßt dies mit der Rational-Emotiven-Therapie zusammen? Die Reihe ließe sich beliebig fortsetzen.

Wir lassen diese Hauptvorbehalte gegen „Familie im Mittelpunkt" zunächst einmal unbeantwortet.

Wir sind überzeugt davon, daß dieses Programm auch in Deutschland erfolgreich arbeiten wird. Wir wollen mit dem Vorurteil aufräumen, es könne nur in den USA erfolgreich laufen, da bei uns doch ganz andere Bedingungen herrschen.

Dieser – vielleicht deutschen – Überheblichkeit setzen wir entgegen, daß es das Programm inzwischen auch in den Niederlanden und in Schweden gibt, in zwei Ländern mit ganz ähnlichen Gegebenheiten wie bei uns. Dort läuft es bereits erfolgreich an.

Die vielen Anfragen jedenfalls, die wir inzwischen aus dem ganzen Bundesgebiet bekommen, lassen das große Interesse von Einrichtungen erkennen, die mit Jugendhilfe zu tun haben.

2. Der Weg von „Families First" nach Deutschland – wie aus „Families First" „Familie im Mittelpunkt" (FiM) wurde

Ola Eriksson, ein Familiensozialarbeiter und Kollege von der Socialhögskolan der Universität Stockholm, berichtete in einem Sommerworkshop 1991 nach einem Besuch in den USA zum ersten Mal von einem neuen Programm der intensiven Krisenhilfe für Familien, dem „Homebuilding" oder auch „Families First". Er demonstrierte dieses Programm mit einer von der „Homebuilders Organisation" (Seattle, Washington) entwickelten Methode zur Ermittlung der Kundenwünsche und der Entwicklung von Zielsetzungen. Der Vortrag und die praktische Demonstration erweckten unser Interesse als Methodenentwickler.

Hier wurde uns ein Programm vorgestellt, das hautnah mit den realen Bedürfnissen der Kunden arbeitete und das eindeutig für die typische Klientel aus der sozialen Unterschicht konzipiert war, weil es zum Beispiel Methoden und Techniken bereithält, die keine elaborierte verbale Kommunikationskompetenz voraussetzen. Es erschien uns sofort als plausibel und leistungsfähig, weil es viele Merkmale einer wirklichen, nicht-therapieorientierten Sozialen Arbeit aufwies und uns einige neue Anstöße für die konsequente „Kundenorientierung" in der Sozialarbeit gab. Es setzte in der Alltagswelt der Klient(inn)en an und machte die Klient(inn)en weitgehend zu echten Partner(inne)n im Arbeitsprozeß. Ein in sich „rundes" Programm mit klaren Ziel- und Wertvorgaben, wirksamen Methoden und Techniken und verpflichtender Evaluation.

Nach unserer ersten Veröffentlichung zu diesem Thema in Deutschland (Gehrmann/Müller 1993) wurden wir zu einem Vortrag über Sozialarbeitsforschung in die Niederlande eingeladen und erfuhren, daß man dort bereits im Begriff war, „Families First" einzurichten. Dies berichtete auch unser Kollege Karl-Ernst Hesser von der Produktgroep Methodikontwikkeling der Hogeschool van Amsterdam bei einem trinationalen Workshop in Schweden (1991) zur Sozialarbeit mit Familien.

Die Erhaltung von Familien in Krisen und die Wertschätzung der Familien als Kunden der Sozialen Arbeit bildeten schnell ein gemeinsames Band, zumal auch unsere Stockholmer Kolleg(inn)en Ola Eriksson und Eva Wolander mit einem Projekt „Families First" begonnen hatten. Wir Kolleg(inn)en der beteiligten Hochschulen beschlossen, den Workshop von einer bis dato vergleichenden Perspektive der Familienarbeit in den drei Ländern auf das neue Programm der Erhaltung gefährdeter Familien und der Vermeidung von Fremdplazierung hin zu orientieren.

2. Der Weg von „Families First" nach Deutschland

Die Werbung für die Einführung des Programms und die entsprechende Ausbildung wurden zum gemeinsamen Ziel. Gleichzeitig hatten wir bemerkt, daß es nicht sehr günstig war, bei der vergleichenden Perspektive der Familienarbeit in den drei Ländern stehenzubleiben, weil dies immer noch zu konkurrierendem Verhalten zwischen den Studierenden der drei nationalen Gruppen geführt hatte, das immer mit besonderen Arbeitsinhalten und -formen aufgearbeitet werden mußte.

Diese Tatsache war uns nicht neu, hatten doch Cooper und Pitts (1993) aus ihrer vergleichenden Forschung von ähnlichen Problemen in der Zusammenarbeit von britischen und französischen Sozialarbeitern im Kinderschutz berichtet. Unterschiede in der nationalen Geschichte und in Denktraditionen fördern beim Vergleich Mißverständnisse, die nicht einfach zu überwinden sind.

Eine grundsätzlich andere Erfahrung machten die Mitglieder der „International Initiative". Diese Organisation – im Oktober 1990 entstanden – ist ein von der niederländischen Regierung gesponsorter Zusammenschluß von Sozialarbeiter(inn)en, Administrator(inn)en, Sozialpolitiker(inne)n, Hochschullehrer(inne)n und Forscher(inne)n aus Europa, Israel und den USA. Die „International Initiative" hat gemeinsame Grundsätze entwickelt, um Programme zu fördern mit dem Ziel, Fremdplazierung von Kindern weitgehend zu vermeiden, Familien zu erhalten und diese zu geachteten Partnern der Sozialen Arbeit zu machen.

Die gemeinsame Orientierung und die „gleichschwebende Aufmerksamkeit" (Hellmantel 1994) lassen erkennen, daß die Widerstände und Hindernisse bei der Einführung dieser Programme sich in allen Ländern gleichen und daß die gemeinsamen Ziele und der Blick über nationale Differenzen und historische Unterschiede hinweg verbinden. Die am Intensivworkshop beteiligten Kolleg(inn)en stellten Maximen auf, die für die zukünftige Ausbildung gelten sollen:

- respektvolles Umgehen mit Familien
- das auf Stärken gerichtete Assessment
- das „Werben" (Engaging) um einen Auftrag der Familie, gerade wenn vorher Schlimmes (Mißhandlung, Mißbrauch, gefährliche Vernachlässigung, Gewalt) zum Eingreifen des Jugendamts geführt hat
- Gewaltdämpfung

Wir beschlossen, ein internationales Curriculum „Intensive Family Preservation" zu entwickeln und die folgenden Workshops für die Erprobung von wichtigen Elementen zu nutzen. Dies geschah mit zunehmender Qualität in den Workshops 1994 in den Niederlanden, 1995 in Frankfurt am Main und wurde im Sommer 1996 in Stockholm abgeschlossen.

Die Curriculum-Entwicklung und die Workshops als Intensivprogramme wurden von der EU (ERASMUS) gefördert. Das Curriculum liegt nun in einem Theorieteil und einem Trainingsteil vor und ist diesem Handbuch in seiner deutschen Fassung als Anhang beigefügt.

Im Curriculum zur intensiven Familienerhaltung werden vor allem die Teile des Ausbildungsprogramms von „Familie im Mittelpunkt" behandelt, die dem Studium der theoretischen und therapeutischen Grundlagen des Programms dienen. Im Trainingsmodul werden die Verfahren und Verhaltensweisen trainiert, die jede(r) Sozialarbeiter(in) in der Praxis der Arbeit mit Familien und Einzelnen braucht. Die eigentliche Vollausbildung für dieses Programm, wie sie in diesem Lehrbuch dargestellt wird, richtet sich an Praktiker(innen) in der Fort- und Weiterbildung, die bereits ausreichende Praxiserfahrung besitzen.

Das Handbuch soll diese Ausbildung unterstützen. Von einer Anwendung in der Praxis unter Verzicht auf eine fundierte Ausbildung sei ausdrücklich gewarnt. Die Ausbildung ist keinesfalls so langwierig wie die den Weiterbildungsmarkt beherrschenden Ausbildungen in Therapie oder Gesprächsführung, auch nicht so teuer. Die Grundausbildung besteht aus einem einwöchigen Kerntraining, einer mindestens dreimonatigen Praxis mit Begleitung durch eine(n) Trainer(in), einer praxisbegleitenden Weiterbildung und einer Anleitungssupervision.

3. Charakteristika und Elemente des „Familie im Mittelpunkt"-Programms

„Families First" ist ein Programm der Sozialen Arbeit und damit mehr als ein Konzept oder eine Methode. Wer ebenso erfolgreich wie die Originale in den USA arbeiten will, muß das verstanden haben und dem Rechnung tragen.

Es ist ein in sich abgerundetes Ganzes, das man nicht nach Belieben irgendwelchen Zielsetzungen unterordnen, zerstückeln und durch alle möglichen Elemente und methodischen Versatzstücke anreichern kann, die den Charakter einer lebensweltlichen Sozialen Arbeit im Familienalltag der Kund(inn)en verlassen.

„Model-Drifting" wird das von den Urheber(inne)n genannt und gefürchtet. Manch ein Projekt dieser Art ist inzwischen gescheitert, und jedes Scheitern schadet der weltweiten Verbreitung dieses sehr sinnvollen und notwendigen Programms zur Ergänzung der Familienhilfen. Und wer immer so etwas versucht, kann mittelfristig nicht in kleinen Dimensionen planen und darf nicht dem Wahn verfallen, irgendeine therapeutische Richtung im Gesamtmodell zu verstärken. Wer dies tut, dem entziehen die Urheber, völlig legitim, die Unterstützung und das Recht, Teile des geschützten Programms zu benutzen. Diese Richtschnur bedeutet auch für uns, daß wir nur solche Projekte unterstützen, die sich an die Spielregeln halten und sich der Qualitätskontrolle unterziehen.

„Familie im Mittelpunkt" ist ein Programm, das sich aus folgenden Elementen zusammensetzt:

- eigene Wertvorstellungen
- Charakteristika
- theoretische Bausteine
- Methoden und Techniken
- Selbst- und Fremdevaluation
- Anleitung und Supervision
- Qualitätssicherung
- Personalmanagement
- Organisation
- Außenwerbung und Kommunikationsmanagement

3. Charakteristika und Elemente des Programms

Abb. 1: Familie im Mittelpunkt (nach dem Muster des „Homebuilding")

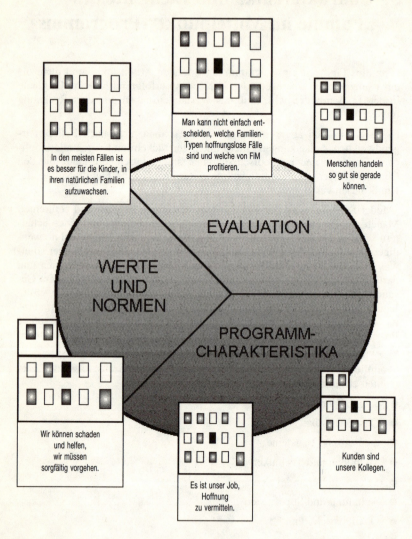

Wertvorstellungen

Die folgenden Wertvorstellungen und Prinzipien sind von „Families First" des Staates Michigan (Lansing 1993) übernommen und übersetzt worden:

> **Kinder haben ein Recht auf ihre Familien.**
> **Die Familie ist die wichtigste Bezugsgruppe für die Entwicklung von Kindern.**

Kinderschutz und Soziale Arbeit haben der Familie lange Zeit unterstellt, sie könne angesichts einer immer komplizierter werdenden Welt, angesichts der geringen Erziehungskompetenzen vieler Eltern und besonders in Anbetracht von sich häufenden Fällen von Vernachlässigung, Mißhandlung und Mißbrauch in Familien nicht im Sinne des Kindeswohls erziehen. Beispiele dafür fand und findet man genug. In der Pädagogik, insbesondere Sozialpädagogik, nach der 68iger Student(inn)enbewegung waren Überlegungen seitens der professionellen Erzieher angestellt worden, wie autoritäre und auf traditionelle geschlechtsspezifische Rollenmuster fixierte Sozialisationsprozesse in Familien zu überwinden seien. Politisches Programm der „Schülerläden" war die „Erziehung" zu einem neuen sozialen, offenen, nicht-repressiven und sexuell freien Menschen. Anhänger(innen) der antiautoritären Erziehung lasen „Summerhill" und versuchten, ihre eigenen Kinder den staatlichen „Zwangsinstitutionen" (Kindergärten und Schulen) zu entziehen, indem sie eigene Einrichtungen („Kinderläden" und „Freie Schulen") gründeten. Kinder anderer Eltern, insbesondere der umworbenen Unterschicht, verblieben jedoch im Einfluß der Elternhäuser und der systemstabilisierenden Erziehungsnormen und Sozialisationsagenturen. In Anknüpfung an frührevolutionäre kollektive Erziehungsmodelle sympathisierten viele Pädagog(inn)en, Sozialpädagog(inn)en und Sozialarbeiter(innen) mit dem Ziel, solche Kinder in neuen Formen der Kollektiverziehung außerhalb des Elternhauses aufwachsen zu lassen. Gleichzeitig waren aber auch die traditionellen Erziehungsheime suspekt geworden. Oft schlecht ausgebildete Erzieher(innen) und antiquierte Großheimstrukturen schädigten die Entwicklung vieler Kinder weit mehr als daß sie sie förderten. Dennoch sollten die Kinder nicht in den Durchschnittsfamilien aufwachsen, sondern in geeigneten, nichtrepressiven Heimen.

Als das politische Programm der „Umerziehung" nicht funktionierte und als Thema verblaßte, blieben nur wenige Reformversuche übrig. Die Haltung aber, daß die meisten Familien nicht in der Lage seien, ihre Kinder gut zu sozialisieren („erziehen" war ein „Unwort"), blieb jedoch weiter bestehen und erhielt mit der Welle der Mißbrauchsdiskussion neue Nahrung. Der „Elternführerschein" für Durchschnittseltern und die Herausnahme von Kindern aus Familien waren das Resultat. Soziale Arbeit traute den Famili-

3. Charakteristika und Elemente des Programms

en ohne Nachweis einer Ausbildung als Eltern keine vernünftige Kindererziehung zu. Und wenn es Kindern in Familien nicht gut ging, so brachte man sie in Pflegestellen oder inzwischen reformierte Heime unter. Das Mißtrauen in die Erziehungskompetenz der Familien war geblieben. Fremdplazierung und Kontrolle standen für Familienhilfe.

Dabei wissen wir, daß Kinder ihre Familie brauchen. Sie ist die wesentliche Sozialisationsagentur trotz aller Aufwertung anderer Institutionen geblieben. Kinder werden dort, wenn ihre Sicherheit gewährleistet ist, in aller Regel besser gefördert als in Pflegestellen oder Heimen. Die Trennung von ihrer Familie ist für Kinder immer mit Schmerz verbunden, denn sie lieben meist ihre Geschwister und Eltern, selbst wenn sie vernachlässigt, mißhandelt oder mißbraucht wurden. Im Falle des Mißbrauchs in der Familie ist die Frage zu klären, wie man, bei harten juristischen Konsequenzen für den Vater oder die Eltern, die entstandenen Schuldgefühle der mißbrauchten Kinder bearbeitet. In vielen Fällen glauben die Kinder, die Familie zerstört zu haben, weil sie mißbraucht wurden und an der Aufdeckung des Mißbrauchs unter Umständen beteiligt waren.

Dies alles hat zu einem Umdenken unter den Professionals und beim Gesetzgeber geführt, die Kinder nicht mehr vorschnell aus Familien herauszunehmen, sondern den Familien Hilfen anzubieten und sie zu befähigen, ihre Kinder angemessen zu erziehen (siehe KJHG).

> **Im Zentrum der Kinder- und Jugendhilfedienste hat die Familie zu stehen.**
>
> **Unsere vorrangigen und größten Anstrengungen müssen der Pflege und Erziehung der Kinder in ihren eigenen Familien gelten.**
>
> **Wir müssen Eltern in ihrem Bemühen unterstützen, für ihre Kinder zu sorgen und sie zu erziehen.**

Neben den Erkenntnissen, die zur Formulierung der ersten beiden Punkte geführt haben – die wissenschaftlichen Grundlagen werden im Kapitel 4 ausgeführt – drückt sich in diesen Grundsätzen eine Haltung aus, die man mit Respekt vor den Klienten oder Kunden bezeichnen kann. Alle bekannten Ethik-Codes enthalten einen Passus, der die Achtung des Kunden und seiner bürgerlichen Grundrechte fordert und Diskriminierung aufgrund seiner sozialen, geographischen und ethnischen Herkunft, seiner Zugehörigkeit zu einer Minderheit und seiner religiösen, ethischen oder sexuellen Orientierung verbietet.

Fast jede Konzeption einer sozialen Einrichtung beruft sich auf solche Grundsätze. In der Praxis heißt dies jedoch meist, daß ein stringenter Nachweis, wie denn die daraus resultierenden Ziele im beruflichen Handeln umgesetzt werden, nicht geführt, ja nicht einmal zu führen versucht wird. Wenn Ziele sehr weit gesteckt sind und auch noch nebulös formuliert wer-

3. Charakteristika und Elemente des Programms

den, dann sind weder der Weg zu ihrer Erreichung noch die Überprüfung nachvollziehbar. „Familie im Mittelpunkt" begeht diese Fehler nicht. Der geforderte Respekt vor den Familien drückt sich auch in den folgenden Handlungsmaximen aus:

> **Familien unterscheiden sich. Sie haben einen Anspruch darauf, in ihrer besonderen kulturellen, ethnischen und religiösen Tradition und den damit verbundenen individuellen Lebensstilen respektiert zu werden.**
>
> **Kinder können in ganz unterschiedlichen Familienformen gut aufwachsen. Wir dürfen keine bestimmte Familienart bevorzugen und andere diskriminieren oder in die gewünschte Form zu verändern trachten.**
>
> **Solange keine eindeutigen Tatsachen dagegen sprechen, liegt es im besten Interesse des Kindes, daß seine Familie erhalten bleibt.**

Jede Familie, gleichgültig wie sie lebt und wie weit sie möglicherweise von unseren eigenen schicht- und kulturell geprägten Vorstellungen entfernt ist, hat das Recht, so zu leben, wie sie leben möchte, solange die Kinder dort ohne oder mit Krisenintervention sicher und von ihren Eltern geliebt aufwachsen können. Kulturelle Besonderheiten sind fast immer zu akzeptieren. Ausnahmen können wirklich nur solche Familien bilden, in denen auch das Programm „Familie im Mittelpunkt" nicht in der Lage ist, die Kinder effektiv zu schützen, das heißt, ihr leibliches, seelisches und soziales Wohlergehen zu sichern. Die Grenze für Akzeptanz wird sonst nur durch die geltenden Gesetze (jedoch nicht nur durch das KJHG) gezogen. Wenn Familien Gesetze übertreten und dies den Kindern nachweislich schadet, gelangt man an die wirkliche Grenze der Duldsamkeit. Bestimmte, von Fundamentalisten oder ethnischen Minderheiten praktizierte Verhaltensweisen, wie zum Beispiel die Klitorisbeschneidung bei Mädchen einiger afro-islamischer Glaubensrichtungen oder die Funktionalisierung von Kindern einiger Roma-Sippen zum Stehlen oder zur Einbruchskriminalität, sind letztlich nicht zu dulden. Es gibt jedoch keinen Grund, Kinder aus solchen Familien herauszunehmen, auch wenn es die Pflicht der Familienarbeiter(innen) ist, in solchen Fällen dafür zu sorgen, daß der Mißbrauch eingestellt wird. Familienarbeiter(innen) haben kein Recht, Familien nach der Art ihres Zusammenlebens zu beurteilen. Das können eine Alleinerziehende mit sieben Kindern oder Lebensgemeinschaften von verschiedenen Vätern oder Müttern sein. Die Lebensgemeinschaften müssen nicht heterosexuell sein, um Kinder besser aufzuziehen, als dies fremdplaziert geschehen würde, auch wenn wir im Idealfall davon ausgehen, daß es für die angemessene Sozialisation der Kinder von Vorteil ist, wenn sie männliche und weibliche Elternrollen erleben können.

3. Charakteristika und Elemente des Programms

> **Die meisten Familienmitglieder fühlen (noch) Zuneigung füreinander und wollen füreinander verantwortlich sein.**
>
> **Familien in Krisen wollen sich verändern.**
>
> **Jedes Familienmitglied tut jeweils das Beste, was er/sie gerade zur Zeit kann.**
>
> **Die Krise ist die Chance für eine positive Veränderung.**

Es entspricht dem „Neuen Denken" in der Sozialen Arbeit, daß der Familie bis zum konkreten Beweis des Gegenteils eine Veränderung zum Positiven zugetraut wird. „Families First" oder „Familie im Mittelpunkt" sind sozialarbeiterische Programme der Krisenintervention. Im Gegensatz zu anderen, eher präventiv angelegten Programmen, wie zum Beispiel dem der Milieuarbeit (Ebbe/Friese 1989) oder Gemeinwesenarbeit, wird es nur dann einsetzen, wenn eine entwicklungs- oder ereignisbedingte Krise vorliegt. Dies ist bei drohender Fremdplazierung immer der Fall.

Wie wir im folgenden Kapitel zur Krisentheorie aufzeigen werden, sind gerade existentielle Krisen eine gute Möglichkeit zur Veränderung von Verhalten und Einstellungen. Hierbei wird den Familienmitgliedern unterstellt, daß sie ihre Situation verbessern wollen, es aber aufgrund von inneren und äußeren Zwängen nicht können, und daß sie zum jeweiligen Zeitpunkt immer so gut handeln, wie sie es gerade können. Dabei wird von einem positiven Menschenbild ausgegangen.

Wir sind auch Realisten und wissen daher, daß dieses Vertrauen in die Veränderungsbereitschaft mitunter nicht gerechtfertigt ist. Bei allem Realismus: Die Vorannahme der prinzipiellen „Unverbesserlichkeit" von Klienten/Kunden ist unpraktisch, wenn man mit ihnen arbeiten will. Sie versperrt die unvoreingenommene Sicht auf die Problemlage (Assessment) und zerstört die Ansatzpunkte für eine gemeinsame konstruktive Arbeit.

Das sagen wir in der Erkenntnis, daß unsere Gesellschaft und das System der sozialen Fürsorge sowie abhängigmachender sozialer Hilfen nicht gerade Haltungen und Verhaltensweisen produzieren, die eine Veränderung zum Positiven und zur relativen Unabhängigkeit von sozialen Diensten favorisieren. Und doch kann ein neues Herangehen und ein intensiveres Assessment, als dies Allgemeinen Sozialen Diensten (ASD) in der Regel möglich ist, die Bereitschaft zu einer neuen Zusammenarbeit der Kund(inn)en mit Sozialarbeiter(inne)n fördern.

Das gilt besonders für das Erkennen der verschütteten oder verkannten Stärken, die Ansatzpunkte sind für eine effektive Soziale Arbeit. Diese ist nicht therapeutisch. Sie nimmt Rückschläge in Kauf und geht auch dann, wenn Kunden sie „linkt", noch davon aus, daß sie ihre gültige Sicht der Situation darstellen.

3. Charakteristika und Elemente des Programms

Dies widerspricht der Tradition obrigkeitsstaatlicher Sozialverwaltung und gängiger Trends in der Politik. Angesichts steigender Zahlen von Arbeitslosen und Sozialhilfeempfängern, aus denen sich ein Großteil der Familien rekrutieren, mit denen es Soziale Arbeit zu tun hat, wird von Politikern und einer bestimmten Presse auf Stammtischniveau von Menschen gesprochen, die arbeitsunwillig sind und sich in der „Hängematte des sozialen Netzes ausruhen".

Seit dem Mittelalter und der Praxis der Arbeitshäuser hat dieses Gerede Tradition. Wenn man mit solchen Familien arbeiten will, darf man diese Position nicht akzeptieren. Fachlich methodisch nicht, auch nicht politisch, selbst wenn es sicher empirische Beispiele dafür gibt. Wer mit Familien in der Krise oder mit den sogenannten „Multiproblemfamilien" (der Ausdruck kennzeichnet bereits eine ideologisch schädliche Sichtweise) arbeiten will, muß sich ein positives Menschenbild als Basisorientierung zulegen. Sonst mißlingt, was das Programm „Familie im Mittelpunkt" ausdrücklich fordert.

Die Kraft für die Veränderung liegt in der Familie.

Es gilt an den Stärken der Familienmitglieder anzusetzen, nicht an ihren Problemen. Nur so ist ein „Empowerment" zu erreichen, die „Hilfe zur Selbsthilfe".

Ein stärkenorientiertes Assessment ist die Voraussetzung für eine effektive Arbeit mit den Stärken der Familien. Dies müssen wir erst begreifen und dann trainieren, denn es entspricht nicht der Tradition der Sozialen Arbeit. Nicht nur in Deutschland hat selbst eine menschenfreundliche Sozialarbeit, auch aufgrund einer professionellen Fehlorientierung an der Psychotherapie, eine Tradition entwickelt, die zuerst auf die Probleme der Kunden blickt, und diese in Persönlichkeitsstörungen der Individuen oder gestörten Beziehungen von Familien festmacht. Mangel an sonstigen Ressourcen (Geld, Wohnung, Bildung etc.) werden wohl auch gesehen. Diese Mängel, so gängige Positionen und verfehlte Methoden der Einzelhilfe, müßten zuerst behoben werden, dann könne das therapeutische Beratungsgespräch an den wirklichen Problemen ansetzen. „Anamnese" und „Diagnose" – um die der Medizin und Psychotherapie entlehnten Begriffe der „klassischen Methodenlehre" zu gebrauchen – verfolgen die „Probleme" und ihre verursachenden Faktoren – je nach Methodenschule – teilweise bis in die frühe Kindheit der Klienten.

Dieser Mainstream in der Sozialen Arbeit wird von unseren niederländischen Kolleg(inne)n als „Problemgeilheit" der Profession bezeichnet.

Neben anderen Gründen mag diese Tatsache auch mit nichtabgeklärten Berufswahlmotivationen zusammenhängen. Erstsemesterbefragungen von Studierenden der Sozialen Arbeit weisen darauf hin, daß nicht wenige das Studium wählen, weil sie ihre eigenen psychischen Probleme erkennen und bearbeiten wollen. Unsere Studiengänge scheinen jedoch überwiegend nicht dazu geeignet, daß diese bearbeitet und im positiven Sinne überwunden werden.

Die eigene Problemaufarbeitung zu leisten und eine nicht abgeklärte Helfermotivation in Richtung einer positiven professionellen Perspektive zu überwinden, erscheint uns als eine eminente Herausforderung für die Profession.

Nicht nur für das Programm „Familie im Mittelpunkt" muß die vorrangige Orientierung an den „Problemen" der Kunden zugunsten einer Fokussierung auf die Stärken der Familien überwunden werden. Denn die Stärken der Kunden sind die Ansatzpunkte für ein verstehendes Assessment und für eine produktive Arbeit in der Praxis. Die Stärken gilt es zu erkennen und den Kunden rückzumelden, was sie trotz einer gegenwärtig hoffnungslos erscheinenden Situation bereits positiv geleistet haben.

Diese Stärken müssen dann systematisch im gemeinsamen Prozeß von Sozialarbeiter(inne)n und Familienmitgliedern gefördert und verstärkt werden.

Der „non-problem-approach" (vgl. auch Meinhold 1982) kann Vertrauen in die eigenen Kompetenzen vermitteln und zur echten „Hilfe zur Selbsthilfe" führen. Vertrauen in die eigenen Fähigkeiten und verbesserter Umgang mit alltäglichen Aufgaben führten auch auf indirektem Wege zu einem Abbau des „Problemverhaltens". Stärkenorientiertes Assessment ist eine der ersten Trainingseinheiten für „Familie im Mittelpunkt".

Wer dies auch mit guter Unterstützung durch Trainer(innen) nicht schafft, kann nicht in diesem Programm arbeiten, sollte vielleicht auch keine praktische Soziale Arbeit anstreben.

Wir stellen das Programm immer häufiger einem interessierten Publikum vor. Dabei hören wir immer wieder das Argument, den Stärkenansatz hatten wir doch schon, das war doch schon einmal Mode in den Achtzigern. Der hat doch nichts gebracht, deshalb arbeiten wir heute nicht mehr so."

Wir bezweifeln, daß mit diesem Ansatz bereits in aller Konsequenz gearbeitet wurde. Es genügt nicht, ein neues Label für die gängige Praxis zu finden, die man dann weiterbetreibt. Da wir wissen, daß es schon sehr schwer ist, Stärken bei Kunden überhaupt zu sehen, und die meisten Mitarbeiter in Sozialen Diensten dies nie trainiert haben, kann eine solche Arbeit praktisch nicht oft geleistet worden sein.

Für „small social work", betont Ola Eriksson (Stockholm 1995), braucht man eine Ausbildung. Anders ist dies mit den großen Zielen und Labeln. „Hilfe zur Selbsthilfe" steht fast in jeder Konzeption sozialer Einrichtungen. Wird sie deshalb aber wirklich praktiziert? Blicken wir auf die Praxis und die Organisationsform sozialer Dienste, erkennen wir oft das Gegenteil

3. Charakteristika und Elemente des Programms

dieses Ziels. Häufig werden Kunden trotz des schmückenden Etiketts in Abhängigkeit gehalten.

> **Wir müssen unsere Arbeit dort leisten, wo die Familien leben, zu den Zeiten, in denen unsere Hilfe gebraucht wird.**
>
> **Unsere Arbeit muß der Themenfolge und dem Programm der Familie folgen, nicht einer vorab von Professionellen erstellten Programmabfolge.**

Diese Grundsätze entsprechen auch dem „funktionalistischen Konzept" in der Einzelfallhilfe (s. Karberg 1980). Traditionelle Ansätze der Einzelhilfe und der Beratung beschränken sich nicht nur auf die von uns kritisierte Fokussierung der Prozesse auf die Beziehung zwischen Sozialarbeiter(in) und Kund(e)in (vgl. Müller/Gehrmann 1990), sie finden darüber hinaus fast ausschließlich in der klinischen Umgebung der Dienststelle oder des Beratungsbüros statt. Das „wirkliche" Leben findet jedoch überwiegend woanders statt. Trauen sich die Sozialarbeiter(innen) nicht dorthin, wo ihre Kunden leben? Haben sie gar Angst vor ihnen, wie früher die preußischen Fürsorger(innen), die die Armen zu kontrollieren hatten und sie bei Kooperations- und Arbeitsunwilligkeit bestraften?

Sehr viel Mißtrauen der Sozialarbeiter(innen) gegenüber Klient(inn)en ist festzustellen, wenn man „Fallakten" liest. Sonst wären sie nicht voll von negativen Zuschreibungen und (Vor-)Urteilen, die aus der normativen Sicht der „Mittelschicht" vorgenommen werden.

Schließlich ist auch das überwiegend verbale Bearbeiten von „psychosozialen" Problemen mittelschichtgemäß. Möglicherweise fürchten Sozialarbeiter(innen) die „andere Welt" der „Unterschicht", weil sie ihnen fremd ist.

Darüber hinaus hat die Soziale Arbeit lange Zeit nicht über Methoden verfügt, die es ihnen ermöglichten, auch in komplexen Situationen „methodisch", das heißt zielgerichtet, geplant und überprüfbar zu handeln. Für uns ist die Strukturierungsfähigkeit komplexer Alltagssituationen ein zentrales Merkmal einer wirklich sozialarbeiterischen Methode. Sie wird „genuin", wenn sie in der Praxis sozialer Arbeit entwickelt wurde. Traditionelle Methoden der Einzelhilfe sind meist der Psychotherapie entlehnt, ohne wirklich durch das katalytische Bad der Alltagspraxis Sozialer Arbeit gegangen und dadurch transformiert worden zu sein.

Deshalb sind diese Methoden auch allesamt für den Allgemeinen Sozialen Dienst nicht praxistauglich, der es mit der klassischen Klientel und deren Alltagsproblemlagen zu tun hat. Dies gilt gleichermaßen für alle therapeutischen Verfahren.

Auch professionspolitisch ist es höchste Zeit, daß Soziale Arbeit mit den Problemlagen arbeitet, die unsere Kunden artikulieren, und nicht nur im

Büro hockt, in einer besonderen Welt, in der allemal die Definition der Situation das Monopol des „Diagnostikers" ist. Die Dienstleistung der Sozialarbeiter(innen) für die Empfänger hat nun einmal dort zu geschehen, wo sie benötigt wird, mit den Themen, die von den Kunden nachgefragt werden.

> **Eine falsche Intervention kann schaden.**

Dieser (wie fast alle Grundsätze) banal klingende Satz, enthält die zentrale Verpflichtung nicht nur zum sorgfältigen und umsichtigen Vorgehen, sondern zu einer qualifizierten Anleitung und zu einer ständigen Überprüfung des sozialarbeiterischen Handelns der Praktiker(innen).

Uns ist kaum ein Programm der Sozialen Arbeit bekannt, bei dem so viel Wert auf Evaluation nach objektivierbaren und subjektiven Maßstäben gelegt wird wie bei „Families First" oder „Familie im Mittelpunkt".

Die Anleitung erfolgt durch eigens ausgebildete Familienarbeiter(innen), die aus der Praxis des Programms kommen und eine praxisnahe Anleitung durchführen, die man als eine Mischung von Führung und Supervision bezeichnen kann.

Ein(e) Anleiter(in) führt im fachlichen Sinne nur drei bis fünf Familienarbeiter(innen). Sie/er kennt die Familien von den wöchentlichen halbtägigen Fallbesprechungen und kann einspringen, wenn es „brennt", um die Familien-Arbeiter(innen) zu begleiten oder bei Krankheit zu ersetzen (siehe auch Organisation).

Handlungsrahmen

Die Charakteristika des Programms sind folgende – im Überblick:

> **Begrenzt auf Kinder, bei denen eine Fremdplazierung droht.**
>
> **Unmittelbare Reaktion:** Erster Kontakt mit der Familie innerhalb von 24 Stunden
>
> **Äußerst flexible Arbeitsplanung:** Die Einsatzbereitschaft besteht 24 Stunden am Tag und 7 Tage in der Woche.
>
> **Kleine Fallzahlen:** nur 2 Familien.
>
> **Intensive Intervention:** 5–30 Stunden pro Woche, im Durchschnitt 19 Stunden.
>
> **Zeitbegrenzter Einsatz:** 4 Wochen, in Ausnahmefällen bis zu 6 Wochen.
>
> **Die Dienstleistungen werden in der Wohnung und Wohngemeinde der Kunden erbracht.**

3. Charakteristika und Elemente des Programms

> **Integrierte Dienstleistung:** „Harte" und „weiche" Unterstützungsleistungen werden von einer/m Sozialarbeiter(in) (mit Anleitung und Sicherheits-Backup) erbracht.
>
> **Sozialräumliche und systemische Sozialarbeit:** Arbeit in der Familie, im sozialen Umfeld und in der Gemeinde.
>
> **Zielorientierung:** Arbeit mit begrenzten und realisierbaren Teilzielen und Zielen.
>
> **Verfügungsgeld pro Familie**

Diese charakteristischen Merkmale machen die Besonderheit dieses Programms aus. Es wird damit auch deutlich, daß es sich hierbei um mehr als eine Methode oder ein Konzept der Sozialen Arbeit handelt, weil es auch ganz spezifische Organisationsformen mit einschließt, ohne die es nicht wirksam arbeiten kann.

Deutlich wird auch hier wieder, daß man nicht irgendwelche Teile davon nehmen kann oder wesentliche Abstriche bei den Methodiken, der Ausbildung oder der Organisation machen kann, ohne das Modell zu verlassen und damit schlechte Ergebnisse zu erreichen. Fehlgeschlagene Versuche, in Dänemark etwa, haben dies gezeigt. Nicht die unterschiedlichen Bedingungen im Vergleich zu den vielen US-Bundesstaaten und den Niederlanden, wo dieses Programm erfolgreich arbeitet, sondern unzulässige Verfälschung des Modells und ungenügende Fachlichkeit haben bislang zum Scheitern geführt.

Insofern besteht die Angst der „Amerikaner" vor einer „model drift" zu Recht.

> **Begrenzt auf Kinder, bei denen eine Fremdplazierung droht.**

Die Begrenzung des Programms auf Kinder, bei denen die Herausnahme aus der Familie unmittelbar droht und – zumindest in den USA – das Familiengericht bereits eingeschaltet wurde, ist wichtig, um Eltern zur Kooperation zu bewegen. Wenn Eltern oder mindestens ein Elternteil die Kinder behalten wollen, entsteht aus dem Druck eine starke Motivation, jemand in die Wohnung zu lassen, der wirklich Hilfe anbietet, um die „Wegnahme" der Kinder zu verhindern.

In Michigan hat man das Programm auch auf Familien mit älteren Jugendlichen ausgedehnt, um in Zusammenarbeit mit der Bewährungshilfe Jugendarrest oder -gefängnis zu vermeiden. Damit wird oft der Einstieg in eine kriminelle Karriere vermieden.

Wir könnten uns diese Ausweitung auch für Deutschland vorstellen, hier in Zusammenarbeit mit der Jugendgerichtshilfe oder Bewährungshilfe.

3. Charakteristika und Elemente des Programms

Dies erfordert eine Anmerkung: In endlosen Diskussionen, besonders unter Studierenden, ist bei uns meist zu hören, daß Soziale Arbeit nicht mit Zwang arbeiten dürfe, sondern völlig freiwillig von den Klient(inn)en aufgesucht werden solle.

Von dieser Warte aus erklären sich die vielen Angebote der Beratung, zu der die Kunden hingehen müssen (Einrichtungen mit sogenannter „Komm-Struktur"). Wir gehen davon aus, daß viele Einrichtungen der Sozialen Arbeit nicht vorrangig nach den Anforderungen und Bedürfnissen der Kundschaft etabliert worden sind, sondern besonders stark von den Interessen der Professionellen bestimmt werden, die definieren, was für die Klientel gut ist. Dabei wird verkannt, daß viele Kunden nicht aus freien Stücken zum Beispiel zur Erziehungsberatung gehen, sondern von anderen Einrichtungen geschickt werden, die damit den „schwarzen Peter" weitergeben. Die Motivation von Absolvent(inn)en, im Allgemeinen Sozialen Dienst (ASD) zu arbeiten, ist bekanntlich gering, nicht zuletzt, weil dieser mit mehr Eingriffsmacht ausgestattet ist.

Dabei muß eines ganz klar sein: Wenn ich wirklich mit Kunden arbeiten will, so muß ich deren Bereitschaft zur Zusammenarbeit glaubwürdig erarbeiten und mich um ihren Auftrag bemühen. Bloße Eingriffe (zum Beispiel zum unmittelbaren Schutz eines Kindes) sind oft Handlungen mit Polizeicharakter und damit im Kern nicht mehr sozialarbeiterisch.

Entscheidend ist, das Einverständnis der Betroffenen trotz eines von einer Dienststelle ausgeübten Zwangs einzuholen, den Auftrag zu erhalten und mit ihnen zusammenzuarbeiten.

Die Wertvorstellungen von „FiM" fordern dies ausdrücklich, und es gehört zur fachlichen Qualifikation der Sozialarbeiter(innen), dies zu erreichen (s. Kapitel 5, S. 93 ff.).

Unmittelbare Reaktion: Erster Kontakt mit der Familie innerhalb von 24 Stunden.

„Familie im Mittelpunkt" ist Krisenintervention. Es muß schnell reagiert werden, damit Schlimmes verhindert werden kann. Das ist der Fall, wenn dem Jugendamt grobe Kindesvernachlässigung, Gewalt oder Mißbrauch bekannt werden, und der/die Kolleg(in)e im Jugendamt die Situation als sehr ernst und bedrohlich für die Kinder einschätzt oder wenn bereits vorher Fremdplazierung beantragt wurde. Es kommt auch vor, daß Eltern sagen, sie schafften es nicht mehr. Die Kinder oder Jugendlichen seien von ihnen erzieherisch nicht mehr zu beeinflussen, es lägen bereits einige Gesetzesübertretungen vor, ein Abrutschen in die Jugendkriminalität oder Drogensucht würde drohen oder sie hätten Angst vor den Kindern und deshalb müßten die Kinder in ein Heim.

Hier kommt es auf eine schnelle Reaktion an. Eine Warteliste, wie es sie bei den meisten Erziehungsberatungsstellen gibt, könnte – und das meinen wir im Wortsinne – ein Leben kosten. Ergeht ein Auftrag an einen „FiM"-Dienst, so ist ein(e) Familienarbeiter(in) innerhalb von 24 Stunden bei der Familie und klärt, wie geholfen werden kann. Innerhalb von 48 Stunden muß nach einem ersten Kontakt und Assessment entschieden sein, welche Art der Intervention erforderlich ist. Nicht in jedem Fall ist die Annahme (Intake) durch „FiM" möglich. Es kann ein anderer Dienst benötigt werden. Es kann auch sein, daß eine Unterbringung in Heim oder Pflegefamilie nicht zu vermeiden ist (s. auch Kapitel 6, S. 125 ff.).

Äußerst flexible Arbeitsplanung: Die Einsatzbereitschaft besteht 24 Stunden am Tag und 7 Tage in der Woche.

Familienarbeiter(innen) sind Spezialist(inn)en, die aufgrund ihrer Ausbildung, ihrer Arbeitsethik und ihres Engagements einen „neuen Typ" von Sozialarbeiter(innen) verkörpern.

Sie arbeiten in einer „Taskforce" mit klar umrissenem Auftrag der Krisenintervention und Krisenbereinigung. Dies verlangt, daß sie sich von allen Vorstellungen gelöst haben müssen, die sich auf eine feste tägliche Arbeitszeit, auf ein freies Wochenende und dienstfreie Feiertage beziehen.

Wir wissen (vgl. Kapitel 4, S. 45 ff.), daß sich krisenhafte Prozesse zwar längerfristig vorbereiten, daß aber heiße Krisenphasen vornehmlich in den Abendstunden und an Wochenenden, besonders an durch Feiertage verlängerten Wochenenden, eintreten. Dann nämlich, wenn die Familie längere Zeit zusammen ist.

Eine Krise läuft aus unterschiedlichen Anlässen heiß. Sei es ein Streit über das Fernsehprogramm, über gestörte Feierabendruhe, darüber, daß Kinder und Jugendliche am Abend zu spät nach Hause kommen, daß die Eltern den Umgang der Kinder mißbilligen, daß über Zeugnisse und Benachrichtigungen der Schule („blaue Briefe") gestritten wird usw.

Die Dienstleistung von „Familie im Mittelpunkt" muß sich nach dem Krisenverlauf und dem Lebensrhythmus der Familie richten. Der Dienst hat eine Zentrale, die immer erreichbar sein muß, wie dies auch von den einzelnen Familienarbeiter(inne)n verlangt wird, die von der Familie per Europieper oder Funktelefon jederzeit gerufen werden können. Im Sinne der Kundenorientierung muß die Dienstleistung Sozialer Arbeit sich auch nach den in der Praxis erforderlichen Aufgaben und Bedürfnissen der Kund(inn)en richten. Eine im schlechten Sinne entwickelte „Beamtenmentalität" hat hier keinen Platz.

Dennoch werden bei „FiM" keine gewerkschaftlichen Rechte verletzt. Es gilt die 38,5 Stundenwoche für den Einsatz bei den Familien, für die wö-

3. Charakteristika und Elemente des Programms

chentlichen Anleitungs-Supervision-Sitzungen und die für die Prozeßsteuerung und Evaluation erforderlichen Berichtstätigkeiten.

Neben der höheren Eingruppierung im BAT werden die Bereitstellungszeiten zusätzlich vergütet.

Nach den bisherigen ausländischen Erfahrungen gibt es genug Sozialarbeiter(innen), die diese interessante Arbeit bevorzugen und die auch die Flexibilität und relativ große Eigenständigkeit in der Arbeit schätzen, ganz abgesehen davon, daß die Arbeit im „FiM" sichtbare, motivierende Erfolge innerhalb kurzer Zeit zeitigt. Familienarbeiter(innen) haben erklärt, sie fänden es angenehm, nicht an Bürozeiten gebunden zu sein, weil sie dann einmal länger schlafen und vormittags einkaufen könnten. Wenn sie abends mit Freunden feierten, so könnte es sein, daß sie gerufen würden und dann klärten sie telefonisch ab, ob sie in die Wohnung der Familie gehen müßten. Dies passiere jedoch nicht häufig, weil es zu der Methodik ihrer Arbeit gehöre, der Familie Selbsthilfetechniken und den sinnvollen Gebrauch des Krisenrufs zu vermitteln.

Bei unseren Vorträgen über „Familie im Mittelpunkt" tauchte oft die skeptische Frage auf, ob wir überhaupt Sozialarbeiter(innen) fänden, die so arbeiten wollten. Dies scheint – wie gesagt – kein Problem. Wir verstehen auch nicht die Aufregung, schließlich gibt es viele Berufe, in denen eine Rufbereitschaft als etwas ganz Normales empfunden wird (bei der Feuerwehr, bei medizinischen Versorgungssystemen, bei Rettungsdiensten).

Auch Soziale Arbeit ist ein Beruf, der selten präventiv arbeitet, aber sehr oft als Krisenintervention. Die weitere Professionalisierung erfordert ein anderes Verhalten, als es von Laienhelfern erwartet werden kann.

Kleine Fallzahlen: nur 2 Familien.

Vor allem wegen der hohen Fallzahlen sind die Sozialarbeiter(innen) der kommunalen Jugendämter nur selten in der Lage, vor allem den Familien in besonderen Problemlagen die Aufmerksamkeit zukommen zu lassen, die eine erfolgreiche Arbeit erst möglich macht. Meist kann nicht einmal ein fachlich ausreichendes Assessment erstellt werden, um die Ansatzpunkte an den Stärken der Familie zu erkennen, geschweige denn eine wirklich unterstützende Arbeit mit der Familie einzuleiten.

Deshalb hat sich sowohl in den USA als auch in den Niederlanden eine Praxis herausgebildet, daß ein(e) Familienarbeiter(in) nur mit zwei Familien gleichzeitig arbeitet. Mit einer Familie wird die Arbeit begonnen. Nach einer Woche, wenn in der ersten Familie das Engaging und die erste Krisendämpfung abgeschlossen sind, wird mit einer zweiten Familie begonnen. Nach den vorliegenden Erfahrungen ist diese Maximalbelastung auch die Minimalbelastung: Zwei Familien für eine(n) Familienarbeiter(in), nicht mehr und nicht weniger.

3. Charakteristika und Elemente des Programms

Eine höhere Fallzahl verhindert die gründliche Arbeit und überfordert die/ den Mitarbeiter(in). Eine niedrigere Fallzahl, also eine Familie pro Mitarbeiter(in), erhöht die Gefahr des Verlusts der nötigen Distanz und erfordert ein verstärktes Eingreifen der Supervision.

Zwei Familienarbeiter(innen) pro Familie sollten nur in besonderen Ausnahmefällen eingesetzt werden. Sie können die Familie leicht überfordern und verlangen ein sehr hohes Maß an Abstimmung zwischen den beiden Mitarbeiter(innen). Außerdem erhöht dieses Arrangement die Kosten.

In der Praxis hat sich herausgestellt, daß solche Veränderungen des Arrangements und der Rahmenbedingungen die Erfolgsaussichten des Programms eher verschlechtern. Nicht zuletzt gibt es auch in Familien, die sich in einer Krise befinden, eine Grenze der Anwesenheit Fremder in der Wohnung, auch wenn diese als Helfer auftreten. Selbst in der ersten Woche sind 30 Stunden die absolute Höchstzahl. Die Anwesenheit in der Familie muß bereits in der zweiten Woche unter 15-20 Stunden liegen, um für die Familie erträglich zu sein.

Intensive Intervention: 5-30 Stunden pro Woche, im Durchschnitt 19 Stunden.

Wenn Familien sich in einer Krise befinden und Kinder gefährdet sind, dann muß der/die Familienarbeiter(in) genügend Zeit haben, sehr intensiv zu arbeiten, um zum Beispiel Mißbrauchssituationen zu verhindern für den Fall, daß der mißbrauchende Elternteil weiterhin in der Wohnung verbleibt. Das können anfangs 4-6 Stunden täglich sein, um mit einem wirksamen Sicherheitsnetz sexuellen Mißbrauch zu unterbinden. Wenn aber der Täter nicht einsichtig ist und die Familie in diesem Punkt noch nicht kooperiert, dann muß alles versucht werden, den Mißbraucher zu entfernen. Eine andere Möglichkeit ist, das Kind vorübergehend bei Verwandten, Freunden, Nachbarn oder einer Pflegeperson oder -familie unterzubringen. Hier können wir von der amerikanischen, britischen oder schwedischen Praxis lernen: Im Zweifel hat der Mißbraucher zu gehen, auch wenn es der Vater ist, und nicht zuerst das mißbrauchte Kind.

Es gilt der Grundsatz: Die Sicherheit der Kinder und aller weiteren Familienmitglieder hat Vorrang.

Ein intensiver Einsatz ist aber auch erforderlich, wenn grobe Vernachlässigung der Kinder in Ernährung, Pflege und Zuwendung vorliegt und Grundstrukturen im Haushalt und Erziehung erst wieder aufgebaut werden müssen.

Ein Großteil der Kunden von „Families First" in den USA und den Niederlanden sind drogenabhängige Eltern oder Alleinerziehende, die nach einem Entzug und einer eventuellen Therapie ihre Kinder wiederbekommen wollen.

3. Charakteristika und Elemente des Programms

In diesen Fällen muß sehr oft (vom ASD) eine Wohnung besorgt werden, falls diese noch vorhanden ist, fehlen wichtige Möbel und Haushaltsgegenstände. Vor allem der Haushalt kann chaotisch sein, nicht minder das Erziehungsverhalten. Das bedeutet, daß die Familienarbeiter(in) alle verlernten oder nie gelernten Elternkompetenzen (in Englisch gibt es das passende Wort „parenting") vermitteln muß. Und das in kürzester Zeit. Das erfordert intensiven und umfassenden Einsatz. Für die drogenabhängige Mutter kann die Familie und der eigene Haushalt ein Grund sein, nicht mehr in die Szene abzutauchen und ernsthaft zu versuchen, vom Stoff wegzukommen. „Familie im Mittelpunkt" kann in bestimmten Fällen damit auch den „Drehtür-Effekt" bei der Drogentherapie unterbrechen helfen.

Weil das Programm nur auf vier Wochen angelegt ist, wird in der ersten Woche mit großem, auch zeitlichem Einsatz viel geleistet. In der zweiten und dritten Woche wird der zeitliche Einsatz, um die Selbsthilfekräfte nicht zu überdecken, auf 10-15 Stunden pro Woche reduziert. In der letzten Woche erfolgt noch einmal eine Zurücknahme auf 5-10 Wochenstunden, bevor die Nachbegleitung durch andere Dienste einsetzt.

Es bleibt zu erwähnen, daß die Familienarbeiter(innen) überwiegend in der Familie und bei Fallbesprechungen und Fallberichten eingesetzt werden. Von anderen Verwaltungstätigkeiten sind diese Fachkräfte weitgehend befreit.

Zeitbegrenzter Einsatz: 4 Wochen, in Ausnahmefällen bis zu 6 Wochen.

Es entspricht den Grundsätzen des Programms (wozu die Wahrung der Würde des Kunden gehört), daß Soziale Arbeit als eine Dienstleistung anzusehen ist, die eine begrenzte Dauer hat und so kurz wie möglich sein sollte.

Dem „Neuen Denken" der Profession widerspricht eine jahrelange oder sogar lebenslange „Betreuung" von Kunden durch Sozialarbeiter(innen).

Nicht nur Empowerment, auch die traditionelle Formel „Hilfe zur Selbsthilfe", verbietet eine Soziale Arbeit, die auf Dauer angelegt ist und durch Abhängigmachen von der Einrichtung verhindert, daß sich die Eigenkräfte der Kunden entwickeln.

Sozialarbeiter(innen), die vor Fürsorge berstend Dauerbetreuung praktizieren, müssen sich fragen lassen, in wessen Interesse sie dies letztlich tun, und warum sie durch das Setzen nicht erreichbarer Ziele Kunden in ihren „Klauen" belassen. Ob hier wohl die „geistige Mütterlichkeit" in eine falsch verstandene reale umgeschlagen ist?

Bei „Families First" oder „Familie im Mittelpunkt" jedenfalls sind derartig orientierte Kolleg(inn)en fehl am Platz. Die hoch intensive und zeitlich

3. Charakteristika und Elemente des Programms

kompakte Intervention erfordert Zeitbegrenzung. Die betroffenen Familien müssen die Familienarbeiter(innen) als „Gäste" nach vier, spätestens sechs Wochen wieder „los sein". Sonst werden wichtige Ziele des Programms verfehlt. Die Gefahr der kontraproduktiven Abhängigkeit ist bereits bei weniger intensiven, aber länger dauernden Programmen wie der Sozialpädagogischen Familienhilfe nachweisbar. Für die Sozialarbeiter(innen) entsteht die Gefahr des Distanzverlustes und damit die Verwechslung einer professionellen mit einer Freundschaftsbeziehung.

Eine erfolgreiche Arbeit von „Familie im Mittelpunkt" könnte sich darin zeigen, daß die Familie eine länger dauernde Intervention ablehnt. Deshalb: vier Wochen und nur in gut begründeten Ausnahmefällen auch sechs Wochen.

Es gibt in Deutschland bereits Programme, die von vornherein eine Dauer von sechs Wochen festsetzen. Wer dies tut, verkennt die – wir gebrauchen das Wort ungern – „therapeutische Wirkung" der zeitlichen Begrenzung auf vier Wochen. Für die Motivation der Familien ist entscheidend, daß sie folgendes wissen:

- In vier Wochen sind wir wieder auf uns gestellt.
- Wir sind von den Familienarbeiter(inne)n „befreit".
- Uns wird zugetraut, daß wir es in der Zeit schaffen.
- Wir müssen uns deshalb sehr anstrengen, damit wir unsere Chance nutzen.

Der Zeitraum von vier Wochen ist für die Familienarbeiter(innen) auch methodisch wichtig. Sie sind gezwungen, realistische und kleine Zielschritte zu gehen. Das verhindert großartige und nebulöse Zielformulierungen.

Die Dienstleistungen werden in der Wohnung und Wohngemeinde der Kunden erbracht.

Soziale Arbeit als Inhome-Service ist nicht neu. Bereits Mary Richmond und Alice Salomon haben ihre Klienten in deren Wohnung aufgesucht (vgl. Müller 1982).

Dennoch ist in Deutschland die methodische Sozialarbeit als Dienstleistung in Wohnung und der Wohngemeinde der Kunden noch immer eine Rarität.

Bis auf die Projekte, die mit „Video-Home-Training" arbeiten, wird die Soziale Arbeit überwiegend von der „Komm-Struktur" bestimmt. Am liebsten hat man Klienten, die die Einrichtung aufsuchen – und das möglichst freiwillig. Beratungsarbeit, psycho-soziales Problembearbeiten und das Abfertigen von Klienten in den Diensträumen ist nicht nur im ASD gängige Praxis. Hausbesuche werden von den meisten Kolleg(inn)en nur ungern durchgeführt, denn sie haben oft eine eindeutige Überprüfungs- oder

3. Charakteristika und Elemente des Programms

Kontrollfunktion. Deshalb zögert man auch, Kunden in ihren Wohnungen zu besuchen und dort mit ihnen zu arbeiten, selbst wenn die „Kontrolle" nicht im Vordergrund steht.

Im Geiste der Sozialarbeiter(innen) und der Kund(inn)en ist diese mit der obrigkeitsstaatlichen Funktion der alten „Fürsorge" und Armenpflege verbundene Rolle meist noch präsent. Kein Wunder, denn traditionelle Methoden der Einzelfallhilfe beschreiben das klinische Setting der einrichtungsbezogenen Beratungssituation (oft mit therapeutischer Orientierung).

Vor „Families First" und „Familie im Mittelpunkt" gab es, bis auf wenige Ausnahmen, keine methodische Anleitung und auch kein Training, wie die Arbeit in der Wohnung der Kunden respektvoll und wertschätzend durchgeführt werden kann.

Dabei ist die Arbeit mit Kunden in ihrer Lebenswelt, in der sie ihre Konflikte erleben, in der die Problemlagen für sie und für die Sozialarbeiter(innen) erfahrbar sind, die eigentliche Domäne der Sozialen Arbeit. Dort haben wir es mit der „Person in Environment" (PIE) (Karls/Wandrei, a.a.O. 1991) praktisch zu tun. Was für die Sozialarbeit allgemein zutrifft, gilt im besonderen Maß für „Familie im Mittelpunkt".

Krisenintervention hat zuallererst im Lebensalltag anzusetzen, dort, wo die Krisenerscheinungen die Familie und vor allem die Kinder gefährden. Als ein elaborierter Inhome-Service kann „Families First" oder „Familie im Mittelpunkt" wichtige Anstöße für die Weiterentwicklung professioneller Sozialer Arbeit leisten.

Nicht ohne Grund erklären Jugend- und Sozialamtsleiter(innen), daß sie das Programm gern in ihrer Stadt hätten, weil es – nicht nur hinsichtlich des Inhome-Service – die Arbeit der Sozialen Dienste positiv beeinflussen könnte.

Integrierte Dienstleistung: „Harte" und „weiche" Unterstützungsleistungen werden von einer/m Sozialarbeiter(in) (mit Anleitung und Sicherheits-Backup) erbracht.

Die Integrierte Dienstleistung in der und für die Familie in der Krise ist im umfassenden Sinne des Wortes ganzheitlich. Sie umfaßt konkrete, auch materielle Hilfen und leistet dabei, was immer unter der Rubrik „psychosoziale Hilfen" verstanden wird, aber auch die Erstellung eines fehlenden oder die Reparatur und Ergänzung eines bestehenden sozialen Netzwerks. Und sie vermittelt Kompetenzen zur besseren Nutzung des formellen (institutionellen) Netzwerks. Konkrete Hilfen können darin bestehen, durch modellhaftes Handeln und durch Instruktion Kompetenzen im Haushaltsmanagement zu vermitteln.

Es kann erforderlich sein, die Wohnung wohnlich zu gestalten oder zu renovieren, den Umgang mit Finanzen und Lebensmittelbevorratung, Hygiene, aber auch Erziehungsregeln und -praktiken zu vermitteln. Anders als bei einer Haushaltshilfe werden solche Dienstleistungen immer gemeinsam mit den Kunden erbracht und sind der Anlaß für Gespräche über sämtliche Aspekte der Lebenspraxis.

Unterstützungsleistungen sind auch der Umgang mit Gewalt, Depressions- und Kommunikationsverhalten. Sämtliche Techniken, die die Familienarbeiter(innen) hierbei anwenden, werden an die Familienmitglieder vermittelt, damit diese sie allmählich selbständig anwenden können. Das geschieht, ebenso wie der Umgang mit dem Notruf, auch im eigenen Interesse der Sozialarbeiter(innen), die sich programmgemäß überflüssig machen wollen. Je besser eine Familie mit dem Krisenmanagement selbst klar kommt, desto weniger wird sie den Notruf benutzen.

Die Familienarbeiter(innen) verfügen pro Familie über ein Handgeld, mit dem sie zum Beispiel einen Kühlschrank anschaffen oder mit der Familie zur Belohnung essen gehen können. Die materiellen Hilfen sind Bestandteil des Programms.

Sozialräumliche und systemische Sozialarbeit: Arbeit in der Familie, im sozialen Umfeld und in der Gemeinde.

„Familie im Mittelpunkt" erfordert Netzwerkarbeit. Familien erfahren ihre Krise nicht nur in ihrem inneren System, der Familie, sondern auch im äußeren, dem Nahumfeld. Sozial gefährdete Familien haben fast immer auch problemhafte Beziehungen nach außen. Gleichzeitig haben sie eigene Ressourcen in ihren Stärken als Individuen und als Subsysteme. Sie leben in einem sozialen Raum, einer Nische oder auch einem Soziotop (Gehrmann/ Müller 1993).

Dort haben sie bisher überlebt; dort liegen deshalb die Ressourcen, die aktiviert werden können, um die auch dort mitverankerten Problemlagen zu bearbeiten. „Familie im Mittelpunkt" ist kein psychozentriertes Programm, sondern strebt eine aktive Auseinandersetzung der Familie mit ihrem sozialen Nahumfeld an, indem es ihr hilft, die Ressourcen im Netzwerk selbständig zu nutzen.

Zielorientierung: Arbeit mit begrenzten und realisierbaren Teilzielen und Zielen.

Das mit jeder Familie ausgearbeitete Programm ist zeitlich unterteilt. Gemeinsam mit der Familie werden die Prioritäten gesetzt und danach ein gemeinsames Arbeitsprogramm erarbeitet, das realistische Nahziele und Mittelziele für die Arbeit mit der Familie enthält.

Die Ziele müssen konkret und realistisch sein, damit sie – wie bereits oben gesagt – von den Kunden erreicht werden können. In einem bestimmten Fall kann dies bedeuten, daß eine Mutter in einer völlig chaotischen Ver-

3. Charakteristika und Elemente des Programms

nachlässigungssituation lernt, regelmäßig für ihre Kinder zu kochen oder sonstwie mittags nach der Schule ein Essen für die Kinder zu organisieren, auch wenn sie es von Nachbarn oder Verwandten zubereiten läßt. Die selbständige Zubereitung des Mittagessens wäre dann einer der weiteren Schritte.

Gerade für die deutsche Sozialarbeit ist es von großer Bedeutung, daß sie anfängt, kleine, realisierbare Schritte zu planen, diese wirklich geht und zugleich dokumentiert und belegt, warum diese Ziele erreicht wurden oder nicht. Die Ziele müssen so beschrieben werden, daß ihre Erreichung oder Nichterreichung offensichtlich wird.

Dies geschieht durch Operationalisierung, was nichts anderes bedeutet als daß beschrieben wird, welcher Zustand, welche Situation oder welches Verhalten erreicht sein müssen, wenn das Erreichen eines Zieles behauptet wird.

Die Soziale Arbeit formuliert sehr oft Ziele, die so fern liegen oder so vage gefaßt sind, daß sie im Rahmen einer konkreten Fallarbeit nicht erreicht werden können oder daß sie niemand als nicht erreicht wahrnehmen kann, weil sie zu diffus formuliert wurden.

In scheinbarer Hilflosigkeit gibt es viel Omnipotenzgerede. Soziale Arbeit hat in aller Regel nicht die Aufgabe, „Menschen glücklich zu machen", sondern ihnen zu helfen, in einer Problemlage besser zu überleben.

Verfügungsgeld pro Familie

Um wirklich schnell und unbürokratisch zu helfen, erhalten die Sozialarbeiter(innen) durchschnittlich 500,– DM pro Familie. Ein(e) Familienarbeiter(in) kann beispielsweise kein besseres Hygieneverhalten im Umgang mit Lebensmitteln lehren, wenn es keinen funktionierenden Kühlschrank in der Wohnung gibt. Innerhalb des kurzen Programms kann aber auch keiner erst langwierig beim Sozialamt beantragt werden. Hier muß der/die Familienarbeiter(in) in der Lage sein, schnell Abhilfe zu schaffen. Das Verfügungsgeld kann jedoch auch dazu verwendet werden, eine positive Verhaltensänderung bei einzelnen Familienmitgliedern oder der ganzen Familie zu belohnen, indem man mit der Familie essen geht oder ins Schwimmbad oder mit den Kindern zum Fußballspiel. Bei manchen Familien wird kaum Geld gebraucht, bei anderen reichen 1000,– DM nicht aus. Dies wird flexibel gehandhabt.

Hierbei wird deutlich, daß nicht einzelne Kriterien, sondern daß das Ensemble der charakteristischen Merkmale die Besonderheit von „Familie im Mittelpunkt" ausmacht.

4. Theoretische und konzeptionelle Grundlagen

Dieses Kapitel wird für viele deutsche Kolleg(inn)en, insbesondere für tiefgründige Theoretiker(innen), eine herbe Enttäuschung sein. Viele Leser(innen) werden ihre Skepsis gegenüber dem amerikanischen, dem niederländischen und erst recht gegenüber dem deutschen Programm „Familie im Mittelpunkt" bestätigt sehen.

Das ist immer so, wenn etwas gut funktioniert, aber noch niemand sagen kann, warum es denn so erfolgreich arbeitet. Besonders in der Sozialen Arbeit, der immer noch die eigenständige Professionalität abgesprochen wird, mißtraut man einem erfolgreichen, aber in seiner Wirkungsweise nicht vollständig erforschten Programm, auch wenn es durch eine methodisch einwandfreie, transparente Begleitforschung abgesichert ist wie sonst kaum eines.

Wie wir zum Thema „Evaluation" darlegen werden, ist es methodisch völlig korrekt, wenn die für ein Programm geltenden Wertmaßstäbe (die Amerikaner sagen: „philosophy") offengelegt und daraus Kriterien abgeleitet werden, anhand derer in einem organisatorisch und politisch *unabhängigen* Verfahren das Programm auf seine Wirksamkeit empirisch überprüft wird.

Die von Kritiker(inne)n bezweifelte Wirksamkeit ist bei diesem Programm nachgewiesen. Und zwar in einem Maße, wie wir es sonst bei keinem anderen Programm in der Sozialen Arbeit oder der Therapie kennen (vgl. Kapitel 9 und 10). Wir glauben auch einige Gründe für die große Skepsis besonders im deutschen Kulturraum aufgespürt zu haben.

1. Wie wir bei der Darstellung der Grundwerte und Charakteristika von „Families First" gesehen haben, kommen hier aus der Praxis entwickelte Überzeugungen, Arbeitsweisen und Organisationsformen zur Geltung, von denen sehr viele gegen uns liebgewordene Denkweisen verstoßen. Um nur einige nochmals hervorzuheben:

   - Das Programm steht gegen eine Sozialarbeit als „Gefühlsarbeit", denn hier wird „nur" eine befristete Arbeitsbeziehung aufgebaut, die ganz eindeutig darauf abzielt, der Familie bei der Bearbeitung einer Krise zu helfen. Dabei ist der/die Familienarbeiter(in) natürlich mit seiner/ihrer Person im Spiel, und es wird nicht ausschließlich über die „Beziehung" gearbeitet.

   - Das Programm weist keine einseitige Psycholastigkeit auf, ist nicht psychozentriert, sondern arbeitet immer mit der Person des/der Kund(inn)en im Environment, dem sozialen Umfeld. Es hat eine sozialräumliche Ausrichtung, aber es setzt auch bei der Person der

4. Theoretische und konzeptionelle Grundlagen

Kund(inn)en an. Damit ist das Programm nicht nur auf das soziale Umfeld gerichtet. Die Persönlichkeit der Kund(inn)en ist also immer im Spiel, aber auch die der Familienarbeiter(inn)en.

- „Familie im Mittelpunkt" arbeitet im „natürlichen" sozialen Lebensraum der Kunden mit all seiner Komplexität, in der Wohnung, dort, wo die Freizeit verbracht wird, in der engeren und erweiterten Familie, der Nachbarschaft etc. Es steht gegen eine Tradition der Beratungsstellenarbeit, bei der die Kunden (dort „Klienten" genannt) in die Einrichtung kommen und sich womöglich nicht ganz „freiwillig" den „white-collar" Berater(inne)n in Büro oder Besprechungszimmer gegenübersehen.

- Und schließlich – und damit wollen wir an dieser Stelle enden – analysiert und seziert „Families First" nicht tiefgründig in der Psyche der Kund(inn)en herum, um Probleme und andere „Leichen im Keller", möglichst aus der frühen Kindheit, auszugraben. Wir wollen keinesfalls verleugnen, daß es Kund(inn)en gibt, die auch Patienten der Psychoanalyse sein können. Dann sind sie in ihrer möglichen psychischen Krankheit jedoch nicht von Sozialarbeiter(inne)n, sondern von den dafür ausgebildeten Fachleuten zu behandeln, auch wenn es legitimerweise im Gesundheitswesen Sozialarbeiter(innen) gibt, die dabei helfen. In dem hier vorgestellten Programm wird – anders als bei vielen klassischen Einzelhilfen – keine Therapie geleistet. In diesem Programm müssen Kunden nicht bekennen, sie hätten ein Problem, damit ihnen geholfen wird. Sie befinden sich in einer Problemlage, in der sie den Herausforderungen (challenges) ohne Hilfe nicht gewachsen sind. Die Krise wird meist von außen definiert, weil man damit droht, die Kinder wegzunehmen, wenn bestimmte Verhaltensweisen, die zur Problemlage gehören, nicht abgestellt werden. Geforscht wird hier nach Stärken, die immerhin das Überleben bislang gesichert haben, und der Kraft, die in ihnen steckt für eine bessere Gestaltung des „Hier und Jetzt und der Zukunft". Dieser konsequente „Non-problem-Ansatz" widerspricht der Einstellung der meisten Sozialarbeiter(innen). Mit deren Orientierung an Defiziten überwiegt das therapeutische Denken.

2. „Families First" wurde in den USA in der praktischen Arbeit mit Familien entwickelt, in den Niederlanden ergänzt und in Deutschland im Prozeß der Anpassung fortgeschrieben, ohne die Modelltreue zu verlassen. Was in der praktischen Arbeit entstanden ist als Reflexion der Praxis und noch keine Anwendung eines bekannten großen theoretischen Konzepts darstellt, das muß bei der Kopflastigkeit der deutschen Theoretiker auf Widerstand stoßen. Aus dem einfachen Grund, weil das Programm schlicht nicht ausreichend theoretisch ausgewiesen scheint, sich also bislang dem Diskurs der Wissenschaftler(innen)gemeinschaft ent-

4. Theoretische und konzeptionelle Grundlagen

zogen hatte und dort auch nicht durch jahrelanges Herantasten und Reflektieren praktischer Gegenstände entstanden ist.
3. Das größte Problem dieses Programms ist in den Augen vieler Kritiker(innen) jedoch, daß es radikal pragmatisch eklektisch aufgebaut wurde. Das heißt, man hat in der Praxis eine Form der effektiven Krisenintervention geschaffen und dann in der Literatur nachgeschaut, mit welchen Theorien und theoretischen Konzepten die Praxis zu erklären ist. Dabei ist man bislang noch nicht hinter alle theoretischen und konzeptionellen Erklärungsmuster für die Wirksamkeit des Programms gekommen. Das pragmatische Modell, konfrontiert mit der theoretischen Denktradition im deutschen Sprachraum, wird von uns mit weiteren Deutungsansätzen und theoretischen Bezügen ausgestattet werden. Der Eklektizismus des Programms wird aber sicher noch einige Zeit als wissenschaftlich nicht ausgewiesen und damit als „nicht standesgemäß" gelten.

Das vorliegende Handbuch soll – wie wir in der Einleitung ausgeführt haben – in erster Linie als Lehrmittel für die Ausbildung zur/m Familienarbeiter(in) dienen und gleichzeitig interessierten Leser(inne)n einen Einblick in die Arbeit von „Familie im Mittelpunkt" geben. Damit erhält es einen sehr praktischen Charakter. Aus diesem Grund können wir die in das Programm eingegangenen Konzepte und Theorien hier nur kurz vorstellen. Dieses Kapitel ersetzt nicht das eigene Literaturstudium, das neben der praktischen Kernausbildung von allen geleistet werden muß, die die Ausbildung zum/zur Familienarbeiter(in) durchlaufen wollen. Außerdem, und noch einmal ganz deutlich: Das Lesen dieses Buches ersetzt nicht das autorisierte Training! Wer kein Training in den USA oder den Niederlanden bei „Families First" oder den „Homebuilders" erfolgreich absolviert hat, darf nicht irgendein irgendwie nachempfundenes Programm mit Hilfe des Handbuchs erstellen und sich auf „Families First", „Homebuilding" oder „Familie im Mittelpunkt" berufen. Wir werden am Ende dieses Handbuchs mitteilen, wie und wo man eine autorisierte Ausbildung für dieses Programm absolvieren kann und an wen man sich wegen einer Beratung für den Aufbau einer eigenen Einrichtung wenden kann.

Im folgenden wollen wir die wichtigsten theoretischen Grundlagen des Programms vorstellen:

Social Attachment Theory – These der sozialen Zugehörigkeit

Wie in Deutschland wurde auch in den Vereinigten Staaten die Kritik an den Folgen der Herausnahme von Kindern aus ihren Familien Anfang der 70iger immer stärker. Bis dahin wurden viele Kinder aus Familien in

4. Theoretische und konzeptionelle Grundlagen

Schwierigkeiten herausgenommen. Sie kamen in Heime und Pflegefamilien, weil die Sozialarbeiter(innen) der Sozialen Dienste auf Bezirksebene aufgrund ihrer hohen Fallbelastung nicht die Zeit hatten, sich ausreichend um die Familien in Not zu kümmern oder auch nur gründliche Assessments zu machen. Außerdem waren sie auch methodisch darauf nur unzureichend vorbereitet. Sozialarbeiter(innen) und Familienrichter(innen) stellten nun fest, daß es den fremdplazierten Kindern in den Heimen und Pflegestellen sehr oft nicht besser ging als in ihren Ursprungsfamilien. Waren sie wegen Mißhandlung und Mißbrauch aus ihren Familien genommen worden, so passierte dies oft genug auch in den anderen sozialen Kontexten. Entgegen mancher Beteuerungen der Bezirkssozialarbeiter(innen) konnten eben die Heime und Pflegestellen auch nicht besser betreut und kontrolliert werden als die eigenen Familien der Kinder.

Dies war und ist immer noch eine ernste Problematik in den USA und auch bei uns, denn die Arbeitsbelastung der kommunalen Jugendämter und der Heimaufsicht war und ist nicht wesentlich geringer geworden. Wurden beispielsweise die Fallzahlen bei sogenannten „Problemfamilien" verringert, kamen neue fachbezogene Aufgaben hinzu (in Deutschland z. B. Mediation bei Scheidungen etc.). Beispiele dafür, wie überlastete Sozialarbeiter(innen) agieren, gibt es genug:

Im Raum Hildesheim hatte sich vor einiger Zeit eine Jugendliche an ihre Sozialarbeiterin im Jugendamt gewandt, weil sie von ihrem Pflegevater sexuell genötigt würde. Sie bat, aus dieser Pflegestelle genommen zu werden. Die Sozialarbeiterin wimmelte sie zunächst ab, indem sie ihr etwas zu viel Phantasie unterstellte. Schließlich hätte man die Pflegefamilie schon vor Jahren sorgfältig ausgesucht und bislang gut zusammengearbeitet, ohne daß sich vorher dort untergebrachte Jungen und Mädchen beschwert hätten. Da die Belästigungen anhielten und in gravierenden sexuellen Mißbrauch der nun 15jährigen übergingen, erreichte erneut ein dringender Hilferuf die Sozialarbeiterin. Aus nicht geklärtem Grund reagierte sie wieder nicht. Nun beging die Jugendliche Selbstmord, weil sie keinen Ausweg wußte. Daraufhin wurde die Sozialarbeiterin suspendiert und sah sich einem Strafverfahren wegen unterlassener Hilfeleistung gegenüber.

In seiner Grausamkeit ist dies sicher ein besonderer Fall. Auch soll hiermit keineswegs eine generelle Kolleg(inn)enschelte einsetzen. Wir unterstellen, daß Sozialarbeiter(innen) trotz der Überlastung in der Regel eher reagieren. Dennoch bleibt die Tatsache bestehen, daß alle möglichen Arten des Mißbrauchs in Pflegestellen und Heimen ebenfalls passieren können, ohne daß dies immer bekannt wird und ein Anlaß zur amtlichen Hilfe wäre.

Viel schlimmer in seinen quantitativen Dimensionen ist jedoch, daß Kinder, die einmal fremdplaziert wurden, eine ganze Reihe von unterschiedlichen Heimen und Pflegestellen durchlaufen und dadurch erheblich in ihren

4. Theoretische und konzeptionelle Grundlagen

Entwicklungsmöglichkeiten beeinträchtigt werden. Was mit Kindern in der „Heimkarriere" geschieht, ist neben einer Vergeudung von Ressourcen vor allem grausam und dies sowohl gegenüber den Eltern als auch den Kindern, selbst wenn sie mißhandelt oder mißbraucht wurden.

Ein grundlegender theoretischer Ansatz liefert wichtige Argumente dafür, daß sich Kinder in ihrem gewachsenen Kontext am besten entwickeln können. Dies ist die social *attachment theory,* auf deutsch: die *Soziale Zugehörigkeitstheorie.*

Goldstein, Freud und Solnit (1973) haben aufgrund langjähriger Forschungen und ihrer Praxis als Kinderärzte und Psychiater die wesentliche Bedeutung hervorgehoben, die Beziehungen, sozialer Kontext und Umweltfaktoren für eine positive Entwicklung eines Kindes haben. Diese fördernden Faktoren haben eine mehrjährige Geschichte und sind eng mit dem Lebenslauf des Kindes verbunden. Es sind vor allem die Beziehungen, die das Kind mit seinen Bezugs- und Sorgepersonen und darüber hinaus mit seiner sozialen Umwelt aufgebaut hat. Wir würden heute sagen, sie stellen den sozialen Lebensraum dar, die Nische in seinem gesellschaftlichen und psychischen Dasein, das Soziotop, in dem es sich bisher entwickeln konnte und in dem es bisher überlebt hat (vgl. Gehrmann/Müller 1993).

„Families First" oder „FiM" sind Programme, in denen das Kindeswohl an erster Stelle steht. Gleichzeitig werden die Elternrechte, durchaus im Sinne des KJHG, sehr ernst genommen. In den allermeisten Fällen sind Kindeswohl und Elternwohl nicht weit auseinander, weil das Kind seine Eltern braucht.

Drei Typen von Eltern

- Biologische und natürliche Eltern
  Die biologischen oder natürlichen Eltern sind die Erzeuger des Kindes.

- Psychologische Eltern
  Die psychologischen Eltern unterhalten eine intime Beziehung zum Kind, die sich im alltäglichen Umgang aufgebaut hat. Wegen der in der Regel längeren Beziehungszeit zu den natürlichen Eltern sind diese überwiegend auch die psychologischen Eltern. Vor allem die Kinder haben zu den psychologischen Eltern eine enge soziale und psychische Beziehung entwickelt, die sie für ihr Wohlbefinden („wellbeing") und für ihre gesunde Entwicklung brauchen.

- Eltern im juristischen Sinne
  Dies sind entweder die natürlichen Eltern oder die Pflege- oder Adoptiveltern, die qua Gerichtsentscheid das Sorge- und Aufenthaltsbestimmungsrecht für das Kind haben.

Nach Goldstein u. a. (a.a.O.)

4. Theoretische und konzeptionelle Grundlagen

Im Interesse des Kindeswohls sollten die Kinder – ohne Gefahr für die physische und psychische Gesundheit – soweit immer möglich bei den psychologischen Eltern und damit in der Regel bei den leiblichen Eltern bleiben, selbst wenn in der Erziehung aus der Sicht von außen große Fehler gemacht werden. Die Autoren haben das Kontinuitätsprinzip aus der Psychoanalyse entwickelt, die selbst wenig Einfluß auf die Methodik von „Families First" hatte. Kinder leiden ganz erheblich, wenn sie aus einer kontinuierlichen Beziehung zu den psychologischen Eltern herausgerissen werden.

Wird das Kind aus seiner über längere Zeit entwickelten Beziehung und aus seinem sozialen Kontext mit staatlicher Gewalt entfernt, so ergeben sich für das Kind eine Vielzahl von Problemlagen. Selbst wenn die leiblichen Eltern oder langjährigen Erziehungspersonen die Bedürfnisse des Kindes vernachlässigen oder durch die Realisierung problematischer Eigenbedürfnisse mißachten und nun eine Herausnahme des Kindes aus der Familie erforderlich wird, müssen die gewachsenen Bindungen des Kindes beachtet werden. Die gewachsenen Beziehungen des Kindes bestehen nicht nur zu den Eltern. Auch zu den Geschwistern sind Bindungen entstanden, die nicht vernachlässigt werden dürfen.

Wir fügen hier die sozial-räumliche Komponente hinzu, die auf der *sozialökologischen Theorie* (s. hierzu u. a.: Bronfenbrenner 1978, Germain/Gitterman 1980) basiert. Kinder haben nicht nur zu ihren nahen Familienmitgliedern enge Beziehungen aufgebaut. Sie haben Freunde(innen) und Spielgefährten (peers) gefunden, innerhalb und außerhalb von Kindertagesstätte und Schule. Sie haben ein vertrautes Wohnumfeld (Nachbarn, Wohnhaus, Wohnviertel, Gemeinde, Landschaft), das ihnen Sicherheit und eine gewisse Geborgenheit bietet.

Wenn Familien aus Berufsgründen umziehen, aber als Familie zusammenbleiben, erleiden die Kinder bereits eine Störung und Verunsicherung, da sie den gewohnten weiteren sozialen Kontext verlieren. Nachdenkliche Eltern berücksichtigen diesen Verlust und versuchen ihren Kindern darüber hinwegzuhelfen. Wenn sie nun bei einer Fremdplazierung auch von Eltern und Geschwistern getrennt werden, so leiden sie immens.

Nach Goldstein u. a. (a.a.O.) wird die Möglichkeit, daß ein Kind eine kontinuierliche Beziehung aufbaut, um so größer, je länger es mit Erwachsenen lebt, die sich darum sorgen und kümmern. Dies kann auch bei „nur" juristischen Eltern (z. B. Pflegeeltern) der Fall sein. Deshalb soll auch eine vorübergehende Fremdplazierung, z. B. wegen des Klinikaufenthalts eines Elternteils bei Drogenmißbrauch, nicht zu lange dauern.

Und zwar selbst in den Fällen, in denen sie in ihrer Familie Leid erfahren mußten. In den allermeisten Fällen – so die „Homebuilders" und Initiatoren des „Families-First-Programms" – ist es für die Kinder besser, der Familie zu helfen, als die Kinder von ihren engsten Bezugspersonen zu trennen.

4. Theoretische und konzeptionelle Grundlagen

Der systemtheoretische Blick auf die Familie

In der englischsprachigen Literatur wird die *Systemische Familientherapie* (Minuchin 1974) als eine Grundlage der intensiven Familienerhaltungsprogramme angesehen (vgl. Grigsby 1993). Barth (1990) nennt die „Familien-System-Theorie" einen wertvollen Verbündeten des/der Sozialarbeiter(in)s. Virginia Satir (1967) habe zwar nicht „home-based", d. h. auf den Lebensalltag und die Wohnung der Kunden bezogene Dienstleistungen im Sinn gehabt, dennoch habe sie argumentativ eine wichtige Vorreiterrolle bei der Verbreitung der Wertschätzung dieser Theorie unter Sozialarbeiter(innen)n gehabt.

„Alle Systeme sind ausbalanciert. Die Frage ist, welchen Preis jeder Teil des Systems bezahlen muß, um es so zu erhalten. Die ein Familiensystem bestimmenden Regeln sind einerseits davon abgeleitet, wie die Eltern ihre Selbstachtung erhalten, und andererseits vom Kontext (gemeint ist das soziale Umfeld, d. Autoren), in dem die Kinder aufwachsen und ihre Selbstachtung entwickeln. Kommunikation und Selbstwertgefühl sind grundlegende Komponenten." (Satir, nach Barth, a.a.O., S. 92; unsere Übersetzung).

Barth hat gegenwärtig wohl einen geringeren Einfluß als systemische Familientherapeuten wie Minuchin. Deshalb werden wir Minuchin, soweit es für das Verstehen des Programms erforderlich ist, mit seinem auch in deutscher Sprache publizierten Buch (a.a.O.) zu Wort kommen lassen.

Familien sind soziale Gruppen. Als solche sind sie eine Ganzheit, die mehr und etwas anderes ist als die Summe ihrer Einzelteile, die interdependent, also wechselseitig abhängig, miteinander verbunden sind. Für Minuchin ist die Familie ein offenes soziales System. Dieses offene soziale System kann mit Hilfe zentraler Begriffe dargestellt werden:

Struktur: Familienstrukturen kommen in der Art und Weise, wie Familienmitglieder miteinander umgehen, zum Ausdruck. Aus wiederholten Transaktionen bilden sich Muster von Verhaltensweisen, die immer wieder eingesetzt werden. Diese Strukturen tragen dazu bei, das System zu erhalten.

Subsysteme: Subsysteme sind Teile des Gesamtsystems und können auf die Familie bezogen die Eltern (elterliches Subsystem) und die Kinder (geschwisterliches Subsystem) sein. Auch das einzelne Individuum wird als Subsystem angesehen, das wiederum mindestens einem anderen Subsystem angehört. Die Subsysteme sollen sich möglichst in einem Gleichgewicht befinden, damit das Gesamtsystem erhalten bleibt; sie übernehmen Aufgaben für das Gesamtsystem.

Minuchin weist der Therapie die Aufgabe zu, die bestehenden Subsysteme der Familie zu erkennen, einzelne bei Bedarf zu stärken, falls erforderlich neue Subsysteme zu bilden und einzelne Subsysteme von anderen abzugrenzen. Ziel ist es, für das einzelne Familienmitglied Autonomie und Freiheit zu erhalten, aber gleichzeitig die Orientierung auf das Ganze, die Familie, zu stärken.

Die Organisation: Besonders beachtet wird die Anordnung oder Zuordnung der Subsysteme innerhalb des Gesamtsystems Familie, die Organisation der Familie. Diese Organisation wird auf einer Art Landkarte der Familie festgehalten. Wir sprechen von einem internen Ökogramm. Das Ökogramm wird gemeinsam mit der Familie erstellt und zeigt, wer wo mit wem welchen Platz im System Familie einnimmt.

Das *Ökogramm* soll folgendes leisten:
- die Darstellung der Organisation einer Familie zu einem bestimmten Zeitpunkt,
- die bewußte Planung der therapeutischen Schritte mit Blick auf die ganze Familie und ihre Subsysteme,
- die Erfassung eintretender Veränderungen,
- eine differenzierte Auswertung therapeutischer Interventionen.

Positionen: Minuchin stellt fest, welche Positionen die einzelnen Mitglieder in der Familie innehaben und versucht sie – falls erforderlich – zu verändern. Damit wird der Einzelne nicht allein als Träger biologisch-psychischer Eigenschaften angesehen, sondern auch als Handelnder in einem dynamischen sozialen Umfeld, das wiederum ihn beeinflußt. Minuchin macht deutlich, daß die Familie oft zu Unrecht als eine Gemeinschaft Gleichgestellter angesehen wird. Damit werde übersehen, daß sie jeweils eine ganz besondere Ordnung habe, in der mit Autorität und Macht unterschiedlich umgegangen werde. Der Einzelne könne nur im Kontext der Familienstruktur und der Familienorganisation verstanden werden. Die therapeutische Intervention muß diese Tatsache berücksichtigen. Nicht im Individuum geschehen die initiierten Veränderungen, sondern zwischen ihm und anderen familialen Subsystemen. Minuchin will in der Therapie durch den Aufbau komplementärer Subsysteme das Selbstwertgefühl eines jeden Familienmitglieds stärken.

Prozeßcharakter: Das System Familie ist nicht statisch, sondern hochdynamisch. Es befindet sich in einem ständigen Wandel. Dies ist schon deshalb wichtig, weil es sich permanent den sich verändernden Anforderungen von äußeren gesellschaftlichen und kulturellen Einflüssen (der Außensysteme) stellen muß. Je nach Entwicklungsstadium der Familie treten neue Außenanforderungen auf, mit denen sich die Familie auseinanderzusetzen hat. Hierbei durchläuft die Familie entwicklungsbedingte Krisenphasen, in denen die Stärken der Familienorganisation herausgefordert werden. Sie erwirbt im Bestehen der Herausforderung durch die Krise neue Handlungskompetenzen, die ihr bei künftigen Krisen helfen. Hier wird die Verbindung zur Krisentheorie deutlich.

4. Theoretische und konzeptionelle Grundlagen

Wir meinen, daß die systemische Betrachtungsweise hilfreich ist, wenn wir als Familienarbeiter(innen) im Rahmen des Programms von „Families First" oder „Familie im Mittelpunkt" ein Assessment mit der Familie erstellen und uns ein Bild von der Konfliktlage machen wollen. Dabei handelt es sich jedoch nur um eine Annäherung an die Praxis des Programms. Im Interesse des bewährten Modells „Families First" warnen wir vor der Übernahme familientherapeutischer Techniken, was bei verschiedenen Trägern ähnlicher Programme schon zu einer Verlängerung der Programmdauer geführt hat. Wir sind uns ganz sicher, daß diese – auf deutscher Vorliebe für „tiefergehende" Therapie und Ablehnung der für das Programm ganz wesentlichen Verhaltenstherapie beruhenden – Veränderungen die Rahmenbedingungen und das ganze Modell negativ beeinflussen werden. Gerade die kurze Dauer und die Aufstellung realisierbarer kleiner Zielschritte sind wesentliche Bedingungen für die sowohl in den USA als auch den Niederlanden nachgewiesenen Erfolge. Wir werden alle Versuche der Übernahme des Programms, ihre Veränderungen und die Evaluation kritisch verfolgen und sind uns sicher: Nur das Einhalten der Modelltreue im Sinne von „Families First" wird auch die Ergebnisse bringen, die dieses Krisenintervention sprogramm neben anderen, z. T. bewährten Familienhilfen ethisch, methodisch und effektivitätsbezogen rechtfertigen.

Die Sozialarbeit mit Familien, auch „Familie im Mittelpunkt", erfordert und erlaubt sich den eklektischen Zugang zur systemischen Familientherapie, die vor allem den Blick auf das System Familie und seine Außenbeziehungen richtet. Darüber hinaus übernimmt das hier vermittelte Programm sehr wenig. Weder die Methode(n) noch Techniken der systemischen Familientherapie sind für „Families First" konstitutiv oder kommen gar zum Einsatz. Es gibt wohl einzelne Versuche, vor allem in Deutschland, z. B. „zirkuläre Gesprächsrunden" einzusetzen. Sie sind nach allen Erfahrungen jedoch überflüssig, ja sogar eher schädlich, weil sie das Modell verfälschen. Wir raten hier zur Vorsicht, weil therapeutisch vorgebildete Sozialarbeiter(innen), die das in ihrer bisherigen – oft teuren – Aus- und Weiterbildung Gelernte zum Einsatz bringen wollen, weiter- und tiefergehende Ziele verfolgen, als dies mit dem auf kurzfristige und konkrete Ziele angelegten Krisenintervention sprogramm möglich ist. Was vom familientherapeutischen Ansatz bei „Families First" übrigbleibt, ist der *systemische Blick* auf die Familie. Das bedeutet nichts weiter, als daß nicht mit dem Kind oder einzelnen Familienmitgliedern gearbeitet wird, sondern daß die Familie als ein System betrachtet wird, dessen einzelne Teile miteinander verbunden agieren. Dies betrifft auch das Interagieren des Subsystems Familie mit Außensystemen. Da der Blick immer auf die ganze (engere und erweiterte) Familie geht, wird dies auch in graphischen Darstellungen (Genogramme, Ökogramme, s. unten) aufgezeichnet, wobei der Blick auf die Ressourcen (vgl. *Stärkenorientierung, Empowerment*) gerichtet bleibt. Stützende und stressende/behindernde Beziehungen werden dargestellt.

4. Theoretische und konzeptionelle Grundlagen

Wenn auch im wesentlichen nur die systemische Perspektive von der systemischen Familientherapie übernommen wird, so ist dieses Vorgehen für das Programm doch von großer Bedeutung, weil damit der Gefahr der individualisierenden Zuschreibung von Problemen begegnet wird. Darüber hinaus ist das systemische Konzept auch deshalb von großer Bedeutung für Familie im Mittelpunkt, weil es hilft, Krisen aus der Geschichte der Familie heraus zu verstehen, die sich in einer so gravierenden Problemlage befindet, daß die Kinder gefährdet sind (vgl. *Krisentheorie und Krisenintervention*). Krisen im Familiensystem haben eine eigene Geschichte und sind Verfestigungen kommunikativer oder interpsychischer, dysfunktionaler Störungen, die dann irgendwann zu Phänomenen der Gewalt, des Mißbrauchs und grober Vernachlässigung von Kindern führen, die wiederum Jugendämter zum Eingreifen zwingen.

Krisentheorie und Krisenintervention

„Families First" oder *Familienaktivierung* sind immer besonders intensive Formen der Krisenintervention. Es geht um akute Notfälle, um das gemeinsame Leben von Eltern und Kindern, das bedroht ist. Es geht um ein besseres, nämlich gewalt- und repressionsärmeres Zusammenleben, manchmal sogar ums bloße Überleben. Deshalb ist eine FiM-Einsatzgruppe jederzeit erreichbar und garantiert einen sofortigen Erstkontakt, um die Annahme zu klären. Kunden des Programms sind überwiegend Familien, die bereits vielfältige – oft wenig hilfreiche – Erfahrungen mit Sozialen Diensten gemacht haben. Diese Familien befinden sich in vielerlei bedingten – meist auch sozial induzierten – Problemlagen, weshalb sie von Fachleuten und von Amts wegen fälschlich als „Multiproblemfamilien" bezeichnet werden, so als wären diese Familien Eigner von ausschließlich persönlichen Problemen. Diese psychologisierende und auf „Defizite" gerichtete Bezeichnung mißachtet die notwendige „Stärkenorientierung". Wichtig für eine Soziale Arbeit mit Familien ist jedoch, daß die persönlichen, für ein durchschnittlich gutes Zusammenleben nicht förderlichen (dysfunktionalen) Verhaltensweisen als Herausforderungen gesehen werden, die mit dem vom Außensystem bedingten sozialen Problemlagen (z. B. geringe Bildung, schlechte Wohnverhältnisse, familienfeindliche Arbeitsbedingungen wie Schichtarbeit, geringe finanzielle Ausstattung, mangelhafte informelle Unterstützer wie Nachbarn, Freunde etc., ethische oder religiöse Minderheitslage) in gegenseitiger Beeinflussung stehen. Dieser Blick auf die systemische Verbindung von Innen- und Außensystem darf in der Sozialen Arbeit nicht verlorengehen.

Marianne Meinhold (a.a.O.) hat aufgezeigt, daß z. B. die Beeinflussung dieser äußeren Faktoren durch aktive Beteiligung der Kunden (Empowerment) zu einer positiven Veränderung des problemhaften Verhaltens der betroffenen Kunden führen kann. Die Aktionsweise und Organisation der familienbewahrenden Programme sind daher auf die typische Kundschaft Sozialer Arbeit gerichtet, d. h., sie reagieren unmittelbar und schnell auf Krisen, und zwar in der Lebenswelt der Kunden und nicht im typischen „Beratungs- oder Therapiesetting". Deshalb sind diese Programme auch Sozialarbeit und keine Therapie (vgl. Gehrmann/Müller 1994). Sie müssen vor der Therapeutisierung und Psychologisierung bewahrt bleiben. Dies gilt dann auch für ihre theoretische Konzeptionalisierung.

Auch wenn wir uns entgegen der akademischen Tradition in unserem Sprachraum zum „reflektierenden Pragmatismus" (Hesser 1990) bekennen, wollen wir doch die Gefahren nicht übersehen:

„Familie im Mittelpunkt" ist ein eklektisches Gebilde, das aus einigen sozialen und vielen psychologischen Konzepten und Therapien zusammengesetzt wurde. Ein allzu großer, theoretisch nicht ausgewiesener Pragmatismus kann leicht dazu führen, daß nur psychologisch geschulte und psychozentriert denkende Mitarbeiter in Management und Begleitforschung diese interaktive Verschränkung von Problemlagen und persönlichem Problemverhalten und das daraus resultierende Spannungsverhältnis nicht aushalten. Sie schlagen sich auf eine Seite, meist die des Individuums, oder begeben sich auf die sozialpsychologische Ebene der defizitären Kommunikationsstrukturen – mit gravierenden Auswirkungen auf die Praxis.

Die Einführung überflüssiger, ja schädlicher therapeutischer Verfahren ist nur eine Möglichkeit, eine andere ebenso gravierende ist die Vernachlässigung der Netzwerkarbeit im sozialen Umfeld und der Sicherung lebensnotwendiger Ressourcen. Deshalb legen wir großen Wert auf eine sozialwissenschaftliche Ergänzung der Konzeptualisierung des Krisenbegriffs und ein sozialarbeiterisches Verständnis von Krisenintervention.

Die Diskussion in den Niederlanden unterscheidet *entwicklungsbedingte* und *ereignisbedingte* Krisen im Leben eines Menschen (Roos 1994, nach Hoffmann 1996). *Entwicklungsbedingte* Krisen werden durch problematische Verarbeitung der Lebensphasen eines Individuums ausgelöst (Erikson 1992). Gemeint sind die Phasen, die die Psychoanalyse beschreibt. Erikson verlängerte diese Phasen bis in das Erwachsenenleben hinein (orale, anale, genitale, Latenz-, frühe Erwachsenen-, Erwachsenen-, Reifephase).

Was immer in diesen Phasen „schiefgelaufen ist", welche nicht ausreichend verarbeiteten Verletzungen man erlitten hat, tritt später identitätsgefährdend auf. Roos hat diesen Phasen weitere hinzugefügt, auch der Berufsaustritt und das Alter gehören in diese Entwicklung. Im Gegensatz zu Erikson geht er davon aus, daß Menschen im Laufe ihres Lebens Kompetenzen erwerben (s. *Kompetenzmodell*), die Schädigungen früherer Phasen ausgleichen können und den Individuen helfen, mit Krisen umzugehen.

4. Theoretische und konzeptionelle Grundlagen

Ereignisbedingte Krisen (auch Situationskrisen) werden durch das unglückliche Zusammentreffen von Ereignissen im Leben von Menschen ausgelöst, die dadurch aus dem Gleichgewicht gebracht werden (Roos, a.a.O.). Die Verknüpfung von beiden Krisenarten würde dann eine Verschärfung der Krise herbeiführen. Für die Ereignis- oder Situationskrise sind folgende „krisogene" Faktoren ausschlaggebend:

„Krisogene" Faktoren
• Konflikte mit Familienangehörigen/ Partnern
• Alkohol
• Probleme mit Arbeit oder Einkommen
• Tod oder Trauer
• Verschlimmerung einer chronischen Geisteskrankheit
• Pubertätsprobleme
• Schulprobleme
• Körperliche Krankheiten

Nach Roos (a.a.O.)

Dies sind empirische Befunde in einer Rangordnung (Punkt 1: in 50 % der Fälle gefunden).

Die „Life-Event-Forschung" (Golan 1983) ermittelte 43 biographische Ereignisse, deren subjektive Verarbeitung Streßfaktoren darstellen, die Krisen auslösen können. Die Liste wird hier nur mit den zehn wichtigsten Positionen wiedergegeben:

Biographische Ereignisse	Adaptionsleistung in Punkten
1. Tod eines Partners	100
2. Scheidung	73
3. Eheliche Trennung	65
4. Gefängnis	63
5. Tod eines nahen Angehörigen	63
6. Persönliche Verletzung / Krankheit	53
7. Heirat	50
8. Kündigung	45
9. Eheliche Wiederversöhnung	45
10. Pensionierung	45

Ebenda

4. Theoretische und konzeptionelle Grundlagen

Die Aufzählung dieser empirisch gefundenen krisenauslösenden Faktoren macht deutlich, wie weit entfernt wir noch von einer Krisentheorie sind, die die Entstehung von Krisen erklären kann. Sicher erscheint es als ein gangbarer Weg, Krisenfälle daraufhin zu untersuchen, welche Ereignisse oder Problematiken zur Auslösung einer Krise geführt haben. Dieses Vorgehen befürworten wir ausdrücklich. So plausibel die auf Lebensphasen und -umbrüche basierenden Streßfaktoren und die aufgeführten Ereignisse auch sind, als so zufällig erscheint immer noch die Auflistung. Vor allem erklären solche Ansätze nicht, warum der eine beim Verlassenwerden durch einen Partner oder bei einem Todesfall zusammenbricht und der andere nicht. Dies mit unterschiedlichen Kompetenzen zu erklären, reicht nicht aus, denn der Begriff „Kompetenzen" erscheint als Leerformel. Um welche Kompetenzen geht es und wie wurden sie erworben, welche müssen bei einer Krisenintervention vermittelt werden? Die niederländischen Kolleg(inn)en haben hier beachtliche und brauchbare Lösungen gefunden, um den Kompetenzbegriff zu füllen. Ihre Arbeit stellt eine wichtige Erweiterung der Krisentheorie dar, die gerade für das Programm „Families First" der Niederlande von großer Bedeutung ist (s. S. 80 ff. in diesem Kapitel: Kompetenzmodell).

Individuen verhalten sich in Krisen sehr unterschiedlich. Wer sich in einer Krise befindet, ist nach Roos (Hoffmann, a.a.O., S. 25) zunächst emotional erschüttert, dann erst kognitiv und schließlich zeigt er psychosomatische und psychiatrische Befunde. Daß nicht jeder in gleicher Weise bei einem ähnlichen Ereignis erschüttert wird, erklärt er mit dem Vorhandensein interner und externer Ressourcen, deren Aktivierung das psychische Gleichgewicht wiederherstellen:

Interne und externe Ressourcen

Interne Ressourcen:

1. psycho-physiologische Aspekte: geistige und körperliche Gesundheit
2. emotionale Fähigkeiten: Gefühle, Bestrebungen, Bewertungen
3. pragmatische Fähigkeiten: Geschicklichkeit, Handlungsvermögen

Externe Ressourcen:

1. materielle Situation: Wohnung, Gehalt, Vermögen, Besitz
2. psycho-soziale Situation: Familie, Partner, Freunde
3. sozio-kulturelle Situation: Arbeit, Nachbarschaft, Hilfeeinrichtungen

---

Ebenda

4. Theoretische und konzeptionelle Grundlagen

Über die Zuordnung der Items kann man streiten. Wir tun dies nicht, sondern wollen uns nun der Bedeutung der Krisentheorie für die Krisenintervention in Familien widmen. Denn eines ist aus dem bislang Dargestellten wohl deutlich geworden: Die gängigen Krisentheorien sind allesamt seit ihren Anfängen (Lindeman 1944) auf Krisen gerichtet, die im Individuum entstehen, die etwas mit seiner Entwicklung und Ereignissen zu tun haben, die irgendwie von außen auf den einzelnen zukommen. Sie erklären damit sicher einen wichtigen Bereich, nämlich wie persönliche Krisen entstehen, und sind damit bedingt auch für die Krisenintervention in Familien nützlich. Die Individuumszentriertheit dieser Ansätze folgt dem Psychozentrismus. Sie tragen dem „Gesellschaftlichen" zu wenig Rechnung. Das „Gesellschaftliche" oder „Soziale" drückt sich bereits darin aus, daß in den meisten Familien, in denen „FiM" zum Einsatz kommt, eine gesellschaftliche Instanz, das staatliche Jugendamt, erklärt: Diese Familie ist in der Krise, weil dies und das vorgefallen ist, und das Kind fremdplaziert zu werden droht. Was hier Krise ist, wird politisch definiert, wie auch die Rechte der Eltern und der Kinder, sich dazu zu verhalten. Gerade die aktuelle Diskussion über sexuellen Mißbrauch mag dies belegen. Aufgrund einer größeren öffentlichen Diskussion (wie übrigens auch bei Gewalt und Vergewaltigung in der Ehe) werden viel mehr „Fälle" – meist berechtigt – öffentlich bekannt.

Nun kommt oft jemand von außen und sagt: Ihr habt eine Krise. Das Krisenbewußtsein der betroffenen Eltern ist dann oft nicht da. Manchmal sogar zu Recht. Ohne dies hier zu vertiefen: Dies hat doch erhebliche Konsequenzen für die Krisenintervention! Zumal, wenn man bedenkt, daß die sog. „kleinen Leute" aus der Unterschicht ein strukturell viel höheres Risiko haben, zur „Risikofamilie" zu werden. Da reicht auch die Einteilung in „interne" und „externe" Krisen zur Erklärung nicht aus.

Des weiteren – und dies wiegt schwerer – wird in dem psychozentrierten Ansatz die Familie selbst nicht als gesellschaftliche Gruppe mit einer eigenen, gemeinsamen Geschichte und Biographie angesehen. Weder Funktionen noch Rollenkonflikte werden als krisenbestimmende Faktoren erkannt. Hier fehlt der soziologisch-systemische Blick. Eine Gruppe ist nun einmal mehr als die Summe ihrer Mitglieder.

Bereits 1976 beschreibt Harry Aponte die „Unterorganisation" in einer armen Familie:

Die sog. „Multiproblemfamilie" sei im wesentlichen weniger unorganisiert, als gemeinhin angenommen werde. Sie habe auch keine unzulängliche Organisation, das Familiensystem weise in ihrer strukturellen Organisation vielmehr das Fehlen von Beständigkeit, Differenzierung und Flexibilität auf. Insofern sei diese Familie trotz Chaos organisiert, aber dies auf eine dysfunktionale Art (Aponte nach Lisa Kaplan 1986). In solchen Familien entstehen Krisen, weil ihre Mitglieder Rollen spielen, die sich widersprüchlich und konträr zu den Zielen der Familie verhalten. Rollen sind hier nicht integriert, und die Familie ist nicht in der Lage zusammenzuarbeiten, um ein „gesundes" System aufrechtzuerhalten. Familienmitglieder haben keine angemessenen und positiven Beziehungen entwickelt, statt dessen enttäusche ihr Verhalten oft Versuche, die Familie zu einen.

„Wiederholte negative Interaktionen zerstören die Möglichkeit zu einer positiven Kommunikation und zum Verstehen zwischen den Familienmitgliedern." (Kaplan, a.a.O., S. 2).

Familien in einer Krise müssen immer in systemischer Interaktion mit ihren Außensystemen gesehen werden.

„Zu oft werden die Probleme einer Familie als eine diese Familie eigene Pathologie (Leiden) angesehen; die soziale Umgebung einer Multiproblemfamilie wird dagegen beim Assessment und der Intervention oft vernachlässigt. Viele Sozialarbeiter würden viel lieber zwischenpsychische und interpersonale Probleme aufgreifen, als über externe Probleme nachzudenken, die einer unmittelbaren Aufmerksamkeit bedürfen. Eine Intervention wird mit Sicherheit mißlingen, wenn nicht jede Familie in ihrer sozialen Umgebung gesehen wird, mit solchen Problemen (wir würden sagen Problemlagen), die eine unmittelbare Bedrohung für ihr Überleben darstellen, wie eine ungünstige Wohnsituation oder der Verlust von Wohnung, Beschäftigung und Nahrung." (Kaplan, ebenda)

Es liegt auf der Hand, daß der sozio-systemische Blick die Perspektiven öffnet. Denn in dem Maße, in dem Außenbedingungen auf dysfunktionale Verhaltensweisen im inneren System einwirken, können auch veränderte Rahmenbedingungen positive Entwicklungen verstärken oder erst ermöglichen.

Vor allem eines ist hierbei zu beachten: Dysfunktionale Rolleneinnahmen, Interaktionen und Kommunikationsstrukturen haben, wie die Familie selbst, eine soziale Geschichte. Sie entstehen nicht von heute auf morgen. Dies scheint die Brücke zu „Familie im Mittelpunkt" zu sein. Die meisten Familien, die wir im Programm von „Families First" erlebt haben, bei Fällen von grober Vernachlässigung, Kindesmißhandlung, Mißbrauch und massiven Eltern-Kind-Konflikten, hatten die Krise über eine längere Zeit kultiviert. Ohne es zu wissen, geschweige denn zu wollen, hatten sie dysfunktionale Verhaltens- und Kommunikationsstrukturen ausgebildet, die zu den Symptomen führten, die letztlich das Eingreifen von außen erforderlich machten. In nicht wenigen Fällen hatten die Familien zunächst nicht einmal das Bewußtsein, etwas falsch gemacht zu haben. Problematische Rollenüberschreitungen, wie beim sexuellen Mißbrauch, geschehen oft schleichend und werden weder von den Tätern noch deren Partner(inne)n als solche wahrgenommen. Manchmal nicht einmal vom betroffenen Kind.

4. Theoretische und konzeptionelle Grundlagen

Krisentheorien müssen diese Momente ausdrücklich berücksichtigen, sonst können sie interpersonale Krisen, die in den Alltagssituationen von Familien entstehen, nicht ausreichend erklären. Es handelt sich bei den oben geschilderten Problematiken um Verhaltensweisen, die in einer Familie entstehen, oft aber erst durch externe Instanzen zum „Problem" werden. Jedenfalls im Bewußtsein der ganzen betroffenen Familie, die die persönlichen Leiden einzelner Mitglieder (z. B. der mißbrauchten Kinder) „unter der Decke zu halten" trachtet. Ohne ein Bewußtsein der Familie von einer Krise, nämlich davon, daß etwas nicht „in Ordnung" ist, kann eine Intervention nicht erfolgreich geschehen. Das Engagement setzt genau hier an. Das Jugendamt und Vormundschaftsgericht vertreten die Gesellschaft und damit die externe Instanz, die der Ansicht ist, es müsse etwas zum Schutz der Kinder unternommen werden. Auch „Familie im Mittelpunkt" handelt im gesellschaftlichen Auftrag, reagiert also auf externe Anforderungen und nimmt dann die Problemsicht der Familie zum Ausgangspunkt für die Arbeit, die die Hoffnung auf gemeinsame Lösung und die Stärken der Familie in den Mittelpunkt stellt. Dabei ist auf der Verhaltensebene der Familie in jedem Fall das subjektive Bewußtsein erforderlich, daß etwas geändert werden soll, damit die Familie zusammenbleiben kann.

Bei der Umsetzung der amerikanischen Diskussion zur Krisenintervention hat man in den Niederlanden Pionierarbeit geleistet und damit gleichzeitig wesentliche Anforderungen an Sozialarbeit generell entwickelt. Dies geschah bereits 1969 in einer ministeriellen Arbeitsgruppe unter Mithilfe amerikanischer Kollegen. Das Ziel war, die Interventionsmethode zur Bearbeitung von Krisen für alle verfügbar zu halten und seine Monopolisierung durch eine Einrichtung zu verhindern. Dies führte zu einem 12-Punkte-Katalog, den wir in der Übersetzung von Hofmann (a.a.O., S. 31 f.) übernehmen:

12-Punkte-Katalog für Krisenintervention

1. Jeder Klient hat einen Anspruch auf sofortige Hilfeleistung.
2. Die Einrichtung, an die sich der Klient wendet, ist für die Hilfeleistung verantwortlich, bis optimale Hilfe gefunden wird.
3. Manche Organisation dient hauptsächlich ihrer Selbsterhaltung und verhindert eine direkte Hilfeleistung.
4. Soziale Dienste müssen ihre Angebote auf die Bedürfnisse und Anforderungen der Klientel ausrichten.
5. Hilfeeinrichtungen müssen der Methodenvielfalt Rechnung tragen und kreativer und flexibler handeln.

6. Die Hilfeleistung beginnt mit dem Aufnahmegespräch.
7. Einrichtungen müssen solche Strukturen verändern, die eine direkte Hilfeleistung verhindern, damit die erforderliche Hilfe unmittelbar geleistet werden kann.
8. Es sollen empirische Erhebungen über die Wünsche der Klienten und wie sie das Hilfeangebot erleben durchgeführt werden. Auch die Klienten auf Wartelisten sollen hierbei einbezogen werden.
9. Krisenintervention soll ein Bestandteil des Studiums werden. Alle in sozialen Diensten Tätigen sollen zu einer Weiterbildung in Krisenintervention verpflichtet werden.
10. Alle in der Sozialen Arbeit tätigen Einrichtungen sollten intensiv zusammenarbeiten und sich nach Möglichkeit zusammenschließen.
11. Die knappen finanziellen Mittel der Einrichtungen sollten erhöht werden, um experimentelles Arbeiten zu ermöglichen.
12. Die Gründung von spezialisierten Einrichtungen für Krisenintervention kann zu Flickschusterei führen und dadurch anderswo schlechte Organisationsstrukturen erhalten.

Die wichtigen Forderungen sind Teil eines umfassenderen professionellen Konzepts Sozialer Arbeit, das wir (Gehrmann/Müller 1993, a.a.O.) veröffentlicht haben. Sie sind weder in den Niederlanden noch in Deutschland umgesetzt worden, so daß sie an Aktualität nichts eingebüßt haben. Allerdings können wir die letzte Forderung, gerade im Hinblick auf „Families First", nicht unterschreiben. In Deutschland zeichnet sich zwar ab, daß es aus organisatorischen Gründen sinnvoll ist, einen selbständigen „Familie im Mittelpunkt-Dienst" zunächst im Rahmen einer Jugendhilfeeinrichtung zu errichten, die auch andere Aufgaben wahrnimmt, z. B. der Sozialpädagogischen Familienhilfe, der Jugend- und Familienberatung, sogar in Verbindung mit der stationären und teilstationären Jugendhilfe.

In den USA, dem Land mit der größten Erfahrung mit diesem Programm, hat sich die Entwicklung einer eigenständigen Einrichtung für „Families First" bewährt. Ab einer gewissen Größe erscheint dies geradezu geboten, damit die Begleitforschung und eine überregionale Qualitätssicherung für dieses Programm mit von anderen Diensten unabhängiger selbständiger Einrichtung entwickelt und erhalten bleiben kann.

Die niederländische Diskussion ist für uns besonders wichtig, weil sie einen weitergehenden theoretischen Beitrag zur Begründung von „Families First" aus krisentheoretischer Sicht geleistet hat, wobei diese Diskussion immer noch weitergehen wird. Krisenintervention als dynamisches Konzept wird sich weiter verändern. Mit der These, daß in früheren Entwicklungsphasen nicht entwickelte Kompetenzen auch später noch erworben werden können, wird der Grundstein dafür gelegt, daß Krisenintervention ein sozialarbeiterisches Arbeitsfeld bleibt oder wird, das nicht der Psychotherapie überlassen werden muß. Bei dem hier vorgestellten Programm wird dies überdeutlich; die Bedeutung des Kompetenzmodells für „Families First" ist nicht zu übersehen (s. unten).

Das Sozialräumliche Konzept, das therapeutische Mißverständnis und die Domäne Sozialer Arbeit

Das sozialräumliche oder sozialökologische Konzept wird in Deutschland spätestens seit 1990 in aller Breite diskutiert (vgl. Wendt 1990). Seit Bronfenbrenner (1976) dieses Denkmodell für die Sozialisationsforschung und Aponte (1976) die systemische Betrachtungsweise entsprechend entwickelt haben, wird seine Übernahme und seine Bedeutung für die Sozialarbeit thematisiert. Germain und Gitterman (1980) haben festgestellt, daß das Individuum nicht ohne seine Bezüge und Interaktionen mit seiner sozialen Umwelt (Environment) verstanden werden kann. Für die therapeutische Praxis sieht Barth (a.a.O.) keine absolute Notwendigkeit für die Berücksichtigung des sozialen Kontexts, zumal das therapeutische klinische Setting den direkten Einfluß auf das soziale Umfeld der Familien nicht so ohne weiteres ermöglicht.

Dies ist aus der Sicht der Sozialen Arbeit mit Familien jedoch völlig anders. Sozialarbeit mit Familien geschieht, wenn sie mehr sein soll als die administrative Organisation von sozialen Dienstleistungen für die Familien, fast immer in deren Lebensalltag. Mit dem informellen sozialen Netz (Freunde, Nachbarn, Bekannte etc.) und dem formellen sozialen Netz (Kindergarten, Schule, Arbeitsstelle etc.) wird gearbeitet, um den Unterstützungsprozeß störende Einflüsse und Hindernisse abzubauen und um dort brachliegende Ressourcen zu aktivieren, genauso wie die Stärken der Familie entdeckt und gefördert werden müssen. Die Soziale Arbeit kommt nicht ohne den sozialräumlichen Ansatz aus; und dies sowohl bei der Untersuchung (Assessment) des Soziotops oder sozialen Lebensraums, der Nische, die bislang das Überleben einer Familie ermöglicht hat, als auch bei der Entwicklung konkreter Unterstützungs- und Hilfehandlungen.

Das „Ökogramm", die graphische Darstellung des sozialen Umfeldes (s. unten), wird ebenso zum Hilfsmittel wie das „Genogramm", das die Binnenbeziehungen der Familie und ihre Entstehung verdeutlicht. Diese, wie andere aus therapeutischen Ansätzen entnommenen Instrumente werden im Rahmen des hier vorgestellten Programms jedoch nicht als Mittel der „Therapie", sondern als Instrumente der Sozialen Arbeit im lebensweltlichen Kontext ihrer Kunden eingesetzt.

Wir weisen aber noch einmal darauf hin, daß wir die Familientherapie nicht als Sozialarbeit mit Familien ansehen. „Families First" ist auch überhaupt nicht als Familientherapie zu verstehen, sondern genuine Soziale Arbeit mit Familien. Viele amerikanischen Autoren, selbst solche, die das Programm des „Homebuilding" oder „Families First" vertreten, haben jedoch nicht die ausreichende begriffliche Klarheit entwickelt, um Therapie von Sozialarbeit zu unterscheiden, wie dies der amerikanische Berufsverband für Sozialarbeiter(innen) leistet und fordert: eine eigene Sprache und Begriffs- und damit Theoriebildung für die Soziale Arbeit, die es immer mit der Person im sozialen Umfeld zu tun hat („Person in Environment") (Karls/Wandrei 1990).

Wir führen diesen Gedanken als sozialräumliche Komponente (s. unten) aus. Jedenfalls bezeichnen derzeit sowohl in den USA als auch in Europa Einrichtungen und Praktiker(innen) Sozialarbeit oder Sozialpädagogik, die eigentlich nur noch „Soziale Arbeit" heißen sollten, oft genug als „Therapie".

Will man sich durch diese fatale Sprachkosmetik vom Beruf der/des „Sozialarbeiter(in)s", den man selbst verachtet, absetzen und dadurch seine/ihre Arbeit aufwerten? Sind wir uns nicht bewußt, daß der Begriff „Therapie" aus der Medizin stammt und eigentlich „Heilung" bedeutet? „Heilung" setzt eine Krankheit voraus, eine geistige Krankheit aus der Sicht der Psychiatrie und Psychotherapie. Die Existenzberechtigung der Therapie soll hier in keiner Weise bestritten werden, denn es gibt geistige Krankheiten, die mit Therapien zu behandeln sind. Schon aus sozialethischen Gründen müssen wir jedoch die Behauptung zurückweisen, daß etwa jede(r) fünfte Bürger(in) in Deutschland therapiebedürftig sei, wie dies jüngst vom Berufsverband der Psycholog(inn)en behauptet wurde. Anstatt Lebensumstände menschenwürdiger zu gestalten (eine politische Aufgabe), sollen immer mehr Individuen psychotherapeutisch kuriert werden. Auch muß die zugelassene Abweichungsbreite von dem als „normal" definierten Verhalten vergrößert werden! Nicht die Behandlung von „Macken" (auf die ein jeder ein Recht hat, solange sie nicht ihn und andere gefährden), sondern die Erhöhung der Toleranz ist ein Weg zu einer Gesellschaft, in der es sich zu leben lohnt.

Die bei der aktiven Professionalisierung sehr findigen Psycholog(inn)en haben dann den Begriff „Sozialtherapie" erfunden, um auch das Revier der Sozialen Arbeit zu bejagen und zu dominieren. Kunden der Sozialen Arbeit sind aber weder geistig noch sozial kranke Menschen. Sie befinden sich in einer aktuellen Problemlage und brauchen auch als normale Individuen und

Bürger(innen) zeitweilig professionelle Hilfe und Unterstützung (in einer interdisziplinär zu bestimmenden und ganzheitlichen Problemlage).

Eine nicht an den Defiziten ansetzende, alltagsweltliche und alle Lebensbereiche betreffende, Selbsthilfe aufbauende Arbeit kann deshalb nicht unter dem Begriff „Therapie" subsumiert werden.

Dies bedeutet keinesfalls, daß Sozialarbeiter(innen) nicht auch in klinischen therapeutischen Einrichtungen arbeiten können. Dort haben sie eigenständige fachliche Aufgaben, die den therapeutischen Prozeß unterstützen. Diese Einrichtungen werden aber in der Regel von Psycholog(inn)en oder Psychiater(inne)n geleitet, was deutlich macht, daß hier die Domäne der Sozialen Arbeit (Karls/Wandrei, a.a.O.) aufhört.

Manche Träger, die z. B. eine therapeutische Zusatzausbildung von Bewerber(inne)n für den Allgemeinen Sozialen Dienst (ASD) fordern, wissen im Grunde nicht, was sie damit anrichten. Sollten sie die Ausbildung von Sozialarbeiter(inne)n derzeit nicht für ausreichend halten, so müßten die Fachhochschulen aufgefordert werden, die Studiengänge zu verändern. Einer Abwertung der grundständigen Ausbildung durch den falsch gepolten Fortbildungsboom können wir nicht untätig zusehen. Sicher kann eine Zusatzausbildung in Familientherapie oder Gesprächsführung dann nicht schaden, wenn der Blick weiterhin sozialarbeiterisch und ganzheitlich bleibt. Fatal ist jedoch, daß diese Ausbildungen sehr kostspielig und langjährig sind, wodurch der Blick von der genuinen Sozialarbeit auf Therapie und Psychozentrierung gelenkt wird.

Was so viel Geld kostet und so viele persönliche Opfer abverlangt, gewinnt ein irreales Gewicht für die überwiegende Zahl der Praxisfelder und entwertet das eigene Studium. Werden nun soziale Situationen von Kunden der Sozialen Arbeit aus diesem Blickwinkel gesehen, so entstehen reale Gefahren:

1. Die Defizit-Orientierung wird verstärkt, Problemorientierung und Therapeutisierung können die Folge sein.
2. Wenn die Bedürfnisse der Kunden nicht auf diese methodischen Vorgaben passen, werden neue Kundschaften gesucht, die dann möglicherweise nichts mehr gemein haben mit den Kunden, die in dieser Gesellschaft am dringendsten professionelle soziale Unterstützung brauchen.
3. Wird noch mit sog. klassischen Kunden gearbeitet, so kann die therapeutisch verkleidete und überwiegend verbal geleistete Hilfe deren ganzheitliche Grundbedürfnisse nicht effektiv befriedigen.

Die „Domänen"-Diskussion (Karls/Wandrei, a.a.O.) geht noch einen Schritt weiter. Das Bild von der sozialräumlichen Perspektive wird als die Besonderheit der Sozialen Arbeit allgemein (und nicht nur für eine sinnvolle Arbeit mit Familien) gegenüber anderen, benachbarten Berufen angesehen: Es geht bei Kunden der Sozialen Arbeit immer um die Person in ihrer sozialen Umgebung – „Person in Environment" (PIE). Das Individuum (oder die Familie) befindet sich in einer Problemlage, die wesentlich durch kritische Interaktionsprozesse mit seiner sozialen Umgebung bestimmt werden, die wiederum entscheidend mitgestaltet werden von Prozessen, oft Diskriminierungen und Benachteiligungen, auf den unterschiedlichen gesellschaftlichen Ebenen (der Makro-, Meso- und Mikroebene).

Um das Individuum (oder die Familie, Kleingruppe) zu befähigen, mit die Existenz bedrohenden Konflikten besser umzugehen, wird man die systematisch gefundenen Stärken und Umweltressourcen, die immer vorhanden sind und bisher das Überleben gesichert haben, aktivieren (Empowerment). Dies ist die genuine Aufgabe der Sozialen Arbeit und nicht die, in erster Linie nach Defiziten und „Krankheiten" zu sehen und zu kurieren, um die Kunden gesund zu machen oder gar glücklich. Das angemessene Selbstmanagement jedes einzelnen Kunden ist die Aufgabe. Karl Ernst Hesser (1992) hat hierfür folgende Darstellung angeboten.

Abb. 2: Sozialräumliche Arbeitskonzepte (Domain of Social Work)

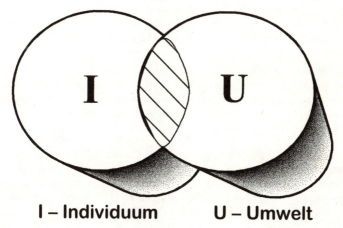

I – Individuum   U – Umwelt

Verhaltenstherapie

Seit Anfang der 80iger Jahre wurde zunehmend deutlich, wie wirkungsvoll soziales und kognitives Lernen zur Veränderung von Familien beitragen kann (vgl. Kendall und Braswell 1985). Barth (a.a.O.) hat auf die Bedeutung der Lerntheorie gerade für Intensiv-Programme der Familienerhaltung hingewiesen. Bandura (1977) verdeutlichte die Wichtigkeit der Kognition für die Verhaltensänderung. Die Wahrscheinlichkeit, daß Eltern und Kinder ihr Verhalten nach Belohnung und Bestrafung ändern und dieses veränderte Verhalten auch weiterhin beibehalten, wird ganz entscheidend durch Erwartungen vermittelt (Barth, a.a.O., S. 95). In der Verhaltenstherapie wird das therapeutische Lernen (Skowronek 1970) eingesetzt, „um das neurotische Individuum" dazu zu bewegen, „seine Lebensprobleme mit Mitteln der Vernunft zu lösen", was es in seinem bisherigen Leben bislang nicht gelernt hat. Damit dies in der Therapie geschieht, müssen geeignete Lernbedingungen geschaffen werden. Hierzu gehört, daß der Therapeut/die Therapeutin dem Patienten Selbstsicherheit vermittelt, indem er nicht verurteilt, sondern ermutigt. Die ruhige und akzeptierende Haltung der Therapeut(inn)en dient gleichzeitig als Modell. „Families First" hat als nicht therapeutisches Konzept wesentliche Merkmale und methodische Vorgehensweisen des verhaltenstherapeutischen Konzepts übernommen. Es arbeitet ausdrücklich mit den Stärken der Kunden (s. unten). Positive Verhaltensweisen werden belohnt, problematische werden als solche benannt. Es werden mit der Familie Verhaltensregeln entwickelt, deren Einhaltung belohnt und deren Verletzung negativ sanktioniert wird. Dies geschieht in transparenter Weise und in maßvoller Dosierung. Eine an Regeln orientierte Verhaltensänderung ist in Familien wichtig, die entweder alle sonst geltenden Regeln aufgegeben haben oder nie welche gelernt hatten.

Die Familienarbeiter(innen) von „Familie im Mittelpunkt" bieten sich in fast jedem angestrebten Alltagsverhalten als Modell an oder zeigen Videofilme, in denen typische Konfliktsituationen und der Umgang mit ihnen gezeigt werden, um hier modellhaft Verhaltensänderungen deutlich zu machen. Über direkte Vermittlung (im Englischen: „direct teaching") werden Kompetenzen (s. unten) und Fertigkeiten gelehrt, die den Kunden bei der Bewältigung ihres Alltags nützlich sind. Die Ganzheitlichkeit von materieller Unterstützung, Beratung, direkter Vermittlung, Verhaltenstraining und konkreter Hilfe im Lebensalltag relativiert die oft befürchteten negativen Auswirkungen des behavioristischen Vorgehens. Die Kunden werden immer in ihrer Menschenwürde respektiert.

Eine der zentralen theoretischen Grundlagen für den Erfolg des Programms von „Families First" ist das Arbeiten mit Techniken, die zu einer nachhaltigen Verhaltensmodifikation führen. Als wichtigen theoretischen Ansatz betrachten wir dafür die „Rational-Emotive-Therapie" von Ellis (1977), die wir im folgenden darstellen. Wir beziehen uns dabei auf eine übersichtliche Zusammenfassung von Kern (1995).

Die Rational-Emotive-Therapie

Das kognitive Konzept

Die Aussage „Schönheit gibt es nur im Auge des Betrachters" müßte eigentlich heißen „Schönheit gibt es nur im Gehirn des Betrachters", denn es verarbeitet das Gesehene und bewertet es als „schön". Alles, was wir sehen und um uns herum geschieht, wird wahrgenommen und vom Denken eingeordnet. Von jedem Einzelnen wird die Erlebniswelt reproduziert. Was wir als Wirklichkeit bezeichnen und von ihr zu wissen glauben, ist uns vermittelt worden. Wir wissen z. B., daß ein entfernt stehender Baum nur klein wirkt, weil er eben entfernt ist, daß er jedoch in Wirklichkeit groß sein kann. Als Kind glaubten wir vielleicht, daß ein Vogel doch viel schneller fliegen würde als ein Flugzeug. Heute wissen wir, daß uns der Schein getrogen hat, daß der viel näher vorbeifliegende Vogel nur scheinbar schneller vorbeiflog als der Jet in einigen Kilometern Entfernung.

„In der hier benutzten Bedeutung meint der Begriff Kognition alle jene Prozesse, durch die der sensorische Input umgesetzt, reduziert, weiter verarbeitet, gespeichert, wieder hervorgeholt und schließlich benutzt wird." (Neisser 1974)

Empfindungen, Problemlösungen, Vorstellungen und Wahrnehmungen gehören zu diesen Prozessen. Es handelt sich um konstruktive Akte, selbst dann, wenn keine wirklichen Handlungen oder Akte in der Außenwelt vorhanden sind. Es werden bedingungsunabhängige Stimulusinformationen angenommen. Sie erklären aus dem Alltag bekannte Wahrnehmungsmuster wie z. B. die Tatsache, daß wir nur einen Teil der Geräusche um uns herum bewußt wahrnehmen. So nehmen wir ständig vorhandene Verkehrsgeräusche kaum noch wahr, jedoch plötzlich auftretende neue Geräusche oder solche, auf die die Aufmerksamkeit aus besonderen Gründen gerichtet ist.

Als Beispiel: Kinderlose Erwachsene nehmen den Verkehrslärm auf der Straße kaum noch wahr, fühlen sich jedoch durch Kindergeschrei in ihrer Ruhe gestört. Oder: Wer während der Berliner Blockade monatelang in der Einflugschneise der Tag und Nacht beinahe pausenlos einfliegenden Versorgungsflugzeuge gelebt hat und nach einiger Zeit trotz des Lärms gut geschlafen hatte, wachte auf, wenn einmal keine Flugzeuge zu hören waren; so auch am Ende der Blockade. Ganz offensichtlich hat unsere Wahrnehmung auch etwas mit unseren Motiven und Bedürfnissen zu tun.

Dies gibt auch Aufschluß darüber, warum etwas getan wird, warum es zum Handeln kommt. Es geht um die Frage, welche Bedürfnisse, Ziele oder Instinkte zu einer Handlung führen, die Frage nach der Motivation. Die kognitive Psychologie fragt nach dem sensorischen Input von Handlungen, d. h., wie diese aus dem entstehen, was ein Mensch gesehen, erinnert oder

4. Theoretische und konzeptionelle Grundlagen

geglaubt hat. Die Motivation wird als wichtige Variable in einem Prozeß gesehen, ohne sie zu verleugnen, aber auch ohne ihren Ursprung zu ergründen. Der Vorteil dieses Ansatzes liegt auf der Hand: Man kann die Stimuli beobachten und untersuchen.

Das ABCDE-Schema

Ellis war in den 50iger Jahren der Begründer der Rational-Emotiven-Therapie (a.a.O.). Er war zunächst ein Vertreter der Psychoanalyse, bis er entdeckte, daß mit verhaltenstherapeutischen Verfahren die Klienten schneller und besser ihre Handlungsfähigkeit wiedererlangen konnten, als dies mit den langdauernden Verfahren der Psychoanalyse möglich war. Seiner Therapieform liegt die ethische Grundannahme der modernen Sozialen Arbeit zugrunde: das Menschenbild, daß jeder Mensch ein Selbsthilfepotential besitzt und daß er es selbst entwickeln kann.

Damit sind wir auch beim Kern des Programms „Familie im Mittelpunkt". Die *Rational-Emotive-Therapie (RET)* will, wie auch das hier vorgestellte Kriseninterventionsprogramm (FiM), nicht nur bei der Lösung von Problemen auf der Oberfläche oder der Befreiung von Symptomen helfen, sondern auch eine grundlegende Orientierung vermitteln, die es dem Klienten ermöglicht, seinen Alltag zukünftig auch ohne professionelle Hilfe zu bewältigen und dort auftretende Herausforderungen zu bestehen.

Auch *RET* ist mit der humanistischen Psychologie verwandt, die davon ausgeht, daß jeder Mensch selbstheilende Kräfte besitzt, seine Ressourcen und Stärken. Jeder Herausforderung liegt ein Denkmuster zugrunde, welches im Prozeß der Sozialisation durch Erziehung und Orientierung an gesellschaftlichen Normen und Regeln erlernt wurde.

Ellis geht davon aus, daß eine Ausgangssituation (A) nicht unmittelbar die emotionalen Konsequenzen (C für „consequences") bestimmt, sondern daß zunächst die Ideen und Denkgewohnheiten, das „belief system" (B), dazwischen geschaltet sind. In internen Diskussionen und Disputationen (D) versucht das Individuum, die irrationalen und selbstschädigenden Gedanken durch rationale zu ersetzen. Durch konkrete Handlungen und das Setzen von realistischen Zielen bei den Gefühlen („emotions") (E) und Handlungen werden nun Erfahrungen ermöglicht, die das Gelernte festigen.

Die RET ist ein therapeutisches Verfahren, das wie die meisten von einer Komm-Struktur ausgeht, d. h., der Patient kommt zum Therapeuten, weil er leidet und geheilt werden will. Unangenehme und belastende Emotionen bringen den Patienten in die Beratung. Es sind negative emotionale Konsequenzen (C), die das Leiden verursachen. Patienten können jedoch oft nicht über ihre Gefühle reden. Deshalb wird der Therapeut, nachdem er das Vertrauen des Patienten gewonnen hat, die das Leiden bestimmenden Gefühle aus Erzählungen des Patienten herauszufiltern versuchen. Er braucht hierfür empathische Fähigkeiten. Emotionale Konsequenzen C können auch mit Bewertung B verwechselt werden. Es kommt auf das Geschick des Therapeuten an, C eindeutig zu bestimmen. Solche emotionalen Konsequenzen sind: Wut, Stolz, Verlegenheit, Erschrecktsein, Entspanntsein, Trauer, Enttäuschung, Verletzung, Schuldgefühle, Angst usw. Erst wenn der Patient seine ihn belastenden Gefühle erkennt, ist er in der Lage zu entscheiden, ob er diese Gefühle beibehalten oder ob er sie loswerden will. Alle negativen Gefühle schaden. Es gibt jedoch auch heftige Emotionen, auf die er ein Recht hat. Deshalb ist es wichtig, zwischen schädigenden, unangemessenen und angemessenen Gefühlen zu unterscheiden. Schädigende und unangemessene Gefühle sind die Folgen irrationaler Anschauungen.

Negative emotionale Konsequenzen (C) können sein:

1. Angst

Dies ist weniger die Angst vor gegenwärtigen, sondern die vor zukünftigen Ereignissen, teilweise diffusen Erwartungen, was alles Schlimmes passieren könnte. Die häufigsten Ängste sind die vor Zurückweisung und Mißerfolg und die „Angst vor der Angst". Bewertende Gedankengänge (B) führen zu diesen Ängsten:

- Es könnte etwas Schlimmes geschehen.
- Wenn es geschieht, dann gibt es eine schreckliche Katastrophe.
- Weil dies so böse enden könnte, muß ich mir ständig Sorgen machen und daran denken.

Wir haben diese Angst an anderer Stelle mit „Gratisangst" (vgl. Müller/ Gehrmann 1981) bezeichnet. Man malt sich aus, was alles Schlimmes passieren könnte, wenn bestimmte Ereignisse, z. B. der mögliche Mißerfolg, eintreten würden („Mißerfolgserwartung", „Mißerfolgsmotivation"). Vokabeln wie „muß" und „soll" sind das Ergebnis irrationaler Gedanken. Sie ermöglichen es dem Patienten, ängstlich zu bleiben. Mit zukunftsorientierten Fragen versucht der Therapeut, die Lähmung des Patienten und die Fixierung auf seine Ängste aufzuheben.

2. Depression

Negative Grundeinstellungen anderen und sich selbst gegenüber können Depressionen zur Folge haben. Hierbei gibt es drei Grundmuster:

- die Überzeugung von der eigenen Unzulänglichkeit,
- die Angst, nicht zu haben, was man nötig braucht,
- die feste Ansicht, daß „Dinge so, wie sie sind, schrecklich sind" (Kern, a.a.O.).

3. Schuld

Selbstbeschuldigungen, der Gedanke, etwas falsch gemacht zu haben, bewirken Schuldgefühle und die Selbstverurteilung. Gegenüber den durchaus realen und für positive Prozesse geeigneten Verantwortungsgefühlen stehen irrationale Gefühle der Selbstherabsetzung, die positive emotionale Veränderungen verhindern und Schuldgefühle entstehen lassen.

4. Ärger

Schädigender Ärger, die Feindseligkeit, lähmt die Handlungsfähigkeit. Er entsteht aus einer moralischen Trennung von richtig und falsch mit der Folge von moralisch entrüsteten Soll-Sätzen: „Du solltest so nicht handeln!"

Das ABCDE-Schema im einzelnen

A – das aktivierende Ereignis

Vor den Gefühlen stehen immer die in bestimmter Weise wahrgenommenen aktivierenden Ereignisse (A). Hierbei ist die Unterscheidung zwischen „objektiven", d. h. intersubjektiv und im sozialen Kontext bestätigten und subjektiv beschriebenen Ereignissen wichtig. A teilt sich in zwei Aspekte:

- A, das aktivierende Ereignis in der Version, wie sie intersubjektiv konstatiert wird.
- A, das vom Patienten subjektiv wahrgenommene und beschriebene aktivierende Ereignis.

Der Therapeut achtet bei der Problembeschreibung auf drei Aspekte:

- Was ist geschehen?
- Wie hat der Patient dies wahrgenommen?
- Wie hat er die Situation bewertet?

Ein Beispiel: Eine Familie in einem sozialen Brennpunkt hat negative Erfahrungen mit Ämtern gemacht. Sie mußte z. B. beim Sozialamt häufig länger warten, bevor sie ins Büro des Sachbearbeiters gebeten wurde.

Die Familie: „Man behandelt uns wie den letzten Dreck, wir sind eben die Asozialen, wir werden von allen verachtet." (Bewertetes A, die Bewertung selbst ist B)

Der Patient kann die verzerrte Realität korrigieren, was ihn jedoch noch nicht in die Lage versetzt, mit tatsächlich eintretenden schwierigen Ereignissen umzugehen. RET will den Patienten befähigen, auch mit dem am schlimmsten vorgestellten Ereignis umzugehen. Der Patient soll die hierfür erforderlichen Kompetenzen und das nötige Selbstvertrauen entwickeln, damit er die immer wieder auftretenden verzerrten Realitäten angemessen bewältigen kann.

Klärung des A:

Es werden überflüssige Details gestrichen, denn RET hat seinen Schwerpunkt beim Umgang mit B. Wird ein problematisches Ereignis verschwommen geschildert, so können sich darin Ängste vor negativen Reaktionen abzeichnen. Es kann auch sein normaler Kommunikationsstil, seine verschwommene Denkweise oder der Mangel an sinnvollen Beziehungen und Tätigkeiten sein.

Die Veränderung des A:

Der Therapeut reagiert auf unklare oder verwirrte Problembeschreibungen unterschiedlich:

- Er kann die Sprache des Patienten benutzen.
- Er kann den Patienten mit detaillierten Fragen festlegen.
- Er kann den Patienten nach aktuellen Ereignissen fragen.
- Er kann den Patienten beauftragen, ein Tagebuch zu führen.
- Er kann selbst bei dem konkreten Thema bleiben.
- Wenn der Patient zu viele Probleme auf einmal schildert, kann der Therapeut ihn bitten, diese aufzulisten, eigene Prioritäten zu setzen und auf das Problem bezogene Ziele zu formulieren.
- Wenn die Probleme des Patienten außerhalb seiner eigenen Kompetenz liegen (z. B. bei Krankheit), sollte dies vom Therapeuten abgeklärt werden.

Der Patient soll hierbei lernen, zwischen Problemen und Dilemmata zu unterscheiden, d. h. von ihm veränderbare Ereignisse zu verändern und solche gelassener hinzunehmen, die er nicht verändern kann, weil sie sich seinem Zugriff entziehen.

B – Belief System, Ideen

Unter B werden Lebensanschauungen, Ideen und Überzeugungen verstanden, die Situationen bewerten. Solche Lebensanschauungen lösen die o. a. Gefühle (C) aus. Menschen können sowohl rationale als auch irrationale Ideen entwickeln. Die Rational-Emotive-Therapie setzt an solchen Denkstrukturen an. Sie will den Patienten befähigen, zwischen rationalen und irrationalen Ideen zu unterscheiden, die irrationalen Ideen in Frage zu stellen und durch rationale Ideen zu ersetzen.

Kriterien rationaler Ideen:

Eine rationale Idee ist real und nach Art und Ausmaß in Übereinstimmung mit der Wirklichkeit. Sie ist empirisch überprüfbar und übertragbar. Rationale Überzeugungen sind nicht absolut und werden in Form von Sehnsucht, Hoffnung, Wunsch oder Vorliebe ausgedrückt. Rationale Ideen führen zu gemäßigten Gefühlen. Solche Gefühle können stark oder schwach sein; sie belasten nicht. Für die Problemlösung kann eine gemäßigte emotionale Beteiligung oder Erregung motivieren. Um realistische Ziele zu erreichen, braucht man rationale Ansichten. Sie befördern Zufriedenheit, die Reduzierung innerpsychischer Konflikte und solche mit der Umwelt. Rationale Ideen ermöglichen soziale Kontakte und fördern eine Haltung, ohne Angst und Vorurteile Ziele zu verfolgen.

Irrationale Ideen:

Auch irrationale Ideen werden in der Sozialisation vermittelt und können uns ein Leben lang behindern, unsere legitimen Bedürfnisse und Ziele sowie die anderer mit angemessenen Mitteln zu verfolgen. Woran erkennt man nun irrationale Ideen? – Merkmale irrationaler Ideen:

- Eine irrationale Idee ist nicht real und kann zu unzutreffenden Ableitungen führen.
- Sie ist eine Forderung und äußert sich in Ansprüchen statt in Wünschen.
- Sie führt zu gestörten Gefühlen.
- Sie ist keine Hilfe zur Erreichung von Zielen, denn sie beinhaltet absolute Überzeugungen.
- Sie ermöglicht kein Maximum an Freude und kein Minimum an Unbehagen.

Ellis (a.a.O.) betont, daß kulturelle Gewohnheiten oder eine selbstverstärkende angenehme Aufregung durch Übertreibungen, die Aufmerksamkeit erregen, irrationale Ideen verfestigen können. Das irrationale Denken gehöre zum Menschen, weshalb sich niemand wegen seiner irrationalen Gedanken Vorwürfe machen solle.

Er unterscheidet zehn irrationale Ideen, die eine destruktive Rolle spielen können und dem Patienten schaden.

10 irrationale Ideen

1. Ich muß von jedermann, insbesondere von Personen, die mir wichtig sind, jederzeit geliebt, anerkannt und geschätzt werden. Es wäre schrecklich, wenn dies nicht der Fall wäre.
2. Wenn ich mich nicht in allem, zumindest aber auf einem Gebiet, als überaus kompetent und erfolgreich erweise, bin ich ein wertloser Mensch.

3. Wenn andere unfair oder schlecht handeln, sollte man sie zurechtweisen und streng bestrafen, denn sie sind böse und verdorben.
4. Es ist schrecklich und eine Katastrophe, wenn die Dinge nicht so sind, wie ich sie gern hätte.
5. Emotionale Probleme haben äußere Ursachen, und ich habe wenig Möglichkeiten, meine Gefühle zu verändern oder zu kontrollieren.
6. Ich muß mir große Sorgen machen und mich sehr ängstigen angesichts von Ereignissen, die möglicherweise gefährlich sein können.
7. Es ist leichter, Schwierigkeiten aus dem Wege zu gehen, als sich ihnen zu stellen. Ich muß mich immer wohlfühlen und darf keinen Schmerz ertragen müssen.
8. Man braucht jemanden, der stärker ist als man selbst und auf den man sich stützen kann.
9. Meine Vergangenheit ist die Ursache für meine gegenwärtigen Probleme, weil etwas, das sich früher einmal stark auf mein Leben auswirkte, dies auch weiterhin tun muß.
10. Die Welt sollte fair und gerecht sein.

Es ist nun Aufgabe der Therapie, die vorhandenen Denkmuster zu erkennen, zu überprüfen, in Frage zu stellen und durch Alternativen zu ersetzen. Dies ist nicht einfach, wie dies jedoch im Rahmen der Therapie technisch geschehen kann, ist für unsere Perspektive zweitrangig.

Im Rahmen von FiM passiert genau dasselbe, allerdings nicht durch geschickte Fragetechniken, sondern durch beharrliche Betonung der Stärken des Kunden und positives Feedback auf gelungene Handlungen in seinem Alltagshandeln. Die rationalen Alternativen sind auch für FiM von großer Bedeutung.

Rationale Alternativen

1. Es ist wünschenswert, von anderen Menschen geschätzt zu werden; darauf bin ich jedoch nicht angewiesen. Ich kann mich selbst achten und akzeptieren.
2. Ich bin ein Mensch mit Fehlern und kann mich als solcher akzeptieren, auch wenn ich mich so verhalte, wie ich es nicht mag.

4. Theoretische und konzeptionelle Grundlagen

> 3. Weil Menschen fehlbare Wesen sind, können sie unfair und schlecht handeln. Sie tun dies häufig aus Unwissenheit oder auf Grund psychischer Störungen. Statt sie zu bestrafen, helfe ich ihnen besser, in Zukunft anders zu handeln.
> 4. Es ist wirklich bedauerlich, wenn die Dinge so sind, wie wir es nicht mögen, und es ist ratsam, die verantwortlichen Bedingungen zu ändern. Wenn eine Änderung aber nicht möglich ist, so ist es besser, dies zu akzeptieren.
> 5. Emotionale Schwierigkeiten sind zu einem großen Teil durch die Sicht bedingt, die ich von den Dingen habe. Man kann seine destruktiven Gefühle weitestgehend kontrollieren, wenn man an der Änderung der schädigenden Gedanken arbeitet, die diese Gefühle hervorrufen.
> 6. Das Leben besteht zum größten Teil aus Risiken. Ich kann nicht alles kontrollieren. Es ist besser, den Gefahren ins Auge zu schauen und sie gelassen zu bekämpfen, als sich ständig zu beunruhigen. Unvermeidliches sollte besser hingenommen werden.
> 7. Der „leichte" Weg ist oft der schwerere. Man wird Unannehmlichkeiten niemals mögen, aber man kann sie ertragen.
> 8. Es ist besser, das Risiko für unabhängiges Handeln und Denken auf sich zu nehmen. Es ist gut, Ratgeber zu haben, aber ich bin nicht um jeden Preis auf sie angewiesen. Die letzte Entscheidung treffe ich selbst.
> 9. Man kann aus der Vergangenheit lernen. Aber die Vergangenheit hat mich nicht am Gängelband. Emotionale Probleme haben gegenwärtige Gründe.
> 10. Die Welt ist so, wie sie nun mal ist. Ich muß versuchen, sie zu verändern. Aber ich kann auch in ihr leben, wenn sie so ist, wie sie ist.

Diese Alternativen werden mit Hilfe von Rollenspielen, Selbstkontrolltechniken, Konfrontationen mit fruchtlosen Situationen u. ä. alltagsbezogen vermittelt und mit aktiver Beteiligung der Patienten umgesetzt.

C – negative emotionale Konsequenzen

Dieser Sachverhalt wurde entsprechend der Reihenfolge im therapeutischen Prozeß bereits erläutert (s. S. 69 ff.).

4. Theoretische und konzeptionelle Grundlagen

D – rationaler Disput (die Infragestellung von Einstellungen)

In diesem Abschnitt werden die einzelnen Weltsichten und Ideen (die B's) auf der kognitiven Vorstellungs- und Verhaltensebene kritisch überprüft. Sie werden als Fragen formuliert und mit Hilfe der Regeln für rationales Denken beantwortet. Oder es werden irrationale Ideen aufgespürt und ihre möglichen Konsequenzen durchgespielt. Mit geschickten Fragetechniken nähert sich der Therapeut den irrationalen Ideen des Patienten. Er kann unterschiedliche Strategien anwenden, um die aufgespürten irrationalen Ideen in Frage zu stellen. Diese interessieren uns an dieser Stelle nicht, weil sie nicht erforderlich sind, um den Gehalt von RET für „Families First" und FiM zu verstehen.

E – das emotionale und verhaltensmäßige Ziel

Hier stellt sich für den Patienten die Frage, wie er sich bei einer ähnlichen Ausgangssituation (A) zukünftig anders fühlen und verhalten will. C soll durch E ersetzt werden. Über fruchtbare gedankliche Selbstgespräche kann er sich rationale Alternativen zu den irrationalen Ideen erarbeiten, die ihm helfen, sein neu gesetztes, realistisches Ziel zu erreichen. Der Patient muß jedoch bereit sein, sehr arbeitsintensiv an C zu arbeiten und sich realistische Ziele setzen.

Beispielsweise ist das Ziel, sich in Prüfungssituationen glücklich zu fühlen, kein rationales, denn es ist in der Regel niemandem gleichgültig und auch nicht erstrebenswert, in einer Prüfung Fehler zu machen. Es kann ein angemessenes Gefühl sein, sich dabei unglücklich zu fühlen. Dies wäre noch angemessen als negatives Gefühl, wenn es den Prüfling nicht lähmt, sondern dazu führt, gut vorbereitet in die Prüfung zu gehen. Handlungsunfähigkeit ist eine schädliche Folge negativer Gefühle, wenn z. B. Trauer zur Depression führt.

Die Rational-Emotive-Therapie ist damit eine wesentliche theoretische Grundlage für viele Programme der intensiven Krisenintervention mit gefährdeten Familien geworden, auch wenn die hier angesprochenen Prozesse des Ersetzens destruktiver Einstellungen durch rationale Alternativen größtenteils anders als im therapeutischen Setting erreicht werden.

Für die Entwicklung nachhaltiger Verhaltensänderungen bei den Kunden ist RET wirksamer als viele der bekannten Verhaltenstherapien. Die Techniken der Verhaltensmodifikation bei „Families First" erinnern zwar äußerlich an die simpler Konditionierung. Sieht man jedoch näher hin, so kommt dem rational-emotiven Aspekt hier die größere Bedeutung zu. Schließlich spüren die Kunden in der Arbeit mit der Familie, daß es ihnen neben den vordergründigen Belohnungen für erwünschtes und den Sanktionen für nicht erwünschtes Verhalten guttut, wenn sie sich in bestimmter Weise ver-

4. Theoretische und konzeptionelle Grundlagen

halten, weil sie z. B. erhöhte Zuwendung und weniger Aggression seitens anderer Familienmitglieder erhalten, Kinder beispielsweise nicht mehr verprügelt werden, und weil sie Motivationsschübe erfahren, wenn sie reale Ziele erreichen können, was gemeinhin als „achievement-motivation" diskutiert wird.

Die personenzentrierte Gesprächsführung

Von der Gesprächsführung oder Gesprächspsychotherapie nach Carl Rogers (1974) werden vor allem einige Techniken übernommen, die beim *Engaging* und bei der Gewaltdämpfung eine große Rolle spielen. Sie werden auch zusammen mit einer Reihe von Techniken der Krisenbewältigung direkt an die Familienmitglieder vermittelt.

Aktives Zuhören und *Positives Feedback* spielen eine zentrale Rolle. Auch die Familienarbeiter(innen) erhalten das hierfür erforderliche Training in realen und komplexen sozialen Zusammenhängen und nicht in ausführlichen Detailübungen wie bei der Ausbildung zur Gesprächsführung, die deshalb auch erheblich länger dauert.

Auch der in die Humanistische Psychologie reichende ideologische Hintergrund interessiert nicht. Allerdings wird die Achtung der Person des Kunden und die Wertschätzung der Eigenart jeder Familie bereits beim Vermitteln der Grundwerte (Values) sorgfältig beachtet. Deshalb gehören die Grundhaltung und die Arbeitstechniken zum Kern des Programms von FiM.

Die extra zertifizierte Ausbildung in Gesprächsführung, die von der Gesellschaft für wissenschaftliche Gesprächspsychotherapie (GwG) und einigen Fachhochschulen, u. a. von der FH Frankfurt (Straumann 1993), angeboten wird und die sehr wichtig und hilfreich sein kann, birgt die Gefahr, daß Soziale Arbeit und soziale Problematiken von ihren Absolvent(inn)en durch die Brille der Gesprächsführung betrachtet werden, weil es im Bewußtsein nicht mehr um brauchbare Techniken geht, die in sozialarbeiterischen Situationen sinnvoll eingesetzt werden können, sondern schon um eine Orientierung an therapeutischen Situationen.

Bei „Families First" hingegen erfolgt die praxisvorbereitende Erstausbildung in diesen Techniken in geeigneten Übungen und Rollenspielen kompakt an zwei Tagen und wird dann in der angeleiteten praktischen Arbeit mit Familien weiter vertieft. Dies geschieht in der ersten Zeit durch Mitlaufen mit einer erfahrenen Kraft und durch begleitetes eigenes Handeln in der Familie (Shadowing).

Wir halten die hierbei erreichte Relativierung der Techniken des Aktiven Zuhörens und des Positiven Feedbacks und die Anpassung an Alltagssituationen durch ihre Eingliederung in das eklektische Programm für wichtig und erforderlich. Langjährige Ausbildungen in spezialisierten therapeutischen Methoden können sogar zu einem ernsten Hindernis für die erfolgreiche Arbeit mit diesem Programm werden, wenn sie den Blick auf genuine Soziale Arbeit verstellen.

Stärkenansatz und Empowerment

Der Ansatz an den Stärken der Kunden ist nichts Neues. Es gibt ihn bereits in vielen therapeutischen Verfahren. Es fehlt jedoch eine systematische und radikale Umsetzung für die Soziale Arbeit. Das zur Selbstermächtigung (Empowerment) führende Konzept, systematisch nicht bei den Problemen oder Defiziten der Kunden anzusetzen, sondern bei deren Stärken, die wir vordergründiger sehen wollen, als die Psychologie dies bei den „Ressourcen" macht, kann auch als „non-problem-approach" bezeichnet werden.

Sozialarbeiter(innen), nicht nur in Deutschland, sind darauf ausgerichtet, Probleme und Defizite zu sehen. Auch die traditionellen Methoden der Einzelfallhilfe gehen davon aus, daß der dort „Klient" genannte Kunde Probleme hat, wenn er zur Beratung kommt (vgl. Perlman 1969, Hollis 1971). Der Idealfall ist, daß der Klient ankommt und sagt: „Ich habe ein Problem". Nun kommen die meisten Kunden jedoch nicht freiwillig in den Sozialen Dienst oder eine Beratungsstelle. Oft besteht ihr „Problem" darin, daß sie aufgrund bestimmter Lebensumstände und deprivierender gesellschaftlicher Zusammenhänge in soziale Not geraten sind, daß ihre Kinder in der Schule versagen, sich „auffällig verhalten", die Schule schwänzen oder aufgrund familiärer Konflikte weglaufen. Selbst erwachsene Alkoholiker(innen) haben oft noch kein Problem(-bewußtsein). Das Problem der meisten Kunden Sozialer Arbeit besteht zwischen ihnen als Individuen und Rollenträgern und ihrer sozialen Nahumwelt und staatlichen Stellen, somit der Gesellschaft.

Dies alles sind Problemlagen (sagen wir), in die viele Familien und Einzelpersonen geraten können, abgesehen davon, daß das Problem oft im Mangel an Berufsausbildung, Job, Finanzen und angemessenem Wohnraum besteht. Sozialarbeiter aber wollen oft am liebsten die innerpsychischen Probleme der Kunden herausfinden und bearbeiten. Der „goldene" Weg, der sich dafür anbietet, ist das Gespräch als eindimensionale Generalmethode Sozialer Arbeit. Auch daher entsteht in der Öffentlichkeit der Eindruck, Sozialarbeiter(innen) redeten nur, aber handelten nicht, sie schüfen Probleme, wo es keine gebe. Kunden fühlen, daß ihnen nicht geholfen wird.

In solchen Gesprächen wird nach Problemen gefahndet, die sich in der Biographie des Kunden verbergen. Diese Problemorientierung der Sozialarbeiter(innen) ist das Problem. Sie haben verlernt zu sehen, was an positivem Verhalten von den Kunden entwickelt wird, wo ihre Stärken liegen und welche Ressourcen in ihrer sozialen Umgebung aktiviert werden können, damit sie zu einer effektiven Selbsthilfe befähigt werden (Empowerment).

Wir haben dies bei der Untersuchung von Berichten über Gespräche mit Kunden und Hausbesuche aus Akten und in unzähligen praktischen „Versuchen" mit Sozialarbeiter(innen) belegen können: Praktiker(inne)n (wir haben bei Versuchen mit Studierenden der Sozialen Arbeit ähnliche Ergebnisse erhalten) wurde ein Text vorgegeben, in dem eine Sozialarbeiterin über eine Familie berichtet, mit der sie nach Meldung von Kindergarten und Polizei arbeitet, weil das Wohl eines kleinen Jungen gefährdet erscheint. Der Bericht über die Familiensituation ist dabei durchaus typisch und ähnelt den bei der Untersuchung von Akten gefundenen Ergebnissen. Er ist durchaus im wohlmeinenden und aufgeklärten Sinne verfaßt worden (vgl. Otto 1988, S. 41 ff.).

Dennoch werden Zuschreibungen vorgenommen, defizitäre Bereiche hervorgehoben, Probleme festgestellt, um sie zu bearbeiten, Stärken der Familie nicht gesehen und manche Stärken als Probleme eingestuft. Zwischen 55 und 65 % der am Test Beteiligten konnten die negativ beschriebenen Stärken der Familie nicht wahrnehmen und auch sonst nur einige offensichtliche Stärken der Familie erkennen.

Bei einem anderen Beispiel, bei dem die Mutter einer Familie mit fünf Kindern von verschiedenen Vätern, die in einem sozialen Brennpunkt von der Sozialhilfe lebt, gelegentlich in Läden stiehlt, war es sehr schwierig, sich darauf zu einigen, daß die sonst wenig eigenaktive Frau in diesem Bereich eine Stärke zeigt, bei der die Arbeit mit der Familie ansetzen kann. Es fällt offensichtlich schwer, das von allen und von der Gesellschaft verurteilte Handeln der Frau (sie war deshalb im Gefängnis) ohne sofortige Verurteilung als ein Handeln zu betrachten, für das sie erhebliche (im juristischen Sinne kriminelle) Energie und Mut aufbrachte. Die Stärken sind dann nicht die Tat selbst, sondern liegen in der hierbei eingesetzten Kraft.

Wir sprechen hier nicht von einer in der Vergangenheit der Sozialarbeit oft falschen Wertung, bei der alle Kunden nur Opfer der Gesellschaft sind und man sich klammheimlich an der Tat erfreute als einer guten Reaktion und Widerstandshandlung gegen die kapitalistische Gesellschaft, die Armut hervorbringt. Die Form von „Parteilichkeit" verkannte die Aufgabe der Sozialarbeit und ihre Eingebundenheit in eben diese Gesellschaft, für deren Träger und Einrichtungen sie tätig wird. Mit dieser Auffassung, gepaart mit methodischer Unschuld, konnte keinem Kunden wirklich geholfen werden. Selbstverständlich muß eine verantwortliche Sozialarbeit darauf gerichtet sein, schon im Interesse der Kinder darauf hinzuarbeiten, daß die Frau diese Verhaltensweise aufgibt, die sie wieder ins Gefängnis und die Kinder ins

4. Theoretische und konzeptionelle Grundlagen

Heim bringt. Dennoch muß man auch eine Stärke darin erkennen können, wenn sonst keine brauchbaren Ansatzpunkte zu finden sind.

Dies enthebt eine(n) Sozialarbeiter(in) nicht davon, der Frau auch mitzuteilen, daß man Ladendiebstähle nicht für gut heißen kann. Zum methodischen Können gehört aber, ihr positives Feedback für ihre Kraft zu geben, die sich in der ansonsten nicht gebilligten Tat ausdrückt, und diese Kraft dann auf Handlungen zu orientieren, die sie und die Familie voranbringen.

Die Beispiele belegen, daß die meisten Sozialen Arbeiter(innen) problemorientiert denken und sehen und daß es eines intensiven Trainings bedarf, um stärkenorientiert sehen und handeln zu lernen. Nicht umsonst wird dieser Aufgabe ein erheblicher Teil der Grundausbildung gewidmet. Wer dies nicht lernen kann, ist für das Programm „Familie im Mittelpunkt" als Mitarbeiter(in) ungeeignet.

Es ist daher nicht erstaunlich, wenn langjährige Praktiker(innen) behaupten, „Die Stärkenorientierung hatten wir schon vor Jahren, sie hat sich in der Praxis nicht bewährt, deshalb sind wir wieder von ihr abgekommen". Eine Meinung, die wir bei Fortbildungen zunächst häufig hören.

Wir behaupten: Mit dem Stärkenassessment wurde noch kaum ernsthaft gearbeitet, auch wenn viele dies glauben, denn der gute Wille, dies zu tun, reicht nicht aus. Es geht nicht ohne Training, weil man gegen eine Denktradition angehen muß, wenn man nachweisbar stärkenorientiert handeln will.

Die Stärkenorientierung und das Stärkenassessment haben als Bausteine unseres Programms viele Vorteile (s. Cowger 1992) im praktischen Handeln.

Stärkenorientierung und Stärkenassessment ...

- ... relativieren das Machtgefälle zwischen dem Sozialarbeiter und dem Kunden.
- ... stärken die Fähigkeiten des Kunden.
- ... strukturieren und liefern befriedigende realisierbare Alternativen zum bisherigen Verhalten.
- ... sind Bausteine unseres Programms. Sie können Kompetenzen aktivieren, die Veränderungen bewirken.
- ... geben dem Kunden Selbstvertrauen.
- ... stimulieren Hoffnung.
- ... befreien Kunden von etikettierenden diagnostischen Klassifizierungen.

Die Defizit-Perspektive hingegen verstärkt die Verwundbarkeit, das Ohnmachtsgefühl, das Gefühl, krank und „nicht in Ordnung" zu sein, und die Abhängigkeit vom Expertenwissen der/des Sozialarbeiter(in)s. Sie kann die Kunden lähmen. Sie ist für die Soziale Arbeit in der Praxis generell unbrauchbar. Dennoch wird ein Assessment auch die Untersuchung der *Problemlage* der Kunden mit einschließen.

Das Kompetenzmodell

Das Kompetenzmodell ist eine wichtige theoretische Ergänzung des Originalprogramms „Families First" mit bedeutenden praktischen Auswirkungen. Es wurde am Pedologisch Instituut in Amsterdam für das niederländische Programm „Families First" entwickelt und 1996 erstmals veröffentlicht (vgl. Slot, Spanjaard, Berger). Es baut auf dem um weitere Entwicklungsphasen erweiterten Entwicklungs-Krisenmodell von Eriksson (a.a.O.) auf, das bekanntlich bei der Jugendphase stehen bleibt. Es geht vor allem um die Phase des reifen Erwachsenen, der Elternschaft mit Kindern.

Das Kompetenzmodell spricht bei dem hier vorgestellten Programm seinen Charakter als Krisenintervention an, der, wie bereits gesagt, vor allem durch die gesellschaftlichen und rechtlichen Rahmenbedingungen geprägt ist. In Deutschland zumindest wird er noch durch die Finanzierungsmöglichkeit verstärkt, da „Familie im Mittelpunkt" von den Jugendämtern finanziert wird, um eine drohende und vermeidbare Heimeinweisung zu verhindern.

Bei entsprechender Weiterentwicklung der Engaging-Methoden wäre, jedenfalls aus fachlicher Sicht, auch eine Erweiterung des Programms auf eher präventive Aufgaben möglich, um z. B. sog. Dauerkunden der Jugendämter, also Familien in gravierenden Problemlagen, bei denen (noch?) keine Fremdplazierung ansteht, aus dem Teufelskreis ständiger Abhängigkeit zu befreien.

Auch dies bedeutet kurz- und langfristig eine erhebliche Einsparung sozialer, menschlicher und finanzieller Kosten. Damit bliebe FiM nicht nur auf Krisenintervention reduziert, sondern könnte in einer Weiterentwicklung zum Ausgangspunkt für eine professionelle Familienarbeit als In-Home-Dienstleistung werden.

Derzeit sind wir jedoch in der Praxis noch weit davon entfernt, weshalb Krisentheorie und Krisenintervention vorerst das wichtigste theoretische Element des Programms bleiben.

Die Niederländer haben hierfür ein wichtiges Modell zur Untersuchung der Variablen geliefert, das *BASIC PRIME Modell*. Wir stellen es vor, weil es die Ansatzpunkte für die Vermittlung lebenswichtiger Kompetenzen darstellt (Roos, nach Hofmann, a.a.O.).

Es sind Kompetenzen des menschlichen Selbstmanagements, deren Funktion es ist, das Gleichgewicht der Person aufrechtzuerhalten und damit eine Krise zu bearbeiten, und Ressourcen, die dabei genutzt werden können.

BASIC PRIME Modell	
B ehavior	Verhalten
A ffect	Gefühle
S ensation	Wahrnehmung
I magination	Vorstellungsvermögen
C ognitions	Gedanken
P hysical condition	körperlicher Zustand
R esources	Hilfe im Netzwerk
I nterpersonal relations	Zwischenmenschliche Beziehungen
M utations	Situationsveränderungen
E nvironment	soziale Umgebung

Das Kompetenzmodell geht von der Vorstellung aus, der Mensch habe in seiner Entwicklung eine Abfolge von Aufgaben zu erfüllen, für die er entsprechende Kompetenzen erwerben muß. Problematisch wird es, wenn er die entwicklungsbedingten Anforderungen nicht erfüllt. Dann gerät das Individualsystem aus dem Gleichgewicht, was eine Krise bedeutet. In einem erweiterten Entwicklungsmodell von der Geburt bis zum Tod werden sieben Phasen unterschieden, die jeweils eigene Anforderungen an das Individuum stellen. Im folgenden sind die Anforderungen dargestellt, die sich auf die Familie beziehen.

4. Theoretische und konzeptionelle Grundlagen

Die sieben Anforderungsphasen an die Familie

1. Säuglings-/Kleinkindzeit
2. Grundschulzeit
3. Adoleszenz
4. Elternschaftsphase mit kleinen Kindern
5. Elternschaftsphase mit Jugendlichen
6. Elternschaftsphase mit erwachsenen Kindern
7. Lebensabend

Nach Slot u. a. (s. Hofmann, a.a.O.) treten in diesen Phasen sowohl entwicklungsbedingt als auch situativ ereignisbedingte streßverursachende Faktoren auf (siehe Abbildung: Kompetenzmodell im Lebenslauf), denen das Individuum mit den in den unterschiedlichen Lebensphasen erworbenen Kompetenzen begegnet, um ein homöostatisches Gleichgewicht zu erhalten.

Reichen die erworbene Belastungsfähigkeit und die schützenden Faktoren in der Person und ihrer Umwelt nicht aus, so können die Kompetenzen erweitert werden, um das Gegengewicht der Waage (s. Abbildung: Kompetenz-Balance) zu erhöhen, damit das Individuum in der Krise nicht untergeht.

Unter *Belastungsfähigkeit* verstehen die niederländischen Autoren individuelle Eigenschaften, mit Risiken und streßverursachenden Ereignissen fertig zu werden, also interne Ressourcen, die den subjektiv empfundenen Belastungen entgegengesetzt werden können.

Beispiel:

Von Kindern und deren Eltern kann der Schuleintritt eines Kindes als belastendes Ereignis empfunden werden, besonders dann, wenn Kinder bisher noch in keiner öffentlichen Einrichtung (z. B. Kindertagesstätte) eigene Erfahrungen mit institutionalisierter Erziehung und sozialem Lernen machen konnten. Mit der Institution Schule tritt eine gesellschaftliche Instanz an die Familie heran, die von der Gesellschaft definierte Anforderungen der Leistung und des sozialen Verhaltens im Klassenverband in einer „künstlichen" Gruppe mit Zwangsmitgliedschaft stellt. Schulanfänger sind also einen Teil des Tages nicht im Elternhaus, müssen den Schulweg selbständig bewältigen lernen, mit all den Gefahren, die besonders für fürsorgliche Eltern Streß bedeuten.

Abb. 3: Kompetenzmodell im Lebenslauf

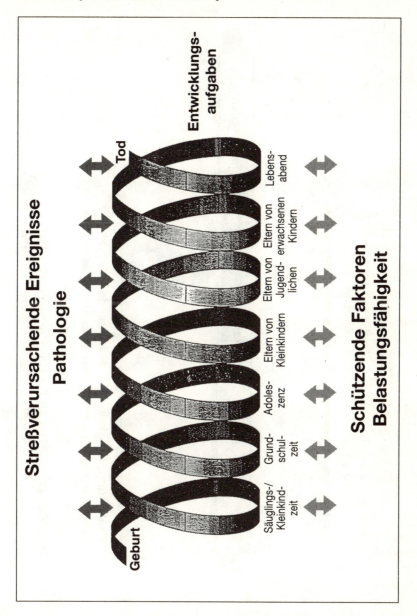

4. Theoretische und konzeptionelle Grundlagen

Abb. 4: Kompetenz-Balance

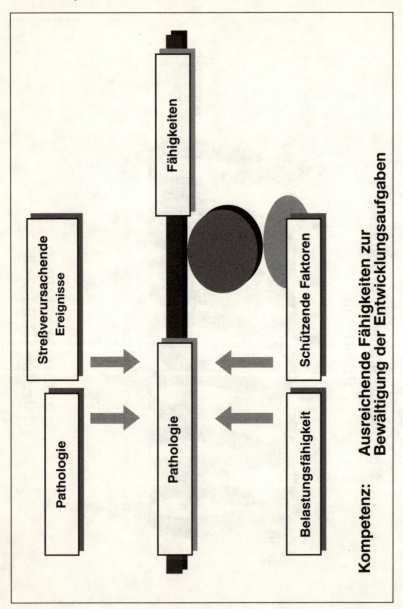

4. Theoretische und konzeptionelle Grundlagen

Ihre Leistung wird zunehmend im Vergleich zu der anderer Kinder bewertet. Viele Kinder müssen sich eine Lehrkraft als Unterrichtende und Bezugsperson teilen, sie müssen über eine definierte längere Zeit aufmerksam sein und immer noch ihren Bewegungsdrang bremsen. Eltern von Schulanfängern sehen sich ebenfalls einer Vielzahl von neuen Anforderungen ausgesetzt (eventuell täglich zeitweise Trennung von ihren Kindern, über die Kinder einem Wettbewerb ausgesetzt sein, an Elternabenden teilnehmen, unterschiedliche Sprach- und Ausdrucksfähigkeiten anderer Eltern z. T. konkurrent erleben etc.).

Insbesondere für Eltern und Kinder der Unterschicht entstehen hier z. T. Belastungen, denen sie nicht gewachsen sind.

Trotz besten Willens der Lehrer ist es wesentliches Problem der Organisation unserer Schule, das hier zum Problem der Eltern und Schüler gemacht wird. Hieraus entstehen nicht wenige Verhaltensstörungen, deren unsachgemäße oder zu späte Bearbeitung zu Familienkrisen führen können. Selbst physische oder psychische Gewalt und Mißhandlungen können hieraus entstehen und später eine Krisenintervention erforderlich machen.

Wichtig bleibt hierbei, nicht nur die Hilfen für die Kinder und die Eltern bereitzustellen und ihnen z. B. erforderliche fehlende Kompetenzen zu vermitteln. Qualifizierte Assessments der Situation von Familien, die Hilfe brauchen, müßten auch die streßverursachenden Strukturen herausstellen, die die Problemlagen hervorbringen. Diese könnten auch als Grundlage für eine innovative Organisationsentwicklung dienen, um solche öffentlichen Einrichtungen stärker an neuformulierte Anforderungen anzupassen. Lernchancen nicht zu fördern und damit Bildungsreserven zu verschleudern steht dem Auftrag der Schule entgegen und ist gesellschaftlich nicht hinnehmbar.

Streßerzeugende Ereignisse treffen nicht nur auf die Belastungsfähigkeit der Individuen, sondern auch auf *schützende Faktoren,* die externen Faktoren. Hierzu rechnen die Autoren unterstützende Erwachsene (z. B. Nachbarn) und Einrichtungen (z. B. Vereine) und gebotene Chancen in Schule und Beruf (die jedoch in unserer Gesellschaft Kindern und Jugendlichen schichtspezifisch unterschiedlich zugeteilt werden) (a.a.O.).

Die Belastungen werden zum einen als *Pathologie* bezeichnet, womit die Autoren das in einer Kultur übliche Verhalten bezeichnen, mit Leid und Trauer umzugehen. Es beeinflußt Stimmungen, Vorstellungen und Wahrnehmungen. Zum anderen erhöhen streßverursachende *Ereignisse* die Belastungen, die die Waage zum Kippen bringen können.

Die Erhöhung der *Fähigkeiten und Kompetenzen* soll dann das Gleichgewicht wiederherstellen.

4. Theoretische und konzeptionelle Grundlagen

Wir sehen zwar im Kompetenzmodell einen wesentlichen Beitrag zur Theorie der Krisenintervention und halten es daher auch für einen wichtigen Baustein für das Programm „Families First" oder „Familie im Mittelpunkt" (FiM). Denn das Programm hat es auch mit individuellen Krisen zu tun. Allerdings fehlt hier noch der Schritt zu einer Krisentheorie als Gruppenkrise, die in der Familie als Gruppe entsteht, und die Erklärung der Wechselwirkungen zwischen gesellschaftlichen krisogenen Strukturen und Anforderungen sowie krisenerzeugenden Organisations- und Kommunikationsstrukturen und dem Subsystem Familie.

Dies wird wichtig, weil, wie wir oben bereits ausgeführt haben, die Ereignisse und Zustände, die die Interventionen für unser hier vorgestelltes Programm begründen, nicht nur aus Krisen der Individuen einer Familie zu beschreiben und zu erklären sind und im Kompetenzmodell die Erörterung der krisogenen dysfunktionalen Dynamik einer Familie nicht angelegt ist.

FiM bearbeitet jedoch solche fehlentwickelten Familiendynamiken und -strukturen ausdrücklich. Dies muß sie z. B. in den Fällen, in denen erwachsene Familienmitglieder kein der Elternrolle angemessenes Verhalten entwickelt haben.

Beispiel:

Wenn, wie wir es in Michigan erlebt haben, eine alleinerziehende Mutter gemeinsam mit ihrer Freundin aus der Nachbarschaft und ihrer elfjährigen Tochter eingehend über ihre Sexualerlebnisse mit aktuellen Männern in einer kumpelhaften Art (von Frau zu Frau) spricht, so als wäre ihre Tochter eine weitere erwachsene Freundin, so hat sie unangemessenes Rollenverhalten entwickelt, das an den Bedürfnissen ihres Kindes vorbeigeht. Das Jugendamt hat „Families First" beauftragt, mit der Familie (drei kleinere Geschwister, davon ein Junge im Heim) zu arbeiten, weil das elfjährige Mädchen bereits mehrere sexuelle Männerbekanntschaften und auch von einigen Geld angenommen hatte. Der Aufbau funktionaler Mutter-Kind-Beziehungen war Teil des ausdrücklichen Auftrags der Familienarbeiterin.

Auch wenn sich in Familien Mißbrauch und Mißhandlung von Kindern entwickelt haben, werden bei „Families First" weniger die individuellen psychischen Problematiken bearbeitet, die bleiben vor allem der Psychotherapie vorbehalten, es werden vielmehr soziale Situationen geschaffen, die die Gefährdung der Kinder ausschließen und darüber neue Verhaltensweisen aufgebaut, die geänderte Beziehungsstrukturen und Rollenverhalten bewirken.

Damit kommen wir zu einem weiteren wichtigen Baustein des Programms, den wir aus unserer Erfahrung mit der Gestaltung offener Situationen aus deutscher Sicht hinzufügen: die Familien- und Environment-Aktivierung.

Die Familien- und Environment-Aktivierung

Wenn die Familienarbeiterin in die Familie kommt und zwar als Gast mit Respekt vor der Familie und in dieser Situation überzeugend Hilfe anbietet, Hoffnung vermittelt, daß die Dinge sich zum Besseren entwickeln werden, Mut und Selbstvertrauen vermittelt, dann geschehen gleichzeitig mehrere Dinge, die für den Hilfeprozeß wichtig sind.

1. Für viele Familien in depravierenden Lebensumständen ist es u. U. das erste Mal, daß sie eine Sozialarbeiterin in ihrer Wohnung erleben, die Respekt zeigt und die deutlich macht, daß sie als Gast in der Familie ihren Lebensstil achtet und nicht *Kontrolle* signalisiert.
2. Vielleicht ist es auch das erste Mal, daß ihnen wirklich Hilfe angeboten wird, und zwar in ihrer Alltagssituation.
3. Es wird Hoffnung auf ein gemeinsames besseres Zusammenleben mit den Kindern eröffnet, und zwar im „Hier und Jetzt", nicht erst im Jenseits, wie dies von Kirchen- und Sektenvertretern in Aussicht gestellt wird.
4. Familien, die nur Niederlagen kennen und sich als geborene Verlierer fühlen, erhalten die Möglichkeit vermittelt, Selbstvertrauen und Selbstachtung zu entwickeln.
5. In dieser Phase, dem Engaging, wirbt der/die Familienarbeiter(in) (ohne den bedrohlichen Hintergrund zu leugnen) um die Bereitschaft der Familie, mit ihm/ihr zusammenzuarbeiten. Er/sie tritt nicht als Expert(in)e auf, denn die Expertenschaft für ihre Personen liegt bei der Familie.

Wie kann man theoretisch fassen und begreifen, was hier geschieht? Uns scheint, daß die bisherigen theoretischen Grundlagen, Betrachtungsweisen und Therapien darauf noch keine befriedigenden Antworten geben. Es lassen sich auch keine operationalisierenden Kriterien herausarbeiten, mit deren Hilfe diese, für das gesamte Programm entscheidende Phase und die Frage nach der Herstellung dieser Situation erklärt werden können, was in der Psychologie „Setting" genannt wird.

Für den Bereich der Jugendarbeit haben wir ein Verfahren entwickelt und mit vielen Jugendarbeitern in der Praxis erprobt, mit dem wir wichtige Momente dieser Situation besser erklären können. Wir haben es *„Environment-Aktivierung"* genannt (vgl. Gehrmann/Müller 1993a, S. 34 ff.). Bei diesem Verfahren handelt es sich um eine sozial-räumliche Methode, um eine intentionale Beeinflussung des Verhaltens von Individuen und Gruppen in ihren sozialen Handlungsräumen.

Wir hatten diese Methode vor allem für die zielgerichtete Gestaltung des offenen Bereichs von Jugendzentren entwickelt, der aus der Sicht der meisten Jugendarbeiter(innen) als nicht intentional strukturierbar galt und aus

4. Theoretische und konzeptionelle Grundlagen

diesem Grund vernachlässigt wurde. Hier beschäftigte man nicht ausgebildete Honorarkräfte oder Praktikant(inn)en, also auszubildende Sozialarbeiter(innen). In der Konzeption galt der offene Bereich als erwachsenenfreier Treff (was falsch ist, denn prinzipiell sind dort Sozialarbeiter(innen) angestellt), der nur auf- und zugeschlossen werden mußte.

Mitarbeiter(innen) des Jugendzentrums verkauften dort Getränke, versuchten höchstens mal gewalttätige Auseinandersetzungen zu unterbinden und pflegten den Jugendlichen „hinterherzuputzen". Wir waren mit dieser Situation sehr unzufrieden, weil sich viele „altgediente" Jugendarbeiter(innen) nur noch in der Gruppenarbeit bewegten, die wegen ihrer geringeren Fluktuation über Programme strukturierbar sind. Der Rückzug auf Gruppenarbeit war für die Sozialarbeiter(innen) oft eine Legitimation für die Beschäftigung mit allen möglichen Hobbys: z. B. Video, Computer, Musik, Theater, Umweltarbeit und geschlechtsspezifische Gruppenarbeit. Diese Berufsausübung war mit unseren Anforderungen an die Professionalität in der Sozialen Arbeit nicht zu vereinbaren. Um soziale und physische Räume gestaltbar zu machen, mußten wir nach theoretischen Grundlagen für menschliches Handeln in der Gesellschaft und seine konkret feststellbaren Auswirkungen suchen.

Eine angemessene theoretische Grundlage fanden wir bei Giddens „Theorie der Strukturierung durch Handeln" (1988). Vereinfacht ausgedrückt bedeutet dies: Wir können durch unser Handeln im sozialen Raum nicht nur diesen beeinflussen, sondern auch die Strukturen, die den sozialen Raum bedingen. Dieses Handeln entspricht nicht immer Rationalitätskriterien, ist nicht immer intendiert und hat nicht immer die Wirkungen, die wir zu erreichen beabsichtigen. Wir sagen daher: Jedes Programm, jedes methodische Handeln muß auf seine Auswirkungen hin überprüft, also evaluiert werden. Der handelnde Mensch wird – und das ist nicht neu – durch vorgefundene, vor und außer ihm entwickelte Bedingungen und Strukturen beeinflußt.

Hier liegt dann auch die weitere Grundannahme: Die natürliche, gesellschaftliche und nahräumlich-soziale Umwelt beeinflußt unser Handeln. Soziale Arbeit ist nicht die Profession, die sich mit der Leben erhaltenden natürlichen Umwelt befaßt, die jedoch in einem engen systemischen Zusammenhang mit unserem sozialen Lebensraum steht. Vor allem Wendt (1986) hat diesen Zusammenhang beschrieben. Soziale Arbeit ist die Profession, die sich in ihrer Domäne „Person in Environment" (das Individuum in seiner Nahumwelt) auch mit der sozialen Umwelt befassen muß, wenn sie wirkungsvoll helfen will. Soziale Hilfe kann nicht effektiv geleistet werden, wenn diese Tatsache ausgeblendet wird, wie dies bei psychozentrierten Programmen meist geschieht. Es stimmt z. B. immer noch, was Heinrich Zille einst festgestellt hat: „Man kann mit einer Wohnung einen Menschen genauso töten wie mit einer Axt." Bestgemeinte Beratung kann vergeblich sein, wenn an den Lebensumständen der Kunden nichts verändert wird.

4. Theoretische und konzeptionelle Grundlagen

Wir gehen also davon aus, daß soziale Situationen, soziales System Familie, soziale Lebensräume, materielle Nahräume und materielle Ressourcen gestaltbar zu verändern sind, um eine soziale Unterstützungsleistung erfolgreich zu erbringen.

1. Soziale Lebensräume (die soziale Nische, in der eine Familie bisher überleben konnte) bestehen z. B. aus Mitgliedern der erweiterten Familie, Freunden, Bekannten, Nachbarn, Peergroups, Schule (Lehrer, Mitschüler), Kindergarten (Erzieherinnen, Kinder der Gruppe), Arbeitsplatz (Kollegen, Vorgesetzte), Vereine (Mitglieder, Funktionäre), Kirchengemeinde (Pfarrer, Gemeindepersonal, Mitglieder) u. a. m.
2. Materielle Nahräume: Wohnung, Wohnanlage, Wohnviertel, Spielplätze, Schule, Arbeitsstelle, Kommune, Kreis u. a. m.
3. Soziales System Familie: Haushaltsangehörige, erweiterte Familie (Onkel, Tanten, Neffen, Großeltern und deren Lebenspartner, Geschwister, soweit sie nicht im Haushalt leben) im Nahbereich (also mühelos erreichbar) oder örtlich getrennt lebend.
4. Soziale Situation: Hiermit bezeichnen wir eine sich ad hoc ergebende Konstellation von Individuen, die sich gemeinsam in einem konkreten zeit-örtlich-räumlichen Handlungszusammenhang befinden. Dies kann z. B. eine Mutter mit ihren zwei Kindern und einer Nachbarin sein, wobei die Mutter bügelt und dabei das Fernsehprogramm verfolgt und sich mit der Nachbarin unterhält. Die Kinder spielen und sehen ebenfalls fern.

Die unter 1 und 3 genannten Bereiche sind mit verschiedenen Öko- oder Genogrammen darstellbar (s. unten). Für die soziale Situation gibt es bislang noch keine angemessene Darstellungsform, vor allem nicht für ihre dynamische Seite. Da verändert sich etwas, geht jemand weg oder kommt jemand hinzu. Dies kann z. B. auch die Familienarbeiterin sein, die von Familie im Mittelpunkt kommt und die Familie für eine Zusammenarbeit gewinnen will.

Ein fachlich einwandfreies Assessment wird die Perspektiven 1–3 berücksichtigen. Dies wird im Laufe der Arbeit mit der Familie bedeutsam, auch wenn im Erstgespräch noch nicht alle Informationen verfügbar sind. Da die Familienarbeiter(innen) immer auch in der Rolle von Handlungsforscher(inne)n arbeiten sollen, also angehalten sind, nicht mit zuviel Vorinformationen oder etikettierenden Vorurteilen, d. h. der Familie möglichst offen gegenüberzutreten, sind sie auf die Sammlung eigener Informationen angewiesen. Sie werden im Verlauf der Arbeit gebildete Handlungshypothesen als vorläufig betrachten und jederzeit zu ihrer Überprüfung und Revision bereit sein.

Betrachten wir die unter 4 genannte Situation genauer, so werden wir folgende Elemente ausmachen: Der erste Besuch der Familie in ihrer Woh-

4. Theoretische und konzeptionelle Grundlagen

nung wie auch jede weitere Arbeitssituation mit der Familie, aber auch die Situationen, in denen kein(e) Familienarbeiter(in) bei der Familie ist, wird von wichtigen Faktoren mit beeinflußt, die wir analytisch betrachten müssen, weil sie das Verhalten der Beteiligten mit bestimmen.

Eine typische und entscheidende Situation ist der erste Besuch des/der Familienarbeiter(in)s in der Wohnung der Familie, den wir unter handlungsmethodischen Gesichtspunkten später beschreiben werden. Hier soll sie als Beispiel für die Environment-Aktivierung dienen.

Vor dem Erstbesuch bedeutsame Ereignisse auf dem Hintergrund der Ebenen 1-3 waren eine Intervention des Jugendamtes und/oder bereits des Vormundschaftsgerichts, weil Kinder gefährdet waren und eine Fremdplazierung erwogen wurde. Das Geschehen und Verhalten der Eltern und Kinder, das zu der Intervention geführt hat, sind ebenfalls bekannt und haben Bedeutung. Ohne diese Vorgeschichte wäre es nicht zur Krisenintervention durch FiM gekommen. Der Familienarbeiter hat seinen Besuch telefonisch, durch persönlichen Kontakt oder brieflich angekündigt und alle Umstände wie Zeit, Ort, Beteiligung etc. mit der Familie vereinbart. Er betritt die Wohnung unter bestimmten fachlichen Gesichtspunkten (höflich, respektvoll etc.) und beeinflußt eine Situation, die von der Familie und weiteren Personen sozial-räumlich vorhanden ist, wenn die Betroffenen auf den Besuch warten.

Manchmal kann der Termin nicht wahrgenommen werden, weil die Familie ihn vergessen hat oder vermeiden will, weil sie nach einer langen Nacht noch nicht aufgestanden und bereit ist, angesprochen zu werden. Die Personen einschließlich des/der Familienarbeiter(in)s agieren, wenn der Erstbesuch dann zustande kommt, in der Wohnung als einem jeweils besonders strukturierten Environment, in dem die Handlungssituation entsteht. Der/die Familienarbeiter(in) beeinflußt diese Situation durch sein/ihr Auftreten, durch sein/ihr Handeln (Aktives Zuhören, Gewaltdämpfung, positives Feedback, Engaging), durch sein/ihr glaubhaftes Hilfeangebot, durch Aufrichtigkeit und die Vermittlung von Hoffnung. Hierdurch entsteht ein für den gesamten Hilfeprozeß wichtiger Umschwung einer zunächst von Mißtrauen gegenüber dem Familienarbeiter geprägten Situationsfärbung zu einem zunächst vorsichtigen Vertrauen in die eigenen Kräfte, den Hilfeprozeß und die Person des/der Helfer(in)s.

Diese Situation ist analytisch beschreibbar. In dieser durch die Personenkonstellation in Interaktion mit ihrem Environment gekennzeichneten Situation bewirkt das Handeln der beteiligten Akteure eine Veränderung der Verhaltensstrukturen, der emotionalen und kognitiven Orientierungen. Der/die Familienarbeiter/in hat hierbei die Aufgabe, diesen Prozeß in Gang zu setzen und zu steuern.

Was bedeutet in diesem Zusammenhang „Environment"? Wir haben diesen Begriff aus der Kunst entlehnt, die darunter ein begehbares Objekt,

4. Theoretische und konzeptionelle Grundlagen

eine geschaffene Situation versteht, die den Betrachter beeinflussen soll. Dies geschieht bewußt und mehr oder weniger klar umrissen zielgerichtet. Zu dem Environment gehören immer auch die in ihm agierenden Personen, die mit sich und der dinglichen Nahumwelt kommunizieren. Environment-Aktivierung bedeutet dann: die bewußte und zielgerichtete, nämlich auf Aktivierung der Personen und ihrer Stärken (Handlungspotentiale) angelegte Gestaltung von Situationen in systemischer Interaktion mit allen beteiligten Personen und Umweltfaktoren, die wir ad hoc wahrnehmen und beeinflussen können. Bei FiM betrachten wir folgende Elemente im systemischen Verbund:

- die anwesenden einzelnen Familien- und Haushaltsmitglieder und ihr konkretes Tun sowie abwesende Familienmitglieder,
- anwesende Nachbarn, Bekannte, Freunde, sofern nicht oben eingeschlossen, und ihr konkretes Tun,
- der Familienarbeiter/die Familienarbeiterin und ihr Auftreten und Verhalten,
- die Räumlichkeiten der Wohnung, ihr Zustand und ihre örtliche Lage im Haus,
- das Mobiliar, Ausstattung der Wohnung, Accessoires etc.,
- Ort und Zeit, Dauer der Handlung.

Diese Elemente der Situation stehen, wie bei Systemen üblich, in einem wechselseitigen Beeinflussungszusammenhang, sind auf ihre Wirkungen hin zu untersuchen und können Ansatzpunkte für Veränderung sein. Dieses Handlungssystem steht wiederum in Wechselwirkung mit dem weiteren System, der sozial-räumlichen Nische, die aus den Ebenen 1-3 gebildet wird. Mit Hilfe dieses Kategorienrahmens lassen sich alle wichtigen Handlungssituationen im Hilfeprozeß von FiM untersuchen. Auch wenn die Familie wichtige Prozesse des Selbstmanagements, wie z. B. das Vermeiden des Gebrauchs physischer Gewalt, steuern soll, ist es für den/die Familienarbeiter(in) und die Familie wichtig, herauszufinden, in welchen Situationen und aus welchen Anlässen es regelmäßig zu dieser Gewalt seitens eines oder mehrerer Familienmitglieder kommt. Ziel ist es dann, solche Situationen und Anlässe zu vermeiden. Hierbei kann die Environment-Aktivierung helfen. Es gibt für die theoretische Bestimmung des Programms „Families First" oder „Familie im Mittelpunkt" noch weitere Grundlagen, was bei einem derartig komplexen eklektischen Modell nicht überraschen dürfte. Mit der Ausweitung und weiteren Übertragung des Programms auf nationale und örtliche Gegebenheiten in den deutschsprachigen und anderen europäischen Kulturen werden sicher weitere theoretische und methodische Grundlagen gefunden werden.

Wir haben diese Grundlagen hier auch nur knapp skizziert, weil ihre ausführliche Behandlung den Umfang dieses Handbuchs sprengen würde. Wir empfehlen den darüber hinaus interessierten Lesern zumindest die Lektüre der hier angegebenen Quellen.

4. Theoretische und konzeptionelle Grundlagen

Abb. 5: Environment einer Familie – Situationssystem

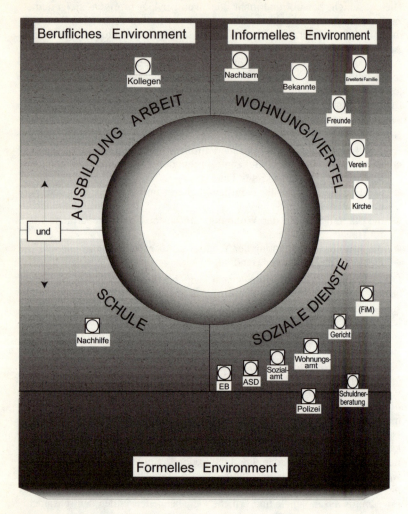

5. Übernahme und Engaging

Wie arbeitet „Familie im Mittelpunkt"?

„Families First", das Ursprungsprogramm, ist, wie eingangs dargestellt, ein integriertes Programm, das eine Einheit aus Grundsätzen („philosophy"), Charakteristika, Organisationsstruktur, Methoden und Evaluation darstellt. Wenn wir es deutschen Mitarbeiter(inne)n von Sozial- und Jugendämtern vorstellen, hören wir anfangs häufig, daß sie einige Bestandteile schon kennen und auch so arbeiteten. Das mag in einigen Fällen zutreffen. In anderen aber auch nicht.

Wenn Sozialarbeiter(innen) und Psycholog(inn)en alle Punkte als bekannt voraussetzen und inhaltlich tragen, woher kommt dann der Zweifel an der Effektivität des Programms nach so kurzer Zeit?

Woher kommt die Aufgeregtheit, insbesondere der Mitarbeiter(innen) von Familienhilfen, wenn sie bereits so arbeiten? Warum wird das Programm, das eine Ergänzung der vielen unterschiedlichen Sozialpädagogischen Familienhilfen in Deutschland darstellt, die es übrigens in den USA so nicht gibt, so sehr als Konkurrenz angesehen?

Das kann doch nur heißen, daß es kaum in Teilen und nie bereits als geschlossenes Programm durchgeführt wird. Darüber hinaus mobilisiert es Ängste bei vielen therapeutisch orientierten und ausgebildeten Sozialarbeiter(inne)n und Psycholog(inn)en, die dann zu Verdächtigungen greifen wie, das Programm korrigiere Verhalten nur oberflächlich, ohne tiefergreifende Änderungen bei den Kunden zu bewirken.

Sicher: Stabile Persönlichkeitsstrukturen werden hierbei nicht grundlegend verändert. Dennoch können sich Menschen auch im Erwachsenenalter ändern, sie können Kompetenzen zur Krisenbewältigung hinzulernen (s. Kompetenzmodell der Niederländer, Kapitel 4, S. 80 ff.), und dies als Ergebnis einer konzentrierten Arbeit in der Alltagswelt der Betroffenen.

Schließlich wird dies durch viele wissenschaftliche Studien belegt, da das Programm im Gegensatz zu den meisten anderen Programmen Evaluation mit nachvollziehbaren Kriterien als integralen Bestandteil aufweist.

Letztlich kann nur die Praxis in Deutschland, die gerade erst beginnt, seine Leistungsfähigkeit beweisen. Dies wollen wir aufzeigen. Die Leser müssen jedoch im Auge behalten, daß die Familienarbeiter(innen) von FiM nach dem Grundmuster der Aktionsforschung vorgehen, daß sie als „not knowing experts" auftreten. Das bedeutet, daß sie vor Ort ein Assessment durchführen und mit der Familie danach aus einem umfangreichen Repertoire an Methoden und Techniken ein individuelles Programm erstellen, das als Auswahl aus dem Repertoire praktisch eingesetzt wird. Es kommen also im konkreten Fall niemals alle Methoden und Techniken gleichzeitig zum Einsatz.

Wenn wir im folgenden den Prozeß der Arbeit mit ausgewählten Beispielen darstellen, darf nicht der Irrtum entstehen, genau so und nur so hätten die Familienarbeiter(innen) im einzelnen vorzugehen.

Gemeinsam sind aller Praxis, wie wir sie in den USA und den Niederlanden erlebt haben, die Grundhaltungen und die Strategien, die den Rahmen für die Auswahl aus dem Methodenrepertoire bilden, und nicht jede konkrete Vorgehensweise.

So wichtig z. B. die Verbalisierungshilfen für die Wünsche der Kunden (Wunschkarten, s. Zielsetzung) auch sind, in allen Fällen, in denen wir Familienarbeiter(innen), z. B. in Michigan, begleitet haben, kam diese Technik nicht zum Einsatz. Einige Familienarbeiter(innen) sagten, sie würden diese Technik selten einsetzen, weil sie die Wünsche und Ziele der Familie ganz gut im Gespräch herausfinden könnten, andere gebrauchten sie häufiger.

Unser schwedischer Kollege Ola Eriksson setzt sie hingegen immer ein, weil es ihm hilft, die Kunden zum Reden zu bringen. Mit den hier angeführten Vorbehalten beschreiben wir den Prozeß dieser intensiven Krisenintervention in Familien mit illustrativ gemeinten Beispielen.

Die Rolle des/der Familienarbeiter(in)s im Programm

Bevor wir den Prozeß des praktischen Handelns der Familienarbeiter(innen) in der Praxis mit Beispielen beschreiben, ist es zum besseren Verständnis der Handlungsweisen dieses Typs der Sozialarbeiter notwendig, auf seine/ihre Rolle als professionelle(r) Helfer(in) einzugehen. Dabei wird erneut der Unterschied zu bestehenden Programmen deutlich.

Wir haben die Reihenfolge der Rollenaspekte der Familienarbeiter „Families-First"-Programme aus Washington und Michigan unverändert übernommen, diese nur übertragen und – soweit erforderlich – mit unserem Hintergrundwissen erläutert.

Der/die Familienarbeiter(in) zeigt der Familie gegenüber Respekt.

Das Programm findet überwiegend in der Wohnung der Familie statt. Das ist ihr Zuhause. Also zeigt er Respekt und benimmt sich wie ein Gast, wenn er hereingebeten wird.

Dieser Prozeß wird im Abschnitt *Engaging* näher beschrieben. Wieder erinnern wir an die Ethik-Codes der meisten Berufsverbände und Sozialarbeiter-Gewerkschaften in aller Welt, die die Menschenrechte und damit auch alle bürgerlichen Rechte gerade auch für Klienten/Kunden Sozialer Arbeit reklamieren. Dies allgemein zu konstatieren ist einfach. Viel schwieriger ist es jedoch, diese Grundsätze in konkreten Programmen, Organisationsstrukturen, Methoden und im praktischen Umgang mit den Kunden einzulösen. Hier passieren noch immer – ohne daß es die Sozialarbeiter(innen) beabsichtigen und wahrnehmen – professionelle Fehlleistungen, bei denen Kunden faktisch oder real entmündigt, erniedrigt, gedemütigt, für krank oder nur begrenzt zurechnungsfähig und therapiebedürftig erklärt werden.

Allein die Praxis vieler Wirtschaftsabteilungen von Sozialämtern, die auf Anordnung von Politikern von Mißtrauen geprägt zu sein hat, aber auch die Praxis manches Jugendamtes gegenüber den Eltern ist entwürdigend. Wer arm ist, hat weniger Chancen, seine persönlichen Menschenrechte wahrzunehmen. Wer zusätzlich noch andere diskriminierte Merkmale besitzt, wie alt zu sein, behindert zu sein, einer religiösen, ethnischen Minderheit anzugehören, zudem weiblich ist, bei dem häufen sich die Chancen, als Sozialfall zum Opfer struktureller Gewalt, staatlicher Bürokratie und Zwangsmaßnahmen sowie zum Klienten der Sozialen Arbeit zu werden.

Da man allein „mit Wohnungen Menschen töten kann" und mit Wohnsitzlosigkeit erst recht, werden ihnen von ihrer Umwelt, von der Gesellschaft und auch von der Sozialen Arbeit faktisch alltägliche, jedem sonst mehr oder weniger zustehende Rechte entzogen. Dies geschieht trotz aller hehren Programmziele täglich, manchmal auch absichtlich durch zu Zyniker(inne)n gewordene Kolleg(inn)en, die nicht genug verarbeiten, daß die Lebenslage unserer Kunden aus diesen oft auch Menschen mit uns unangenehm erscheinenden Umgangsformen und Verhaltensweisen gemacht hat.

Wer in unserem System gelernt hat, noch halbwegs auf seine Kosten zu kommen, benutzt andere Menschen, wie er selbst benutzt wurde. Er kann es nicht leicht ertragen, in der sozialen Hierarchie ganz unten zu stehen und sucht sich in seinem Weltbild andere Menschen, die er nun unterdrücken kann: Mitbürger ausländischer Herkunft, Frauen, Schwule, Lesben etc. Als Sozialarbeiter(in) trifft man auf Menschen, die gewalttätig denken und handeln und die Sozialarbeiter(innen), die helfen wollen, aus deren Sicht belügen und betrügen. Und doch muß man als Profi bei Beachtung der eigenen Grenzen im Prinzip auch mit Menschen arbeiten können, deren Verhalten und Haltung man nicht billigen kann. Sexueller Mißbrauch von Kindern, Vergewaltigung, Gewalt gegenüber Ausländern und Volksverhetzung durch Neonazis sind solche kritischen Bereiche.

Das wird in der Praxis schwer durchzuhalten sein, wenn das Programm fordert, auch bei Kund(inn)en mit solchen Problemlagen die Menschenwürde zu achten, sie dort abzuholen, wo sie stehen, sie in ihrem Verhalten zu verstehen, auch wenn man es mißbilligt. Will man mit ihnen arbeiten, so muß man dies leisten oder seiner Grenzen bewußt werden und in bestimmten Bereichen eben nicht arbeiten.

5. Übernahme und Engaging

Der Wert und die Zielstimmigkeit der Sozialarbeit beweist sich „in der kleinen Arbeit" (Eriksson 1994), in der konkreten Umsetzung kleiner Ziele. Es geht nicht um ein Bündnis mit den „Unterdrückten" und in dieser Gesellschaft Zukurzgekommenen, sondern um eine effektive Unterstützungsarbeit, die es ihnen ermöglicht, besser mit Problemlagen, Krisen und Konflikten zurechtzukommen.

Familien, mit denen es unser Programm zu tun hat, haben oft kein tragfähiges Selbstbewußtsein entwickelt, ihnen wurde und sie haben sich selber übel mitgespielt. Sie haben sich nur als Verlierer erlebt und glauben, in vielem unfähig zu sein. Dagegen gilt es, Respekt zu zeigen und den gegenseitigen und den Selbstrespekt aufzubauen.

Der/die Familienarbeiter(in) vermittelt Hoffnung.

Das klingt amerikanisch und hat in unseren mitteleuropäischen kritischen Ohren etwas Missionarisches. Und doch ist es so wichtig! Wenn wir es mit Familien zu tun haben, die sich immer als erfolglos und unfähig erlebt haben, so ist es wichtig, Hoffnung zu verbreiten und aufzubauen, daß sie es schaffen können, als Familie zusammenzubleiben.

Dies macht den Unterschied zu anderen Programmen und üblichen Verhaltensweisen von Sozialarbeiter(inne)n aus und ist ein wichtiges Moment, wenn es darum geht, den Auftrag von der Familie zu erhalten, mit ihr zu arbeiten.

Und das auf der Basis der „Freiwilligkeit", obwohl die Ausgangslage vom Zwang der Drohung der Fremdplazierung geprägt ist. Wir haben dies in der Praxis mit mehreren Familien erlebt und wissen, daß es bei entsprechendem Können der Familienarbeiter(inne)n gelingt.

Der/die Familienarbeiter(in) handelt als sensible(r) Helfer(in) und Unterstützer(in).

Überdimensionierte Hilfe, vor allem die mit dem nur „guten Herzen", schadet dem Prozeß des Wachstums der Fähigkeiten der Familie. Sie wird schnell bevormundend und unterdrückt die Aktivierung der Eigenkräfte und Umweltressourcen.

Der/die Familienarbeiter(in) hat deshalb die Aufgabe, die Stärken der Familie (Assessment) herauszufinden und diese sensibel und mit Fingerspitzengefühl zu fördern. Die eigenen Interventionen sind dabei angemessen zu dosieren, d. h., daß sie so gering wie möglich und so stark wie nötig sein müssen. Immerhin bewegen wir uns im Intimbereich der Familie, in ihrer Alltags- und Lebenswelt. Neben der guten Ausbildung ist für das Gelingen eine besonders qualifizierte Anleitung durch den/die Anleitungs- oder Führungssozialarbeiter(in) erforderlich.

5. Übernahme und Engaging

> **Der/die Familienarbeiter(in) handelt als Kommunikator und Moderator.**

Sensibler Umgang mit der Familie heißt auch, daß sich der/die Familienarbeiter(in) nicht zu einer Partei bei Familienkonflikten machen läßt, was oft von Familienmitgliedern versucht wird. Parteiliches Handeln bei Konflikten in der Familie beeinträchtigt die Möglichkeit, auf alle Familienmitglieder einzuwirken und für alle als fair eingestufte Regelungen zu finden.

Deshalb beschränkt sich der/die Familienarbeiter(in) darauf, Kommunikationsprozesse zu initiieren oder in Gang zu halten und zwischen den Konfliktparteien zu moderieren.

> **Der/die Familienarbeiter(in) hat seine/ihre Vorstellungen darüber zu kontrollieren, wie Menschen als Familie zusammenleben.**

Kinder wachsen in sehr unterschiedlichen Lebenszusammenhängen auf, in Familienformen, die sich sehr stark davon unterscheiden können, wie sie der/die Familienarbeiter(in) aus seiner/ihrer eigenen Erfahrung und Lebenswelt kennt. Wir wissen, daß die Zahl der ohne Eheschließung zusammenlebenden Paare mit und ohne Kindern zunimmt. Wir wissen, daß es bereits viele alleinerziehende Mütter und Väter gibt (vgl. auch: Barabas, F./Erler, M. 1994). Sie können mit Partnern zusammenleben oder nicht. Diese können Väter oder Mütter einiger oder aller Kinder sein oder nicht. In nicht wenigen Familien haben die Kinder unterschiedliche Väter. Es können auch Kinder in der Familie leben, die mit den derzeitigen Bezugspersonen nicht verwandt sind, etwa weil sie von früheren Partner(inne)n mitgebracht wurden und in der Familie verblieben oder weil sie adoptiert wurden.

Darüber hinaus gibt es kulturell unterschiedlich geprägte Familienformen, z. B. indische oder surinamesische (in den Niederlanden), die eher matriarchalisch strukturiert sind, in denen die Mütter die Familie mit Kindern wechselnder Lebenspartner zusammenhalten.

Als Familienarbeiter(in) muß er/sie seine/ihre Vorstellungen und Vorurteile über Formen des Zusammenlebens von Erwachsenen mit Kindern, also Familien, bewußt zurückstellen und die Realität der Familie, mit der er/sie arbeitet, erkennen und akzeptieren können, denn er/sie agiert auch als Handlungsforscher(in).

> **Der/die Familienarbeiter(in) anerkennt die Vielfältigkeit von Lebensstilen je nach sozialen, ethnischen und religiösen Traditionen, kulturellen Kontexten und sexuellen Orientierungen.**

Eine Familie wird nur dann wirklich respektiert, wenn auch ihr jeweiliger Lebensstil voll inhaltlich respektiert wird. Dies wird besonders dann wichtig, wenn er sich deutlich von dem des/der Familienarbeiter(in)s unterscheidet.

5. Übernahme und Engaging

In einer besonderen Trainingseinheit werden die Familienarbeiter(innen) darauf vorbereitet. Sie müssen mit Fingerspitzengefühl und großer Sensibilität die jeweils besonderen Lebenswelten von Familien erkennen und achten lernen. Aus der Sicht von FiM ist es jedoch nicht erforderlich, ein ganzes Studium z. B. auf die Arbeit mit Arbeitsemigranten anderer kultureller Ursprünge auszurichten, denn worauf immer spezialisiert wird, trifft es immer nur eine bestimmte Gruppe, wobei oft nicht einmal die Kenntnis der Sitten eines Herkunftslandes weiterhilft. Wenn wir es z. B. mit Marokkanern zu tun haben, denken wir sofort an eine islamisch geprägte Familie. Stellen wir uns darauf ein und treffen auf Familien, die zur relativ starken jüdischen Minderheit gehören, so machen wir uns bereits Vorstellungen, die die Situation verfehlen. Viel wichtiger als eine genaue Vorkenntnis über die vielfältigen Sitten und Gebräuche der unterschiedlichen ethnischen und religiösen Gruppen ist die weitgehend unvoreingenommene Forscherhaltung und -kompetenz.

Diese ermöglicht es dem/der Familienarbeiter(in), die Lebenslage, Alltagssituation und die Lebensstile mit der gebotenen Sensibilität jeweils im Einzelfall vorurteilsfrei zu untersuchen und sich darauf einzustellen. Aus der Kenntnis unserer eigenen Biographien (beide Autoren stammen aus Arbeiterfamilien und haben die biographischen Erfahrungen beim sozialen Aufstieg nicht verdrängt) wissen wir, daß die Lebenswelten der bildungsbürgerlichen Mittelschicht von denen der Unterschicht mit geringer Schulbildung genauso weit entfernt sein können wie die von geborenen Inländern zu gebürtigen Ausländern.

Dies ist ein großes Problem, weil die meisten Sozialarbeiter nicht aus armen Familien mit niedrigem Bildungsstand, ungelernten oder angelernten Handarbeitsberufen kommen, die „im Kiez" oder sozialen Brennpunkten der Großstädte wohnen. Aber genau dort lebt der größte Teil unserer Kunden. Und genau dieser kulturelle Unterschied wird ganz häufig unterschätzt! Dies geschieht, weil die Vertreter der dominanten Kultur Unterschichtskunden alltäglich kolonialisieren, mit ihrer Brille sehen und nach ihrem Bilde formen wollen. Dies äußert sich dann in allen möglichen Formen der Beratung und der Therapie, soweit sie das Gespräch als den Königsweg ihrer Arbeit ansehen.

Auch wer in seiner Kindheit und Jugend selbst Unterschichterfahrungen machen konnte, ist nicht ohne Arbeit an seiner Person „aus dem Schneider". Der Anpassungszwang an die neue Schicht, nach höherer Schulbildung und Studium, ist so stark und oft so subtil, daß häufig eine bewußte oder unbewußte Verachtung der Lebensstile der eigenen Herkunftsfamilie entstanden ist, die den Zugang zu Unterschichtfamilien erschwert.

Familienarbeiter(innen) müssen also ihre eigene Biographie aufgearbeitet haben. Sie brauchen auch eine tolerante Haltung gegenüber Lebensstilen,

5. Übernahme und Engaging

die nicht ihre eigenen sind. Dies gilt im Umgang zwischen heterosexuellen und homosexuellen Orientierungen genauso. Wir vertreten die Meinung, daß es für alle Fundamentalisten sehr schwer sein wird, wirkliche Akzeptanz der vorgefundenen Lebensstile zu entwickeln. Dies gilt gleichermaßen für Christen, Moslems, Sozialisten, Feministen, Patriarchen etc.

Wie können die erforderliche Unvoreingenommenheit, Akzeptanz und Echtheit entwickelt werden, wenn die Einstellung die Toleranz nicht erlaubt? „Families First" und „Familie im Mittelpunkt" setzen zwar eine Grundhaltung voraus, die auf den christlich-abendländisch geprägten Menschenrechten basiert, die letztlich auch in allen Ethik-Kodizes der großen Sozialarbeiterverbände in Westeuropa und den USA enthalten sind. Sie erlauben jedoch eine fachlich-pragmatische Auslegung, in der die Toleranz gegenüber anderen Lebensentwürfen Programm ist.

Letztlich wird auch die autonome Entscheidung des einzelnen Menschen und Bürgers als Kunde respektiert. Mit anderen Worten: Es ist ein langer Weg beispielsweise von der Position der katholischen Kirche zur Schwangerschaft oder des fundamentalistischen Islam zu den Rechten der Frau bis hin zur Möglichkeit, unvoreingenommen anzuerkennen, daß z. B. auch lesbische und schwule Paare gute Eltern für Kinder sein können. Und genau diese Herangehensweise ist die Voraussetzung für die Arbeit als Familienarbeiter(in) in diesem Programm.

Der/die Familienarbeiter(in) handelt als Aktionsforscher(in).

Als „not knowing expert" arbeitet der/die Familienarbeiter(in) wie ein(e) Handlungsforscher(in). Er/sie läßt sich – wie oben gesagt – nicht von Vorurteilen leiten, sondern untersucht im Assessment die aktuelle Problemlage, in der sich die Krise für die Familie entwickelt hat, und gleichzeitig, welche Stärken und Ressourcen in der Familie aktivierbar sind. Ganz im Sinne der Handlungsforschung entwickelt er/sie eine vorläufige Handlungshypothese, also eine Annahme über die Situation, in der sich die Familie befindet, und ihre Rahmenbedingungen, die in erster Linie nicht einem wissenschaftlichen Erkenntnisinteresse dient, sondern die ein reflektiertes Handeln ermöglichen soll.

Mit jedem weiteren Handlungsschritt wird er/sie die Familie und ihr Handeln besser verstehen und wissen, welche Stärken und Ressourcen er/sie aktivieren kann, um die Familie zu befähigen, die Herausforderungen und Möglichkeiten, die in der Krise liegen, zu bestehen und für positive Veränderungen zu nutzen.

Der/die Familienarbeiter(in), als Expert(in)e für die Eigenaktivierung der Kräfte der Familie, wird mit ihr gemeinsam Handlungsziele aufstellen und diese in zu erreichende Zustände umformulieren (operationalisieren). Er/sie wird den Weg zu den Zielen dokumentieren und sich Rechenschaft

5. Übernahme und Engaging

darüber ablegen, ob er/sie die richtigen Mittel an der richtigen Stelle eingesetzt hat, um die Ziele zu erreichen. Sowohl die Fehler als auch die gelungenen Schritte wird er/sie dem/der Anleiter(in) und der Familie zurückmelden und mit ihnen reflektieren.

Diese Feedback-Schleifen dienen einer wissenschaftlich überprüfbaren Praxis, die als selbstlernendes System sich selbst korrigiert. Hier ist das praktische Handeln der Familienarbeiter(in) eng mit der Evaluation verbunden, in der sie den Arbeitsprozeß korrigiert (Prozeßevaluation, s. Kapitel 8, S. 163 ff.

> **Der/die Familienarbeiter(in) anerkennt die Expertenschaft der Familie.**

Wenn man ihr hilft, kann sich die Familie in ihren Stärken und Schwächen selbst am besten erkennen. Wirkliche und eingeredete Schwächen und Defizite sind der Familie meist allgegenwärtig, weshalb ihr Selbstwertgefühl am Boden liegt und sie oft der Meinung ist, gar nichts zu können und als Eltern zu versagen.

Wichtig ist aber, daß sie auch Stärken besitzt, die sie nur (wieder-)entdecken muß. Dabei hilft der/die Familienarbeiter(in). Er/sie anerkennt die Expertenschaft der Familie und tritt ihr mit dieser Haltung gegenüber.

Selbstsicher zwar, jedoch als jemand, der sie kennenlernen möchte, nicht als besserwisserischer Experte im schlechten Sinne. Dies ermöglicht es der Familie, den Eltern oder dem Elternteil, das die Autorität in der Familie beansprucht, den/die Familienarbeiter(in) als Partner(in) zu akzeptieren, der/die etwas kann, der/die Hoffnung vermittelt und der/die ihnen helfen kann, obwohl er/sie meist jünger ist und nicht über die Lebenserfahrung verfügt wie die Familie selbst.

Wir haben in den USA und den Niederlanden junge (23–26 Jahre) Familienarbeiter(innen) erlebt, die von Eltern um die 50 als Helfer(innen) akzeptiert wurden, weil sie die Expertenschaft der Eltern anerkannten.

> **Der/die Familienarbeiter(in) versucht eine klare Vorstellung von den Interaktionen, den Stärken, den Erziehungspraktiken, den Beziehungen der Familie sowie den formellen und informellen Unterstützungssystemen zu erhalten.**

Dies geschieht mit der Herangehensweise als Handlungsforscher(in) und wird im Abschnitt „Assessment" näher beschrieben. Wir betonen noch einmal, daß hierbei nicht nur das Binnensystem Familie betrachtet wird, sondern auch die Außensysteme sowie die Beziehungen zwischen ihnen.

Als Arbeitsmittel stehen Genogramme, Ökogramme und Netzwerkkarten zur Verfügung (s. Assessment S. 125 ff. und Material im Anhang S. 223 ff.).

5. Übernahme und Engaging

Der/die Familienarbeiter(in) hat ein gutes Repertoire an Methoden, Techniken, Kompetenzen und Fähigkeiten zur Verfügung.

Das Repertoire wird in der sehr intensiven Ausbildung vermittelt (theoretisch, s. Kapitel 4 S. 45 ff. und praktisch, s. Ausbildung S. 215 ff.), die in der Regel nach einem Vollstudium der Sozialarbeit oder Sozialpädagogik (wo sie obsoleterweise noch als getrennte Studiengänge bestehen) und nach ausreichenden Praxiserfahrungen in der Jugendhilfe absolviert wird.

Das Repertoire an Methoden, Techniken und Arbeitsinstrumenten ist relativ groß, so daß nie alle in einem Arbeitsprogramm mit einer Familie eingesetzt werden. Nach einem Assessment wird für jede Familie ein individuelles „Menü" erstellt, ein Handlungsplan mit jeweils nur drei konkreten und realisierbaren Zielen, für den der/die Familienarbeiter(in) eine Auswahl aus seinem/ihrem Repertoire vornimmt.

Der/die Familienarbeiter(in) ist ein(e) Expert(in)e im Erkennen von Stärken.

Wir kommen immer wieder auf diesen wichtigen Punkt zurück. Damit wollen wir nicht langweilen, sondern die „pädagogische Redundanz" wirken lassen. Wir sind der Meinung, daß eine Wiederholung dieses zentralen Bestandteiles von „Families First" und FiM dabei hilft, es sich besser einzuprägen. Entgegen den Äußerungen von manchen Praktiker(innen), Teilnehmer(innen) unserer Fortbildungskurse zu FiM, wird dieser Ansatz der Stärkenorientierung in der Alltagspraxis der Sozialen Arbeit keineswegs oft realisiert. Vor allem nicht in der radikalen Form, wie dies bei dem hier vorgestellten Programm der Fall ist. Der Grund ist, daß die analytische, auf Defizite und „Probleme" gerichtete Orientierung immer noch fest in den Köpfen der meisten Sozialarbeiter(innen) sitzt (s. Begriff „Multiproblemfamilie"). Da die Sozialarbeiter(innen) nicht nur in Deutschland oft „problemgeil" (Hesser 1992) sind, muß dieser „non-problem-approach" und Stärkenansatz intensiv trainiert werden, um auch in der Praxis allgegenwärtig zu sein.

Denn: Familienarbeiter(innen) von FiM sind Expert(inn)en im Erkennen und Fördern von Stärken.

Der/die Familienarbeiter(in) kann Probleme von Dilemmata unterscheiden.

Die Familien *haben* keine Probleme, aber sie befinden sich in einer Krise und damit in einer Problemlage. Würden wir sagen, sie haben Probleme, so wären wir ganz schnell dabei, einer Familie Defizite zuzuschreiben. Eine Problemlage und die Probleme, denen sich eine Familie in der Krise gegenübersieht, sind jedenfalls im Nahbereich zu lösen. Die Familie muß nur die Chance dafür erhalten, die Umstände beeinflussen können und damit die erforderlichen Kompetenzen und Hilfen erhalten.

5. Übernahme und Engaging

Dilemmata sind zumindest kurzfristig nicht lösbar. Sie können Bestandteile der Problemlage sein. Das Programm fordert vom/von der Familienarbeiter(in), daß er/sie von Woche zu Woche kurzfristig erreichbare Ziele setzt. Sie betreffen Probleme (im Sinne von Herausforderungen), die die Familie mit Unterstützung des/der Familienarbeiter(in)s mit (wachsender) eigener Kraft bewältigen kann.

Ein Problem – so verstanden – könnte das Fehlen eines Kühlschranks sein, wenn es um die Verbesserung der Lebensmittelhygiene geht, oder fehlende hauswirtschaftliche oder Erziehungskompetenz der Eltern. Ein Problemverhalten könnte das extensive Schlagen der Kinder sein.

Dies sind Herausforderungen für die Familie und den/die Familienarbeiter(in), die (wie z. B. das Beenden des extensiven Schlagens) in erreichbare Unterziele umgesetzt werden. Auch die Verbesserung der Arbeitssuchechancen oder die Suche nach einer besseren Wohnung können noch hierzu gezählt werden.

Ein Dilemma, also ein mit der unmittelbaren Arbeit nicht erreichbares Ziel, könnte entstehen, wenn der/die Familienarbeiter(in) feststellt, die Eltern sind ständig „zu", also nicht ansprechbar, weil sie so stark heroinkrank oder geistig behindert sind, daß er/sie keinen Handlungsplan aufstellen kann, bevor eine Therapie stattgefunden hat.

Ein Dilemma kann auch darin bestehen, daß die Familie in einem kriminellen Umfeld lebt, wodurch die Sicherheit für die Kinder nicht gewährleistet werden kann und es absolut keine Möglichkeit gibt, mit Hilfe des Jugend- und des Wohnungsamts in nächster Zeit eine Wohnung in einem anderen Viertel zu finden. Ein Dilemma wäre auch der Tod beider Eltern, so daß die Familie plötzlich nicht mehr besteht. In diesem Fall könnten die Kinder erst dann vom Programm profitieren, wenn eine Pflege- oder Adoptivfamilie gefunden wird, sie dort längere Zeit gelebt haben und somit die Kriterien für das Programm vorfindbar wären.

> **Der/die Familienarbeiter(in) entwickelt einen individuellen Handlungsplan für jede Familie.**
>
> **Der/die Familienarbeiter(in) ist praktisch orientiert und macht realisierbare Angebote.**
>
> **Der/die Familienarbeiter(in) fördert das Empowerment der Familie.**

„Empowerment" könnte man verkürzt als „Hilfe zur Selbsthilfe" bezeichnen. Es bedeutet im Angelsächsischen jedoch mehr. Die Übersetzung mit „Befähigung" trifft die Bedeutung auch nicht ganz. „Empowerment" hat etwas mit Eigenmacht zu tun und bedeutet eine umfassende Befähigung, die eigenen – auch die politischen – Funktionen selbständig zu managen. „Hilfe zur Selbsthilfe" kann dies ebenfalls alles umfassen, wird jedoch oft nur als Ziel formuliert, dabei nebulös und schwammig, nicht als Methode, die den Weg dorthin beschreibt.

Deshalb sind die schriftlichen Konzeptionen und Grundsatzformulierungen vieler Einrichtungen voll von Bekenntnissen zum Ziel der „Hilfe zur Selbsthilfe", obwohl in der Praxis sowohl organisatorisch als auch im Handeln der Sozialarbeiter(innen) sehr oft genau das Gegenteil, nämlich die Bevormundung und Abhängigkeit von „Klienten", betrieben wird. Letztlich kann nur die „Klein-Sozialarbeit", die „Stück-für-Stück-Praxis" dafür stehen, in welche Richtung gearbeitet wird.

Der *radikale Ansatz an den Stärken* der Kunden ist das wichtigste methodische Mittel, um dieses Empowerment zu erreichen, indem man jede noch so „kleine" positive Handlungsweise erkennt, dies der Familie überzeugend verdeutlicht, dort weiter ansetzt und das Vertrauen in die eigenen Fähigkeiten der Familie systematisch fördert.

Die Übernahme einer Familie

Ein effektiv arbeitendes Programm FiM setzt eine gute Zusammenarbeit zwischen den sozialen Diensten voraus. Dies gilt in besonderem Maße für die Kooperation zwischen den Jugendämtern (den Allgemeinen Sozialen Diensten, ASD) der Kommunen sowie der Kreise und den Einrichtungen, die das Programm FiM anbieten. Dies wird bereits beim Aufbau eines FiM-Dienstes wichtig.

Nach niederländischen Erfahrungen braucht eine FiM-Einrichtung ein Einzugsgebiet von etwa 1 Million Einwohnern. Dies gilt gemäß der niederländischen Gesetzeslage, die der unseres KJHG etwa gleichzusetzen ist, jedenfalls was die Praxis der Fremdplazierungen und der Interventionen in Familien angeht.

Dieser Einzugsbereich erscheint bei der entsprechenden Häufigkeit von jedenfalls bislang erkannten Problemlagen erforderlich, wenn es in unserem und vergleichbaren Ländern um die Vermeidung drohender Fremdplazierungen geht. Wegen der noch hohen Dunkelziffer, die auch wegen bislang fehlender familienerhaltender Krisenintervention so groß ist, bedeutet dies, daß derzeit maximal etwa 80 FiM-Dienste in ganz Deutschland lebensfähig arbeiten könnten.

In bevölkerungsarmen Gegenden treten jedoch im Einzugsbereich der Dienste zu große Entfernungen auf, die die erforderliche schnelle und nahe Hilfe ausschließen. Langfristig, wenn diese neue Art der Hilfe für Kinder und Familien auch in der Bevölkerung besser bekannt werden, und dies wird geschehen, da die Öffentlichkeitsarbeit ein überlebenswichtiger Bestandteil des Programms ist, wird die Einzugsbevölkerung etwa halbiert werden können. Dazu mehr im letzten Kapitel.

5. Übernahme und Engaging

In den USA sind die Einzugsgebiete viel kleiner, weil „Families First" z. B. in Michigan auch in enger Kooperation mit der Bewährungshilfe zur Vermeidung von Jugendgefängnis und Jugendarrest und damit krimineller Karrieren erfolgreich eingesetzt wird (s. Evaluationsbericht von „Families First" des Staates Michigan 1995). Bei uns könnte dasselbe in enger Zusammenarbeit mit den Jugendgerichten und der Jugendgerichtshilfe geschehen.

Diese und andere Erweiterungsmöglichkeiten (s. unten) sind zur Zeit noch Perspektiven, die auf die Zukunft verweisen.

Zunächst werden die im Aufbau begriffenen Dienste (s. Adressen) bei uns wohl nur in den Großstädten und Ballungsräumen eine realistische Chance haben und sich auf Familien beschränken müssen, die mit allen anderen Interventionsmitteln keine Chance haben, ihre Kinder zu behalten, und die auch sonst nicht unter die Ausschlußkriterien des Programms fallen.

Ein zu kleiner Einzugsbereich kann dazu führen – so die Erfahrungen in den Niederlanden –, daß wegen des Finanzierungsdrucks Familien angenommen werden, die eigentlich ein anderes Programm brauchen, z. B. die Sozialpädagogische Familienhilfe (SPFH) oder schlicht eine gute Erziehungsberatung. Dies kann dann das Modell verfälschen und ein Scheitern zur Folge haben.

Ausschlußkriterien

- FiM wird nicht mit Familien arbeiten, die in einem für Leib und Leben der Kinder erheblich gefährlichen Umfeld wohnen, und für die diese Situation nicht in absehbarer Zeit verbessert werden kann. Dies kann der Fall sein, wenn in einem Wohnviertel offene Gewalt, z. B. von kriminellen Gangs, in einem derart großen Ausmaß vorherrscht, daß die Familienmitglieder immer bedroht und deshalb auch nicht offen für die Mitarbeit sind (vgl. Kinney u. a., a.a.O.). In diesem Fall wird zunächst einmal die Gefahr für die Familie oder für das ganze Viertel abzuwenden sein. Das auf Einzelhilfe angelegte Programm FiM wäre hier überfordert.
- Auch mit Familien, die bereits ein solches Programm durchlaufen haben und wieder in die alten Verhaltensweisen zurückgefallen sind, weil keine Einrichtung vorhanden ist, die die erforderliche Nachsorge vornehmen kann, wird es schwierig, erneut zu arbeiten.
- Schließlich gibt es Familien und darin Kinder, die bereits in einem solchen Ausmaß gedemütigt und verletzt worden sind, daß sie jede Hilfe entschieden ablehnen. Diese Eltern wollen ihre Kinder unter allen Umständen in ein Heim oder eine Pflegestelle abgeben oder die Kinder wollen um keinen Preis bei den Eltern bleiben.

5. Übernahme und Engaging

Die Praxis in den Niederlanden und den USA hat jedoch auch gezeigt, daß man vor dem Erstkontakt und dem Assessment nicht mit Sicherheit sagen kann, welcher Familie mit dem Programm zu helfen ist und welcher nicht.

Hier kommt es auf die Qualität des Assessment an, das eben nur vor Ort mit der Familie und von sehr qualifizierten Mitarbeitern geleistet werden kann. Ebenso ist es von entscheidender Bedeutung, daß eine gute und gegenseitig vertrauensvolle Zusammenarbeit zwischen den Mitarbeitern des FiM-Dienstes und dem ASD besteht.

Vor dem Hintergrund der Kenntnis des großen Einzugsbereichs wird bereits die Notwendigkeit der Zusammenarbeit zwischen den unterschiedlichen sozialen Diensten verständlich. Die Jugendämter, Administratoren, Kommunalpolitiker und Familienrichter einer Region müssen bereits möglichst vor der Errichtung eines FiM-Dienstes über das Programm, seine Leistungsfähigkeit und seine Grenzen informiert und zu einer Zusammenarbeit motiviert werden. Dies ist wichtig, damit sie das notwendige Vertrauen in die Arbeit des Programms setzen und auch in der Aufbauphase, wenn die Erfolge noch nicht so deutlich nachgewiesen werden können, ausreichend Aufträge an den Dienst geben, damit er arbeiten kann, womit auch die Notwendigkeit einer Evaluation nach wissenschaftlichen Maßstäben (s. unten) angemahnt ist.

Auf jeden Fall muß ein Qualitätsmanagement gesichert und eine zu enge Dichte konkurrierender FiM-Dienste vermieden werden, um die Überlebensfähigkeit eines nachweislich guten und effektiven Programms nicht zu gefährden.

Die enge Zusammenarbeit zwischen ASD und FiM beschränkt sich nicht nur auf die Frage, welche Familien für das Programm geeignet sind und darauf, daß die Jugendämter im Einzugsbereich ausreichend viele geeignete Familien in das Programm geben. Die Zusammenarbeit ist aus inhaltlichen Gründen bei jeder einzelnen Familie notwendig.

Die Sozialarbeiter(innen) des ASD bestellen bei FiM für jede Familie eine Dienstleistung. Sie sind zunächst die Auftraggeber und Kunden, sie behalten die Generalverantwortung und geben nur einen Teil zeitweilig an FiM ab, daß nämlich im Programm die Sicherheit der Familienmitglieder, insbesondere der Kinder gewährleistet ist.

Darauf muß der ASD vertrauen können, denn er ist seinerseits dem Gesetz und der Kommune gegenüber verpflichtet. Die Arbeit der Sozialarbeiter(innen) im ASD entspricht dem methodischen Ansatz des Case Management (vgl. Wendt 1991).

Es wäre für die Mitarbeiter im ASD überhaupt eine gute Chance, ihre Arbeit stärker zu profilieren, zu qualifizieren und zu professionalisieren. Zusammen mit dem Selbstreflexiven Arbeitskonzept (Müller/Gehrmann 1990)

5. Übernahme und Engaging

bietet das Case Management die methodische Grundlage, um die Arbeit im ASD sinnvoll zu strukturieren und als professionelle Sozialarbeit aus der Unterbewertung herauszukommen, in deren Gefolge sie als staatliche Kontrollarbeit und Bürokratie abgewertet wurde.

Es ist bezeichnend, daß nicht nur in Deutschland (wir wissen dies auch von Schweden) für die Arbeit im ASD oft keine besonderen Qualifikationsanforderungen gestellt werden und auch Anfängern diese schwere und auch schwierige Arbeit zugetraut wird.

In den Spezialdiensten hingegen werden Zusatzqualifikationen erwartet. Daß dies oft therapeutische Zusatzausbildungen sind, beweist nur eine gewisse professionelle Hilflosigkeit und unterstreicht die Tatsache, daß die neuen, genuin sozialarbeiterischen Konzepte und Methoden, die die Alltagspraxis strukturieren helfen, noch nicht ausreichend bekannt sind (vgl. Gehrmann/Müller 1993, a.a.O.). Wir beabsichtigen nicht, das Case Management noch einmal ausführlich darzustellen. Das ist bei Wendt (a.a.O. 1991) und in unserem Buch „Management in sozialen Organisationen" (1993) nachzulesen, deshalb hier nur in Kürze:

Nach dem INTAKE, dem ASSESSMENT und der PLANUNG, in der die Ziele und Teilziele mit einer zeitlichen Abfolge formuliert und in einem Arbeitsvertrag festgehalten werden, wird vom Sozialarbeiter und Kunden gemeinsam ein Unterstützungsplan erstellt, der alle Dienstleistungen sozialer und anderer Dienste, aber auch die Leistungen enthält, die von den Kunden erbracht werden.

Alle den Hilfeprozeß fördernden Stärken der Kunden und Ressourcen der Nahumwelt werden hierbei berücksichtigt. Dies ist als methodischer Bestandteil des Case Management mehr als der im KJHG vorgesehene Hilfeplan, der nur einen juristischen Rahmen für das berufliche Handeln der Sozialarbeiter darstellt.

Allerdings ist der Hilfeplan im KJHG eine wichtige rechtliche Grundlage, die methodisches Arbeiten nach professionellen Grundsätzen ermöglicht. Das Case Management verlangt nun, daß der Unterstützungsplan abgearbeitet wird und der Case-Manager den dort beschriebenen Prozeß fördert und überwacht (MONITORING), wobei er jene Hilfeleistungen selbst übernimmt, die er fachlich und dienstlich leisten kann.

Wird also eine Familie bekannt, in der die Kinder erheblich gefährdet sind, so daß eine Fremdplazierung unmittelbar droht, dann kann der Mitarbeiter im ASD einen FiM-Dienst beauftragen, die Arbeit mit der Familie aufzunehmen.

Wir haben für FiM die Übernahmeprotokollbögen des amerikanischen Programms für deutsche Verhältnisse überarbeitet. Sie belegen den Beginn einer engen fallbezogenen Zusammenarbeit. Wir werden an einem Fall-

5. Übernahme und Engaging

beispiel darstellen, wie die Zusammenarbeit zwischen dem Jugendamt der Stadt H. und „Familie im Mittelpunkt" ablaufen kann.

Wie bei allen Fallbeispielen in diesem Band wurden die Namen der Familie und der bearbeitenden Sozialarbeiterin vom Jugendamt aus Gründen des Datenschutzes verändert.

Es geht hier um einen Fall, bei dem die Kinder, besonders der Junge Jürgen (15), wiederholt von zu Hause weggelaufen waren. Die Polizei der nahen Großstadt Frankfurt hat das Jugendamt der Mittelstadt H. benachrichtigt, daß Jürgen in einer „autonomen" Wohnwagenburg aufgegriffen wurde, in der Rauschmittel, zumindest Marihuana konsumiert würden.

Fallbeispiel 1: Familienaktivierung / Engaging

Dem Jugendamt der Stadt H. wird von der zuständigen Polizeistation gemeldet, daß die Kinder Jürgen (15) und Susanne (11) der Familie Peters bereits dreimal von zu Hause fortgelaufen sind. Einmal waren sie gemeinsam zwei Tage auf Trebe. Jürgen mußte vor drei Monaten, nach einer Abwesenheit von vier Wochen, von der Polizei zurückgebracht werden; danach, innerhalb von wenigen Wochen, erneut nach einer Abwesenheit von drei Tagen. Die Kinder berichteten der Polizei, sie hielten es zu Hause nicht mehr aus. Der Vater würde sie immer wieder schlagen. Die Sozialarbeiterin vom Sozialen Dienst hatte nach einem Hausbesuch den Eindruck, die Mutter (Eva, 37, Hausfrau) würde immer versuchen, den Vater (Hans, 45, Fernfahrer) zu besänftigen, der jedesmal in Wut gerät, wenn er sich nach einer anstrengenden Tour in seiner Bettruhe gestört sieht, weil die Kinder in der dünnwandigen Sozialwohnung nicht ruhig genug sind. Vor allem aber macht ihn wütend, daß die Kinder, vor allem Jürgen, nicht gehorchen, freche Antworten geben und in der Schule faul seien. Nachdem wiederholter Hausarrest nichts gebracht hätte, würde er dem Jungen schon mal eine Ohrfeige geben. Frau Peters sagte, sie würde mit dem Jungen nicht mehr fertig, weshalb sie ihrem Mann die Züchtigung überlasse. Nur manchmal, so meint sie, würde er vielleicht etwas übertreiben. Herr Peters sieht das völlig anders. Ab und zu eine Tracht Prügel hat noch niemandem geschadet. Die Sozialarbeiterin hatte kurz mit den Kindern gesprochen, die das wiederholten, was sie der Polizei gegenüber gesagt hatten. Sie würden es zu Hause einfach nicht länger aushalten. Vor allem Jürgen erklärte, lieber wolle er auf der Straße leben, als sich weiter vom Vater verprügeln zu lassen. Die Mutter machte aber auch deutlich, daß sie an ihren Kindern hängt. Auch der Vater sagte, er wolle nur das Beste für die Kinder. Ihn würde stören, daß Jürgen so frech sei, sich mit sog. „autonomen" Bewohnern einer Wohnwagengruppe in Frankfurt herumtreibe und den Eltern, vor allem der Mutter gegenüber, respektlos sei.

5. Übernahme und Engaging

Die Sozialarbeiterin des Jugendamts, Frau Sommer, weiß, daß sie aufgrund ihrer Fallbelastung und der Fülle allgemeiner Aufgaben selbst nicht viel an der Familiensituation ändern kann. Andererseits sieht sie, daß die Kinder, vor allem Jürgen, massiv gefährdet sind. Jürgen will um beinahe jeden Preis aus der Familie herauskommen, um endlich machen zu können, was er will und den Schlägen seines Vaters zu entkommen. Am liebsten würde er so frei leben wie die „Autonomen" in ihren Wohnwagen, aber er würde sogar in ein Heim gehen, denn schlechter als zu Hause könne es ihm dort bestimmt nicht gehen. Frau Sommer sagt sich aber auch, daß es Jürgen in einem Heim nicht lange aushalten würde.

Da es in Hessen keine geschlossenen Heime mehr gibt, sieht sie in einer Heimunterbringung keine gute Möglichkeit. Außerdem sagt das KJHG, daß erst alles Mögliche versucht werden muß, um die Familie zu erhalten, bevor eine Fremdplazierung vorgenommen werden kann. Dies entspricht auch ihrer eigenen Haltung. Welche Art von Hilfe wäre für diese Familie geeignet?

Sie denkt zunächst an die Sozialpädagogische Familienhilfe, die in vielen Fällen eine gute Arbeit mit Familien leistet, verwirft diesen Gedanken jedoch, weil sie weiß, daß die Hilfe schnell und massiv geleistet werden muß, bevor Jürgen vielleicht endgültig irgendwo untertaucht. Ihr ist bekannt, daß es seit kurzem einen neuen sozialen Dienst gibt, der anders arbeitet, der direkter, massiver und kürzer intervenieren kann und Krisenintervention betreibt: Familie im Mittelpunkt.

Die kurzfristig anfallenden Kosten sind nur unwesentlich höher als der Tagessatz für einen Heimplatz. Wenn das Programm also vier Wochen mit der Familie arbeitet und Jürgen in dieser Zeit zu Hause bleiben kann, so ist der finanzielle Einsatz nicht hoch. Und wenn es der Familie hilft, weiterhin mit nur durchschnittlichen Konflikten zusammenzubleiben, so werden finanzielle Kosten gespart und menschliche, denn in diesem Fall lieben die Eltern ihre Kinder, und auch die Geschwister würden unter einer Trennung leiden. Nach einer Besprechung mit dem Amtsleiter beauftragt sie daher den FiM-Dienst, sein Hilfeprogramm mit der Familie Peters durchzuführen. Frau Sommer vom Jugendamt trifft sich also kurzfristig mit Frau Jasper von FiM, um die Übergabe zu besprechen.

Bereits während des Gesprächs werden Blatt 1 und 2 des Übernahmeprotokolls (01) ausgefüllt.

Wir bearbeiten dies hier beispielhaft, um den Einsatz zu demonstrieren. Die verwendeten Formulare befinden sich auch im Anhang (Kapitel 12, S. 258 ff.).

5. Übernahme und Engaging

Übernahmeprotokoll Familie im Mittelpunkt (FiM)

Übernahmeprotokoll (FiM) 01

Überweisende/r Sozialarbeiter(in): Bettina Sommer
Überweisende Stelle: Jugendamt von H.
Anschrift: August-Bebel-Str. 12, 00000 H.
Telefon: 06666 – 87 53 88   Akten-nummer: 351/4/P-96
FiM-Arbeiter(in): Alice Jasper
Anleiter(in): Petra Tobler

FAMILIENNAME: Peters
Anschrift: Lindenstr. 11, 00000 H.-Oberndorf
Telefon: 06666 – 23 75 93
FAMILIENMITGLIEDER:

Namen:	Alter:	Rolle: (bei Fremdplazierung siehe Kürzel)
1. Hans	45	Vater, Fernfahrer
2. Eva	37	Mutter, Hausfrau
3. Jürgen	15	Sohn
4. Susanne	11	Tochter
5.		
6.		

H: *Heim,* **PS:** *Psychiatrie,* **G:** *Gefängnis,* **TH:** *Therapie,* **A:** *Ausland,* **PF:** *Pflegefamilie*

5. Übernahme und Engaging

Von der Fremdunterbringung bedrohte(s) Kind(er):	
Name	Grundlage im KJHG:
1. Jürgen	§ 31
2. Susanne	§ 31
3.	
4.	
5.	
Berichtete Verhaltensweisen, die zur Intervention des Jugendamtes geführt haben:	
Fortlaufen aus der elterlichen Wohnung. Vor allem Jürgen trebegefährdet, sucht Nähe zur autonomen Szene. Mutter sagt, sie sei mit Erziehungsaufgaben überfordert, vor allem gegenüber Jürgen. Der Vater züchtigt den Sohn mit Schlägen. Jürgen widersetzt sich den Anforderungen von Eltern und Schule. Der Beruf des Vaters (Fernfahrer) bedingt häufige Abwesenheit mehrere Tage und ein erhöhtes Ruhebedürfnis, wenn er zu Hause ist. Jürgen gerät durch sein lautes Verhalten damit in Konflikt, wie auch mit dem Ruhebedürfnis der Nachbarn (dünnwandige Sozialbauwohnung).	
Wie hat das Jugendamt davon Kenntnis erhalten?	
Nachricht von Polizeistationen in Frankfurt, die die Kinder aufgegriffen haben.	
Liegt eine richterliche Entscheidung vor?	
Ja	
Wenn ☑ *ja, welche:*	
Falls die vom Jugendamt vorgeschlagene Maßnahme nicht wirkt, soll eine Fremdunterbringung erfolgen	
Wenn ☐ *nein, warum nicht:*	
Amtsgericht: H.	
Name des Richters: Herbert Rabe	

5. Übernahme und Engaging

Der/die FiM-Mitarbeiter(in) hat ein Erstgespräch mit der Familie geführt:

☑ **Ja** Datum: 14.5.1996 | Uhrzeit: 17.00 bis 18.30

Ort: in der Wohnung von Familie Peters

Gründe falls nicht in der Wohnung:

☐ **Nein –** *Gründe dafür, daß das Gespräch nicht zustande gekommen ist:*

FiM erklärt die Aufnahme der Familie in das Programm: (Begründung)

Nach einem ersten Assessment scheint die Familie noch für ein Zusammenleben bereit zu sein. Entgegen dem ersten Augenschein besteht auch bei Jürgen eine Zuneigung zu allen Familienmitgliedern, auch zum Vater. Die Prügel des Vaters scheinen der Ausdruck von Unvermögen und Hilflosigkeit in Erziehungsfragen. Die Familie hat enorme Stärken, bei denen man ansetzen kann. Es liegen offensichtlich keine physischen und psychischen Behinderungen vor, die das Programm unmöglich machen.

FiM kann das Programm mit der Familie nicht durchführen: (Begründung)

Hiermit werden die vorstehenden Angaben bestätigt:

Für die Familie: Ort: Datum:

Unterschrift:

5. Übernahme und Engaging

FiM übernimmt/übernimmt nicht die Familie in das Programm.
Im Falle einer Übernahme erklärt FiM im Rahmen der umfassenden Gesamtverantwortung nach besten fachlichen Gesichtspunkten seine Teilverantwortung für die Sicherheit der Familienmitglieder, vor allem der Kinder/des Kindes. FiM wird dem Jugendamt regelmäßig über den Fortgang der Arbeit Bericht erstatten.
Ort: Datum:
Unterschrift der Anleiterin/des Anleiters: _____

Ort: Datum:
Unterschrift der Familienarbeiterin/des Familienarbeiters: _____

Ort: Datum:
Unterschrift der/des zuständigen Sozialarbeiterin/Sozialarbeiters: _____
Unterschrift der/des Dienststellenleiterin/Dienststellenleiters: _____

5. Übernahme und Engaging

Die Zusammenarbeit zwischen dem ASD und FiM wird während der gesamten Programmdauer fortgesetzt. Der/die ASD-Mitarbeiter(in) erhält Kenntnis vom ASSESSMENT (s. unten Formular), von den WOCHENPLANUNGEN UND BERICHTEN (s. unten Formular) und vom ENDBERICHT des Familienarbeiters (s. Formular) sowie vom Ergebnis des Schlußinterviews.

Erläuterungen zum Übernahmeprotokoll:

Das Übernahmeprotokoll dokumentiert die Übernahme/Nicht-Übernahme einer Familie durch FiM von der überweisenden Stelle – in der Regel das Jugendamt einer Kommune – und ist Teil der vertraglichen Vereinbarungen zwischen der überweisenden und annehmenden Stelle. Es dient auch der Evaluation des Programms.

Die Annahme einer Familie für das Programm wird zwischen folgenden Personen und Einrichtungen geregelt:

- der/die überweisende Sozialarbeiter(in) und der betreffenden Dienststelle,
- der/des „Familie im Mittelpunkt"-Arbeiter(in)s
- der/des „Familie im Mittelpunkt"-Anleiter(in)s und
- der betroffenen Familie.

Deshalb sind die Daten der beteiligten Personen und Dienststellen unbedingt vollständig einzutragen. Auf der zweiten Seite werden nur die Kinder aufgeführt, deren Fremdplazierung aktuell droht bzw. die aktuellen Gefahren ausgesetzt sind, die von der Familie ausgehen.

Entscheidend und wichtig ist, daß hier wirklich das Verhalten von Familienmitgliedern beschrieben wird, über das berichtet wurde und das Anlaß für eine Intervention gewesen ist. Es dürfen keine Etikettierungen vorgenommen werden, schon gar nicht aus zweiter Hand.

Alle möglichen „Problemdeutungen" interessieren hier nicht. Der/die FiM-Arbeiter(in) hat – wie ausgeführt – die Position des „not knowing experts", des nicht bereits Wissenden einzunehmen, der/die sich ein eigenes Bild von der Familie macht, wobei die Familie selbst ihre eigene Problemsicht darstellt. Dies geschieht im Assessment während und kurz nach der Annahme durch FiM.

Die Daten sind bewußt sachlich zu halten. Für die Arbeit ist es wichtig zu wissen, auf welchem Wege das Jugendamt Kenntnis erhalten hat, weil hier eventuell stressende oder stützende Personen oder Momente im unmittelbaren sozialen Umfeld aufzudecken sind, die bei der Arbeit des Empowerment, der Stärkenaktivierung zur Selbsthilfe, nützen können. Auch der Kontakt zu den Vormundschaftsrichter(inne)n ist wichtig, deshalb sollte der Name hier nicht fehlen.

5. Übernahme und Engaging

Die weiteren zu erhebenden Daten müssen nicht gesondert erläutert werden. Hier steht wieder im Zentrum, wie schnell mit wem und wo gesprochen werden konnte. Dabei sollte, wenn irgend möglich, auch das Erstgespräch bereits in der Wohnung der Familie stattfinden. Und dies nicht nur, weil die Wahrnehmung der Interaktion der Familie in ihrer Wohnung auch im Hinblick auf das Environment (s. oben) so wichtig ist, sondern auch, weil die Familie bei entsprechendem Verhalten in ihrer Wohnung die Chefs sind und sie daher mehr Selbstsicherheit entwickeln können.

Wenn irgend möglich, sollte ein wichtiges Mitglied der Familie die Daten nach Lektüre unterschreiben!

Wichtig ist auch festzustellen, daß es nicht problematisch ist, wenn der Übernahmebogen (s. Anhang 01) beim Übergabegespräch noch nicht vollständig ausgefüllt werden kann, weil z. B. der/die Familienarbeiter(in) sich erst einmal ein genaueres Bild von der Familie, ihren Stärken und der Problemlage machen will.

Das Assessment geschieht möglichst gemeinsam mit der Familie und wird im Assessmentbogen (s. Anhang: Formular 02) unter dem Vorbehalt der Vorläufigkeit festgehalten, denn jegliche Einschätzung und die damit verbundene Handlungshypothese hat immer als vorläufig zu gelten, wie dies bei der Aktionsforschung allgemein gefordert wird (vgl. Haag u. a. 1974). Die Einschätzung muß immer revidierbar sein, damit man offen genug ist, eine neue Handlungshypothese zu formulieren, sobald man auf Informationen trifft, die der Annahme widersprechen.

Dies und die Stärkenorientierung bewahren vor vorschnellen Urteilen und die Familie davor, negativ etikettiert zu werden. Das Erstgespräch muß spätestens 24 Stunden nach der Benachrichtigung durch die überweisende oder beantragende Stelle (ASD, Jugendamt, Gericht) erfolgen, es sei denn, die Familie ist überhaupt nicht erreichbar. Die Übernahme wird abgelehnt, wenn die Familie auch nach 2–3 Tagen noch nicht zum Erstgespräch bereit ist.

Familienarbeiter(innen) im Engaging-Prozeß

Bereits mit dem Erstgespräch beginnt die Phase des Engaging, des Umwerbens der Familie, damit sie dem/der Familienarbeiter(in) einen „Auftrag" (im Englischen: „commission", in deutsch auch: „Erlaubnis") erteilt, mit ihr zu arbeiten. Denn klar ist, wir haben dies bereits oben angesprochen, daß der Auftrag des Jugendamtes, stellvertretend für die Gesellschaft, die der Meinung ist, es müsse etwas zum Schutz der Kinder unternommen werden, nicht ausreicht, um mit der Familie in diesem Programm Sozialarbeit zu betreiben.

5. Übernahme und Engaging

Dies ist der methodische Unterschied zu vielen anderen staatlichen Handlungen im Umgang mit Bürgern: die Rechtmäßigkeit in den Augen der Gesellschaft, der Öffentlichkeit, und die Macht allein reichen hierfür nicht aus. Die Annahme eins sozialen Hilfeprogramms durch die Kunden kann nicht angeordnet werden. Die Kunden müssen im Einzelfall davon überzeugt werden, daß eine Intervention in ihrem Interesse ist. Dies geschieht bei diesem Programm ausdrücklich in der Phase des Engaging.

Der/die Sozialarbeiter(in) von FiM umwirbt die Familie, damit sie ihm/ihr eine Erlaubnis gibt, mit ihr zu arbeiten. Dabei gelingt den gut trainierten Familienarbeitern das Kunststück, obwohl sie mit einem gesellschaftlichen Auftrag und dem Druck der drohenden Fremdplazierung durch Jugendamt und Gericht kommen, dennoch glaubwürdig als wirkliche Helfer(innen) zu handeln, als jemand, der die Familie in ihrem Lebensstil respektiert und die Hoffnung verbreitet, daß er/sie es mit Unterstützung des/der Helfer(in)s aus eigener Kraft schaffen kann, zusammenzubleiben und gemeinsam besser miteinander auszukommen. Nicht verschwiegen dabei wird das problemhafte Verhalten von Familienmitgliedern, die Gewalt, der Mißbrauch, die Vernachlässigung der Kinder. Allerdings werden nur die inkriminierten Verhaltensweisen benannt, z. B. wiederholte gewalttätige Auseinandersetzungen in der Familie, schädlicher Gebrauch von Drogen, wiederholte und verletzende körperliche Züchtigung der Kinder, Benutzung der Kinder als Sexualobjekte der Erwachsenen etc.

Vor allem werden hierbei Schuldzuschreibungen und Diffamierungen vermieden. Dies ist eine Gratwanderung und diese Phase ist u. E. die schwierigste überhaupt, da der Erfolg oder Mißerfolg des Programms ganz entscheidend davon abhängt, ob es dem/der Familienarbeiter(in) gelingt, Hoffnung zu verbreiten, das Vertrauen der Familie zu gewinnen und damit den Auftrag in einer Situation zu erhalten, die nicht ohne Druck und Zwang entstanden ist.

Diese Anfangssituation der ersten zwei, drei Besuche bei der Familie in ihrer Wohnung wird ja noch dadurch erschwert, daß noch viel mehr passieren muß: eine Beruhigung der Situation, Gewaltstop (denn die Sicherheit aller Familienmitglieder, vor allem der Kinder muß gewährleistet sein) und der Prozeß des Stärken-Assessments beginnt.

Die Familienarbeiter(innen) werden hierfür besonders ausgebildet. Sie verfügen über ein Repertoire an Methoden und Techniken, aus dem sie nach dem ersten Assessment sehr schnell einen Arbeitsplan mit der Familie erstellen, der pro Woche nicht mehr als drei realisierbare Ziele enthält (Goalsetting).

Die wichtigsten Techniken für diese erste entscheidende Phase des Engaging bestehen aus Verhaltensregeln und -weisen, aus „Ich-Botschaften" und „Positivem Feedback", die aus der Gesprächsführung nach Rogers (a.a.O.)

bekannt sind, hier jedoch situationsbezogen trainiert und später eingesetzt werden. Und genau diese Techniken werden zusammen mit anderen Hilfsmitteln so an die Familienmitglieder weitervermittelt, daß sie ihr Verhalten später selbst besser kontrollieren können.

Die Verhaltensregeln für Engaging (übertragen und modifiziert nach „Families First", Michigan 1994) sind nachfolgend dargestellt.

(FiM) Engaging – Arbeitstechniken

1. Den Termin des Hausbesuchs mit der Familie vereinbaren (telefonisch, an der Haustür etc.).
2. Warten, bis man hereingebeten wird.
3. Zur Begrüßung die Hand geben.
4. Sich vorstellen. Gutes Erscheinungsbild, angemessen gekleidet.
5. Respektvolles Verhalten und Anrede (z. B. „Herr...", „Frau...").
6. Sich erst setzen, wenn man dazu aufgefordert wird.
7. Freundliches Zugehen auf die Kunden.
8. Erklären, warum man gekommen ist.
9. Zuhören, was die Kunden erwarten.
10. Den Kindern Aufmerksamkeit widmen.
11. Das Eis brechen, small talk, dabei Dinge und Arrangements in der Wohnung beachten und positive Anknüpfungspunkte suchen.
12. Ruhiges und sicheres Auftreten.

Die „Ich-Botschaften" und Gewaltdämpfungstechniken werden mit folgenden Arbeitsbögen trainiert:

Ich-Botschaften

- Ziele Ihrer Botschaft:

a) Die andere Person soll genau das verstehen, was Sie gerne geändert hätten (was sie ändern soll).

b) Der Wunsch der anderen Person zu kooperieren soll maximiert werden.

c) Die Abwehrbereitschaft der anderen Person soll minimiert werden.

d) Das Selbstwertgefühl der anderen Person soll gestützt und aufgebaut werden.

e) Die Arbeitsbeziehung soll aufrechterhalten und gestärkt werden.

- Was kann dabei helfen?

a) Beschreiben Sie das Verhalten, nicht die Person (ihr „Wesen"). Beispiel: „Sie haben die Verabredung nicht eingehalten", nicht etwa: „Sie sind unzuverlässig".

b) Verwenden Sie Beschreibungen, die auf beobachtetem Verhalten basieren. Beispiel: „Du hast Deinen Bruder geschlagen", nicht: „Du bist ein gewalttätiger Bruder".

c) Gebrauchen Sie Beschreibungen des Verhaltens, nicht Be- oder Verurteilungen. Beispiel: „Sie schreien", nicht: „Sie sind keine guten Eltern".

d) Reden Sie differenziert und in Abstufungen, nicht nach dem „Schwarzweiß-Muster". Beispiel: „Sie unterbrechen mich häufig", nicht: „Sie hören mir nie zu".

e) Sprechen Sie im „Hier und Jetzt", nicht im „Dort und Neulich". Beispiel: „Ich möchte davon sprechen, was jetzt passiert ist oder geschieht, nicht, was irgendwann, irgendwem, irgendwo passiert ist". Rückzugsebenen vermeiden.

f) Haben Sie Ideen oder Vorstellungen, wie es besser sein könnte, so teilen Sie sie mit den Personen, geben Sie aber keine Ratschläge. Beispiel: „Ich wünsche mir, daß die Dinge sich anders entwickeln würden", nicht: „Sie sollten sich ändern, sich anpassen."

g) Nur die Menge an Information geben, die gebraucht und verarbeitet werden kann, nicht alles, was mitgeteilt werden könnte (Gefahr der Überlastung).

5. Übernahme und Engaging

Übungsbogen: „Ich-Botschaften"

Auf diesem Bogen sollen die anklagenden „Du-Botschaften" in klare „Ich-Botschaften" umgewandelt werden. Beim Umschreiben der „Du-Botschaften" nutzen Sie die „Gefühle-Verhalten-Konsequenzen"-Form.

a) „Warum läßt Du Deinen verdammten Tennisschläger auf der Treppe herumliegen? Willst Du mich umbringen?"

b) „Lauf mir nicht wieder weg. Du kannst auf die Fahrbahn kommen und vom Auto überfahren werden. Möchtest Du, daß das passiert?"

c) „Du bist nicht die einzige Person, die hier lebt, weißt Du? In fünf Minuten machst Du die Dusche frei, damit auch mal andere duschen können!"

d) „Du Lügner! Du sagtest, Du würdest mich um vier Uhr treffen. Jetzt ist es Viertel vor fünf. Wo warst Du?"

e) „Das war das letzte Mal, daß wir Dich unser Auto fahren ließen. Du fuhrst zu schnell und Du bist da vorn über die rote Ampel gefahren. Du hast nicht einmal auf die Straße gesehen."

f) „Du Schlamper, gib mir meinen roten Pullover wieder, den Du Dir ausgeliehen hast. Du gehst nicht einmal mit Deinen eigenen Sachen sorgfältig um. Du wirst meinen Pullover noch mit Senf verschmieren, also gib ihn zurück."

g) „He, ist mein sauberer Schal gut genug, um damit Deine dreckigen Schuhe zu putzen?"

Übertragen aus dem amerikanischen Trainingsmaterial von „Families First", Michigan 1993

Engaging am Beispiel der Familie Peters:

Die Familienarbeiterin, Frau Jasper, ruft die Familie an und macht einen Termin für den ersten Hausbesuch aus. Sie richtet sich dabei nach den Interessen der Familie. Ihr eigenes Interesse ist ein Gespräch mit der ganzen Familie. Sie hat Glück. Der Vater, von Beruf Fernfahrer, ist an diesem Abend zu Hause.

Wenn die Familie kein Telefon gehabt hätte, hätte die Familienarbeiterin einen Termin an der Wohnungstür vereinbaren müssen. Wenn beim ersten Gespräch nicht alle Familienmitglieder anwesend sind, so wird sie das erste

5. Übernahme und Engaging

Gespräch zunächst mit dem Teil der Familie führen, den sie erreichen konnte. Sie sollte aber später versuchen, alle zu beteiligen.

Wenn das erste Gespräch in der Wohnung nicht zustande kommt, kann sie auch einen neutralen Ort akzeptieren, z. B. ein Café. Sie muß allerdings dann relativ schnell auch in die Wohnung der Familie gelangen, denn dort ist ihr hauptsächlicher Arbeitsort.

Die Familienarbeiterin besucht also die Familie an einem Sonnabend gegen 18.00 Uhr. Sie wird hereingebeten und setzt sich, nachdem sie dazu aufgefordert wurde. Am Telefon hat sie bereits gesagt, daß sie von „Familie im Mittelpunkt" kommt und einem Auftrag der Sozialarbeiterin des Jugendamtes folgt. Sie benennt auch die Ereignisse, weshalb sie beauftragt wurde:

- *daß die Kinder weggelaufen waren und von der Polizei zurückgebracht werden mußten und*

- *daß die Kinder als Grund dafür angegeben hätten, sie würden häufig vom Vater geschlagen und könnten die Prügel nicht länger ertragen.*

Dies hätte ihnen ja bereits Frau Sommer vom Jugendamt gesagt. FiM sei ein Sozialer Dienst, um Familien zu helfen, damit sie zusammenbleiben könnten.

Wir sprechen uns keinesfalls für geschlossene Heime aus. Tatsache ist jedoch, daß man mit Kindern und Jugendlichen nur arbeiten kann, wenn sie auch physisch zugegen sind. Dies weist auf ein Problem mit der Behandlung von Jugendlichen hin, die sich und andere gefährden, wie z. B. die „Crash-Kids" oder die Kinder, die von ihren Familien dazu mißbraucht werden, über kriminelle Aktivitäten, wie z. B. Einbrüche in Wohnungen, Geld zu beschaffen.

Die Praktiken der Jugendämter und Gerichte sind jedoch sehr unterschiedlich, so daß der beschriebene Fall anderswo in Deutschland durchaus auch bereits heute für das Programm geeignet wäre. Dies liegt daran, daß die real drohende Fremdplazierung als Voraussetzung dafür gilt, daß sich die Familie auf das Programm einläßt und jemand so massiv in die eigene Wohnung kommen läßt.

Wir würden im hier vorgestellten Fall mit dem Programm arbeiten, weil es mit anderen Mitteln nur sehr schwer gelingen würde, die Familienkonflikte zu entschärfen und eine gefährliche Fehlentwicklung zu korrigieren. Wenn das Programm besser bekannt ist und wir nachweisbare Erfolge vorstellen können, wenn wir auch die Vormundschaftsrichter ausreichend über das Programm informiert haben werden, dann wird auch in Fällen wie den hier beschriebenen eine Zusammenarbeit mit FiM von den Richtern häufiger angeordnet werden.

5. Übernahme und Engaging

Das Programm könnte also auch stärker vorbeugend eingesetzt werden. Wenn dann statt Heim, Pflegestelle und Strafjustiz die Möglichkeit der intensiven Familienhilfe ins Bewußtsein der Öffentlichkeit gelangte, würde auch die Scheu der Nachbarn vor einer Anzeige von Gewalt gegenüber Kindern und damit die Dunkelziffer geringer. Dies sind jedoch noch Zukunftsperspektiven und für ein neu eingeführtes Programm noch nicht bestimmend.

Wie gesagt, in anderen Kommunen und Bundesländern wäre auch der vorgestellte Fall bereits heute ein Grund, intensive Familienarbeit anzuordnen. Dennoch werden wir in jeder Programmphase noch einen sehr typischen Fall vorstellen. – Wir bleiben beim Beispiel der Familie Peters:

Frau Jasper von FiM begrüßt alle Familienmitglieder und gibt jedem die Hand. Dann sagt sie freundlich und ruhig: „Ich bin Sozialarbeiterin bei FiM, ich bin hier, um Ihnen zu helfen. Ich will Ihnen vor allem helfen, als Familie zusammenzubleiben und besser miteinander auszukommen."

Dabei vermittelt sie durch ihr Auftreten vor allem Hoffnung auf eine bessere gemeinsame Zukunft. Dies ist ein gravierendes Kennzeichen des Programms. Die meisten Familien, die in das Programm kommen, sind in vieler Hinsicht benachteiligt und haben bereits eine längere Erfahrung mit Behörden, Sozialamt und Jugendamt. Diese Erfahrungen waren selten gut, oft schmerzhaft. Sie haben sich immer als Verlierer in dieser Gesellschaft gesehen. Nun ist es für sie eine völlig neue Situation, daß hier jemand in der Wohnung ist (nicht im Büro und nicht hinterm Schreibtisch), der sie als Familie in ihrem Lebensstil respektiert, der nicht nach Defiziten und Problemen fragt, für den sie wichtig sind und der Hoffnung verheißt.

Als sie eintritt, befinden sich Vater, Mutter und die Tochter Susanne im Zimmer. Die Mutter bügelt. Der Vater sieht eine Fußballsendung in einem Kabelprogramm. Die Tochter betätigt ein Computerspiel. Jürgen ist nicht im Raum. Aus seinem Zimmer dringt laute Rockmusik herüber. Die Mutter ruft in Richtung Jürgen, er solle seine laute Musik ausmachen und ins Wohnzimmer kommen, die Frau vom Familiendienst sei da.

Die Familienarbeiterin sieht sich im Raum um und nimmt Dinge wahr, über die sie ins Gespräch kommen kann. Auf einer Anrichte steht ein Fußballpokal der A-Jugend-Mannschaft der Kreisliga mit Jürgens Namen darauf. An einer Wand hängen Bilder und Fotos, auf denen der Vater mit Angelfreunden und Beutefischen abgebildet ist. Frau Jasper bezieht sich auf die Bilder und sagt, daß Herr Peters wohl einige schöne Fische geangelt hätte. Ob sie die Fische dann auch gegessen hätten, weil ihr bekannt sei, daß viele Angler nur zum Sport angelten und selbst keine Fische äßen. Herr Peters stellt den Fernsehapparat etwas leiser und läßt sich auf das Gespräch ein. Dann, als Jürgen nicht kommt, brüllt er, daß sein Sohn die Musik ausmachen und sofort ins Wohnzimmer kommen soll, sonst würde es etwas setzen.

5. Übernahme und Engaging

Die Familienarbeiterin hat in dieser Situation die Aufgabe, die Situation zu beruhigen. Dies geschieht mit Ich-Botschaften und positivem Feedback. Wenn der Vater z. B. in lautem, gereizten Ton moniert, daß sein Sohn nicht auf die Eltern hört, in der Schule frech ist und schlechte Leistungen bringt und sich auch noch mit zweifelhaften Leuten herumtreibt, dann wird die Familienarbeiterin ihm zurückmelden, daß er von seinen Kindern respektiert werden möchte und daß er sich um das Wohlergehen, die Zukunft seiner Kinder sorge. Dies nimmt die aggressive Spannung aus der Situation, weil sich der Vater in der Erzieherrolle ernstgenommen fühlt. Vater und Sohn wird man auf den Fußballpokal ansprechen, da sie stolz auf die Leistung sind, mit der er gewonnen wurde. Die FiM-Mitarbeiterin wird in diesem Fall ankündigen, daß sie erreichen will, daß der Vater nicht mehr schlagen muß, daß Jürgen und Susanne nicht mehr fortzulaufen brauchen und dies auch versprechen, wenn die Schläge ausbleiben, daß sie mehr Respekt für die Eltern zeigen und alle praktische Regeln des Umgangs akzeptieren. Das Engaging ist abgeschlossen, wenn die Familie die Bereitschaft zeigt, mit der Familienarbeiterin zusammenzuarbeiten und einen weiteren Termin ausmacht.

Die erste Phase ist auch der Beginn des stärkenorientierten Assessment. Die Familienarbeiterin hat bereits sehr viele Stärken der Familie entdeckt, an denen sie mit ihrer Arbeit der Vertrauensbildung in die eigene Kraft der Familie ansetzen kann. Der Vater arbeitet in einem anstrengenden Beruf, der aber auch viele für die Kinder interessante Aspekte (Flair des Kapitäns der Landstraße) aufweist. Die Zukunft seiner Kinder ist ihm nicht gleichgültig. Er braucht nur Kompetenzen, seine Interessen, seine Liebe für die Familie, seine Wünsche an die Kinder auszudrücken, daß sie verstanden werden und Kompetenzen, seine Kinder ohne Schläge zu erziehen. Die Mutter managt den Haushalt hervorragend, auch sie liebt die Kinder, wenn sie auch etwas hilflos in der Erziehung ist. Sie braucht also ebenfalls Erziehungskompetenzen, vor allem könnte sie konsequentes Erziehungsverhalten lernen. Sie möchte wie der Vater die Familie zusammenhalten und versucht, zwischen den Bedürfnissen und Interessen ihres Mannes und der Kinder zu vermitteln.

Susanne liebt ihre Eltern, besonders ihren Bruder, und entwickelt eine gewisse Solidarität mit ihm. Sie läßt ihn nicht im Regen stehen. Sie erscheint ehrlich und versucht nicht, den Eltern, vor allem dem Vater gegenüber „zahm", „nett" und „mädchenhaft" zu sein, um für sich Vorteile auf Kosten des rebellischen Bruders herauszuholen. Ihre Schulleistungen sind nicht schlecht.

Jürgen ist aktiv, ein guter Fußballer, sportlich und teamfähig, sonst könnte er nicht gut in der Mannschaft spielen. Er tritt für seine Interessen ein und duckt sich nicht unter eine nicht akzeptierte Autorität, auch nicht unter Schlägen. Er besitzt einen großen Freiheitsdrang. Bislang ist er auch noch gut genug in der Schule gewesen, um nicht sitzenzubleiben.

5. Übernahme und Engaging

Beide Kinder brauchen Kompetenzen in der Kommunikation mit Ihren Eltern und den Freiraum, sie teilweise in der Gemeinschaft der Familie zu realisieren. Die ganze Familie braucht Kompetenzen, ihre jeweiligen Bedürfnisse und die der ganzen Familie zu koordinieren und Kompromisse auszuhandeln.

Die drei Haupttypen von Familienkonflikten (für FiM) sind:
- grobe Vernachlässigung der Kinder,
- Mißbrauch der Kinder durch Gewalt in der Familie, und
- sexueller Mißbrauch.

In vielen Familien, die in den Programmen „Families First" der Niederlande (15 %) und der USA (40 %) waren, spielte sexueller Mißbrauch eine Rolle, auch wenn er oft nicht die zunächst erkannte Ursache dafür war, daß man die Kinder aus der Familie nehmen wollte. Physische Gewalt und Mißhandlung waren fast überall dabei. Darüber hinaus war grobe, meist lebensgefährliche Verwahrlosung ein häufiger Grund dafür, daß Richter die Herausnahme der Kinder anordneten.

In über 90 % handelte es sich um Familien, die man in vieler Hinsicht als benachteiligt und auch in finanzieller Hinsicht am Rande oder unter dem festgestellten Existenzminimum lebend bezeichnen muß.

„Families First", „Homebuilding" und „Familie im Mittelpunkt" sind die Bezeichnungen für ein Programm, das in aller Regel nicht mit wohlhabenden oder sog. Mittelschichtfamilien arbeitet. Sowohl in den USA als auch in den Niederlanden gibt es eine Kundengruppe des Programms, bei der meist alle drei Indikatoren (Vernachlässigung, Mißhandlung und sexueller Mißbrauch) in Kombination eine wichtige Rolle spielen. Das sind drogenabhängige Alleinerziehende (meist Frauen) oder Eltern. Die Gruppe der drogenabhängigen Alleinerziehenden beträgt in beiden Ländern etwa 60 % der Kundschaft. Deshalb haben wir das hier beschriebene weitere Beispiel ausgewählt:

Beispiel Barbara F. (23, drogenabhängig, alleinerziehende Mutter, zwei Kinder):

Barbara F. (23) und ihr Freund aus H., der sie in die Frankurter Drogenszene eingeführt hatte, waren drei Jahre lang drogenabhängig. Sie nahm neben Alkohol auch Heroin. Um den Stoff zu finanzieren, ging sie auf den Strich, ließ die Kinder verwahrlosen und mißhandelte sie. Ohne Schulabschluß war sie arbeitslos und erhält auch heute Sozialhilfe. Wegen ihrer Abhängigkeit und weil sie und ihr Freund die Kinder mißhandelten, wurden die zwei Töchter (Marie und Ilona, heute 4 und 7) in einem Kinderheim untergebracht. Ihr Freund, der nicht Vater der Kinder ist, richtete sie übel zu und vergewaltigte sie, als sie nach dem ersten Entzug, vor einem Jahr, nicht weiter anschaffen und clean werden wollte. Daher schaffte sie es nicht, obwohl der Wunsch immer stärker wurde, ihre Kinder zurückzubekommen.

Nach dem zweiten Entzug entwickelte sich bei ihr, auch durch Beratung im ASD, ein echtes Interesse an ihren Kindern, weshalb sie ihren Freund, der sie wieder in die Prostitution und in die Drogenabhängigkeit zwingen wollte, wegen fortgesetzter Körperverletzung und sexueller Nötigung anzeigte. Der Freund wurde daraufhin in polizeiliches Gewahrsam genommen und erhielt Hausverbot für die gemeinsame Sozialwohnung. Das Jugendamt nahm ihre Fortschritte zur Kenntnis und überlegte mit ihr, wie sie ihre Kinder wiederbekommen könnte. Da bot sich der neu entstandene Familienkrisendienst FiM als eine Möglichkeit an, ihr dabei zu helfen, als Mutter zu handeln, um die Kinder zurückzubekommen. Der Richter beschloß, ihr unter Auflagen die Kinder wiederzugeben:

- *Sie mußte clean bleiben.*
- *Sie mußte am Programm von FIM teilnehmen und es erfolgreich abschließen.*

In diesem Fall erfolgte die Übergabe in einem gemeinsamen Gespräch zwischen dem Sozialarbeiter des Jugendamtes, Frau Barbara F. und der Familienarbeiterin in den Räumen des Jugendamtes, als sich die Kinder noch im Heim befanden. Der Wunsch, die Kinder wieder bei sich zu haben, das Sorgerecht wiederzubekommen, war bei Frau Barbara F. so stark ausgeprägt, daß sie sich sofort bereit erklärte, sich auf das Programm einzulassen.

Worauf kommt es bei diesem Fall an?

Das Jugendamt wußte von früheren Besuchen, daß die Zweizimmer-Wohnung über lange Zeit nicht in einem Zustand war, in dem Kinder unter annehmbaren hygienischen Bedingungen aufwachsen können. Sie mußte nicht nur gründlich von Unrat befreit und gereinigt werden. Es fehlten viele notwendige Möbelstücke, Haushaltsgegenstände und Geräte, z. B. ein funktionierender Kühlschrank.

Das Jugendamt muß also bereits dafür sorgen, daß die Wohnung von der Kundin gesäubert und über die Wirtschaftsabteilung des Sozialamtes kindergerecht ausgestattet wird. Damit ist es jedoch nicht getan. Oft haben solche Mütter nie gelernt, wie man einen Haushalt führt und wie Kinder gepflegt, ernährt und erzogen werden können, ohne sie zu schlagen und anzuschreien. Wenn also die Wohnung grundgereinigt ist, was der/die Familienarbeiter(in) und die Mutter oft gemeinsam tun, wobei auch schon einige Haushaltsführungskompetenzen vermittelt und Gespräche geführt

5. Übernahme und Engaging

werden können, könnte der Familienarbeiter mit der Mutter die Kinder vom Heim abholen und sofort damit beginnen, weitere Haushaltsführungs-, Kinderpflege-, Erziehungs- und Beziehungskompetenzen zu vermitteln. Oft muß überhaupt erst ein geregelter Tagesablauf strukturiert werden. Die ehemals drogenaktive Mutter muß generell erst (wieder oder neu) lernen, eine Mutterrolle zu übernehmen und auszufüllen und damit gleichzeitig lernen, ihr eigenes Leben wieder zu ordnen und in die Hand zu nehmen. Das bedeutet oft auch, den Umgang mit den knappen Sozialhilfemitteln zu erlernen, günstig einzukaufen, sparsam zu haushalten und weitgehend gesund zu kochen.

An erster Stelle steht auch hier, daß der/die Familienarbeiter(in) ganz am Anfang, im Engaging-Prozeß, um das Vertrauen der Mutter werben muß, um den Auftrag für die gemeinsame Arbeit zu erhalten; daß er/sie Hoffnung vermittelt, daß sie es schaffen kann, und sich als Unterstützer(in) anbietet.

Von zentraler Bedeutung bereits im Engaging-Prozeß: das Herausfinden der Stärken der Mutter und ihr Selbstvertrauen weiter zu stärken und aufzubauen!

6. Konfliktdämpfung und Stärken-Assessment

Konfliktdämpfung

Beruhigen der Situation und Dämpfung von Aufregung und Aggression sind oft die ersten Handlungen des/der Familienarbeiter(in)s beim ersten Besuch der Familie. Dies hängt eben von der Situation ab. Er/sie muß wissen: Kann ich mit der Familie sprechen, wird sie mich verstehen oder verhindern Spannungen und Aggressionen in der Familie und gegenüber dem eingreifenden Außensystem, daß ein erstes Gespräch zustande kommt?

Das oft als bedrohlich angesehene Außensystem greift schließlich in die Familie ein, die zwar oft ein Krisenbewußtsein entwickelt hat, sich aber dennoch überfahren fühlt oder nicht einmal weiß, daß sie sich in einer Krise befindet. Man will ihr die Kinder wegnehmen, man sagt, wie sie leben, gefährde die Kinder. Was ist denn dabei, wenn der Vater mit den pubertierenden Töchtern schmust und sie gelegentlich streichelt oder wenn die Eltern die Kinder züchtigen, wenn diese „Mist gebaut" haben oder frech waren? Sie haben in ihrer eigenen Kindheit öfter Schläge bekommen, und die hätten ihnen nicht geschadet, im Gegenteil. Kinder brauchen Grenzen und müssen bestraft werden, wenn sie sich falsch verhalten. Heute hätten die Kinder viel zu viele Freiheiten und man sähe ja, wo dies hinführe! Als feindliches Außensystem treten viele auf:

- Nachbarn, die die Eltern angezeigt hätten, weil die Kinder so geschrien haben wegen der Tracht Prügel oder
- Klassenlehrerin, die die blauen Flecken gesehen hat,
- Freundin, der die Tochter erzählt hat, was der Vater mit ihr macht, wenn die Mutter zur Arbeit ist,
- Sozialarbeiterin vom Jugendamt, die mit der Wegnahme der Kinder (eventuell mit Anzeige wegen Mißhandlung oder Mißbrauch) gedroht hat,
- Vormundschaftsgericht, das eingeschaltet war und mit der Fremdplazierung drohte,
- Gesellschaft überhaupt, die Kommune, die ihnen ein Leben in Armut, Wohnungsmisere und eventuell Arbeitslosigkeit zumutet.

Die Familienarbeiterin von FiM gehört schließlich auch zum feindlichen Außensystem, das ihnen immer wieder vermittelt hat, sie seien Menschen zweiter Klasse, sie stünden ganz unten. Falls sie deutscher Herkunft sind, kommt aus Angst oft auch noch Haß auf Ausländer hinzu. Unter ihnen nur noch die Ausländer, die ihnen die Arbeitsplätze wegnähmen, besonders die Asylbewerber und Landfahrer, die ihnen auch noch die letzten Habseligkeiten wegnehmen wollten. Jedenfalls haben sie das so verstanden, ist dies oft ihr verdrehtes Weltbild. Das System, das Kürzung der Sozialleistungen vornimmt, von denen sie leben, während die Reichen immer reicher werden.

Das dichotomische (zweigeteilte) Weltbild der Unterschicht („wir hier unten und die da oben") rechnet die Sozialarbeiter zu „denen da oben", denn die leben nicht im sozialen Brennpunkt oder in der Plattenbausiedlung. Und nun handeln die auch noch so, daß sie annehmen müssen, sie seien schlechte Eltern.

Dieses Szenario werden wir sehr häufig antreffen, denn mehr als 80 % der Kunden von „Families First" oder FiM sind besonders benachteiligte Angehörige der Unterschicht. Obwohl unter ihren oft entwürdigenden Lebensbedingungen und wegen des ungebrocheneren Verhältnisses zu körperlicher Züchtigung, aber auch der bildungs- und altersbedingten (frühe Elternschaft) Hilflosigkeit in Erziehungsfragen, Kindesmißhandlungen häufiger auftreten können, sind Mißbrauch und Mißhandlung keinesfalls eindeutige Unterschichtphänomene. Die Dunkelziffer ist bei Angehörigen der Mittel- oder Oberschicht hinsichtlich Mißbrauch und Mißhandlung größer, weil gegenüber ihren Angehörigen solche Problematiken seltener zur Anzeige gelangen. Ganz abgesehen von psychischen Mißhandlungen, die vielfältige Erscheinungsformen annehmen können (Gefühlskälte, überhöhter Leistungsdruck, rigide Disziplinierung, Liebesentzug als „Dressurmittel", Vernachlässigung, Ersetzen von elterlicher Fürsorge und Liebe durch finanzielle Zuwendungen und überdimensionierte Geschenke, pseudoliberaler „Laissez-Faire" etc.) und die keine sichtbaren Hämatome am Körper hinterlassen, wie dies physische Mißhandlungen tun. Die öffentliche Aufmerksamkeit ist zudem noch einseitig und schichtbedingt auf physische Gewalt gerichtet, während die Schäden an der Seele der Kinder auch von Kinderschützern nicht so starke Beachtung finden.

Wir haben in Deutschland im Rahmen eines Projektes der Schulsozialarbeit mit „sozial auffälligen" Schülern einer vierten Grundschulklasse z. B. mit einem Jungen aus einer äußerlich intakten Familie gearbeitet, die niemals Probleme mit dem Jugend- oder Sozialamt bekommen würde. Dieser Junge, wir nennen ihn Hans, wurde in der Klasse dadurch auffällig, daß er nicht mit anderen zusammenarbeiten konnte und rücksichtslos seine Ellenbogen gebrauchte, wenn es darum ging, sich in den Vordergrund zu spielen. Bei jeder Rückgabe von Klassenarbeiten entwickelte er große Ängste, daß sie schlecht ausgefallen sein könnten. Dies ging so weit, daß er lamen-

tierte, wie schlecht er wohl diesmal abschneiden würde. Jedesmal war es mindestens ein „gut", sehr oft ein „sehr gut". Dann sagte er gespielt oder echt, er müsse sich über sich selbst wundern. Er war einer der Klassenbesten. Uns war schnell klar, daß er massive psychische Verletzungen erfahren haben mußte. Ein Blick in die Familie erklärte auch, warum er sich so verhielt und welche Art von Erziehungsverhalten seines überstarken, rigiden Vaters, Vorsitzender einer Kammer am Landgericht, er als einziges Kind ertragen mußte. Die sehr schwache Mutter und Hausfrau spielte keine große Rolle, da sie sich den Anordnungen des Vaters widerstandslos beugte. Der Vater behandelte Hans nach einem ausgeklügelten Leistungssystem für wesentliche Lebensbereiche des Jungen. Da gab es eine Rubrik „häusliches Verhalten", „Schulleistungen", „Verhalten in der Schule", „Verhalten in der Kindergruppe der Kirchengemeinde" etc. In allen Bereichen wurden Punkte verteilt für gute und bessere Leistungen; bei den geringsten Abweichungen von denen vom Vater gesetzten Normen gab es sofort einen Punkteabzug. Für die Punkte gab es als Zeichen der Wertschätzung Belohnungen, materielle und immaterielle, und Strafen. Mit diesen Punkten wurde auch Zuneigung des Vaters verteilt und Liebesentzug vorgenommen. Eine falschverstandene Anwendung verhaltenstherapeutischer Methode, die zu erheblichen seelischen Verletzungen beim Jungen geführt hat. Wir konnten damals in dieser Familie nichts Wesentliches ändern, da wir weder Zugang noch Mittel hierfür besaßen.

Mit diesem Beispiel wollen wir zeigen, wie brutal psychische Mißhandlung sein kann. Die verletzenden Folgen für die Seele des Jungen können wir uns nur in schwarzen Farben ausmalen. Dennoch wird dieser Fall vermutlich nie einer für ein intensives Krisenprogramm sein. Niemand wird auf die Idee kommen, Hans fremdzuplazieren, es sei denn, er würde auffällig oder die Nachbarn würden den Vater anzeigen, weil er den Jungen auch noch prügelt oder sexuell mißbraucht. Ohne der körperlichen Züchtigung das Wort reden zu wollen – es gibt psychische Bestrafungen mit Liebesentzug durch die Eltern, die weitaus schlimmere Folgen haben können als eine Ohrfeige im Affekt. In der Sozialen Arbeit – so unsere Vermutung – wird der physischen Gewalt wohl auch deshalb eine so große ablehnende Aufmerksamkeit gewidmet, weil sie immer noch überwiegend von Frauen aus der Mittelschicht geleistet wird, die die körperliche Züchtigung für beinahe das Schlimmste halten, was einem Kind widerfahren kann, während Gewalt in der Unterschicht doch alltäglich ist. Sie schadet auch dort. Wir verweisen jedoch immer noch darauf, daß langfristige Schäden verursachende psychische Mißhandlung weniger kritisch gesehen wird, vermutlich, weil Angehörige der Mittelschicht ihre Konflikte mit Mitteln der psychischen Gewalt austragen und Eltern ihren Kindern gerne ausreichend verbale „Ellenbogen" mitgeben möchten, damit sie sich behaupten können. Was zum beruflichen und wirtschaftlichen Erfolgsverhalten der individualistischen

6. Konfliktdämpfung und Stärken-Assessment

Gesellschaft gehört, kann man eben nicht so einfach verdammen wie die Auseinandersetzungen mit physischen Mitteln, die nur sichtbare Verletzungen zur Folge haben, aber sonst nichts einbringen: Nicht jeder kann ein Henry Maske sein!

Und doch müssen Sozialarbeiter auch mit Eltern arbeiten können, die an die körperliche Züchtigung glauben und sie praktizieren, und, wie es so schön heißt, sie dort abholen, wo sie stehen. Unsere niederländischen Kooperationspartner berichteten uns von einer „Elternschule des Schlagens", die ein Professor und Therapeut in Euston eingerichtet habe, um mit Eltern zu arbeiten, die ihre Kinder aufs gröbste und mit zu schlimmen Verletzungen führenden Gegenständen schlagen. Um diese Eltern, in deren Familien das Prügeln seit Generationen praktiziert wurde, das angeblich noch niemand geschadet habe, überhaupt ansprechen zu können, bot der Kollege ein Training an, bei dem die Eltern zunächst davon wegkommen sollten, mit Gegenständen oder der Faust zu schlagen, sondern mit der flachen Hand. Nur darauf konnten sich diese Eltern überhaupt einlassen, um wenigstens an der Hand zu spüren, wie fest sie zuschlagen, wenn sie ihre Kinder verprügeln.

Wenn sich nun Leser fragen, was dies mit unserem Programm zu tun hat und weshalb wir solche Beispiele anführen, so verweisen wir auf die zentralen Fragen des Programms, die *Beruhigung, Gewaltdämpfung* und das *Assessment*. Und vor allem, wie wichtig es für Familienarbeiter(innen) ist, daß sie ihre eigene Sozialisation und Erfahrungen mit Gewalt aufgearbeitet haben, um wirklich offen wahrnehmen zu können, was in dem „anderen Land", der „anderen Kultur", bei besonders benachteiligten Familien aus der Unterschicht passiert. Wer vorschnell verurteilt, was in sein mittelschichtansozialisiertes Weltbild nicht hineinpaßt, ist für dieses Programm nicht geeignet und selbst der, dem sich innerlich „nicht alle Haare sträuben", wenn er es z. B. mit Fixern oder schlagenden Eltern zu tun hat, muß immer wieder hellwach sein, damit er die Familien nicht nur durch seine Brille wahrnimmt.

Sehr eng mit dem Engaging ist die Gewaltdämpfung und Beruhigung der Situation verbunden. Dies gebietet die Gewährleistung der Sicherheit der Kinder, der anderen Familienmitglieder und des/der Familienarbeiter(in)s selbst. Um miteinander weiterarbeiten zu können, muß die Situation ruhig und die aktuelle Krisensituation entschärft sein. Es kann sein, daß man mit dem in der weiteren Ausbildung vermittelten „Gewaltstopp-Programm" arbeiten muß, bevor man darangehen kann, mit der Familie neue Verhaltensweisen zu trainieren.

In der normalen Situation, d. h. in den weitaus meisten Fällen, wird eine wirklich gefährliche Situation nicht gegeben sein, wenn der/die Familienarbeiter(in) in der Familie ist. Wenn er/sie jedoch eine gefährliche

Situation vorfindet, in der die körperliche Unversehrtheit der Familienmitglieder oder des/der Familienarbeiter(in)s unmittelbar bedroht ist, weil z. B. ein Familienmitglied oder mehrere unter Alkohol oder anderen Drogen jemanden bedrohen oder schlagen, so kann er/sie auch die Polizei um Schutz bitten, um zu beruhigen oder den/die Mitglieder, von denen die Aggression und Gefahr ausgeht, zeitweilig aus der Familie zu entfernen.

Meist sind die wirklich gefährlichen Situationen nicht gegeben, wenn die Familie eine(n) Familienarbeiter(in) empfängt. Gewalt äußert sich dann eher verbal, und darauf geht der/die Familienarbeiter(in) beruhigend und dämpfend ein, indem er/sie konsequent mit „Ich-Botschaften" und positivem Feedback arbeitet. Erregte Ausbrüche von Beteiligten werden so umformuliert, daß der Kern der Besorgnis, der Enttäuschung und Verletzung, also die dahinterliegenden Verhaltensweisen und die damit verbundenen Gefühle artikuliert werden. Dies haben die Familienarbeiter(innen) trainiert. Sie moderieren das Gespräch und versuchen sich unparteiisch zu verhalten. Dabei ist es immer wichtig, daß die Autorität der Eltern, die den ersten Auftrag zur Arbeit ihnen geben müssen, so weit wie möglich gestützt wird. Dann muß auch bei den Kindern um die Zusammenarbeit geworben werden, weshalb sie nicht den Eindruck erhalten dürfen, der/die Familienarbeiter(in) würde sich mit den Eltern gegen sie verbünden. Schließlich sind sie in der Regel die Hauptleidtragenden. Dies ist eine Gratwanderung, die mit Fingerspitzengefühl geleistet werden muß. Das ruhige und selbstsichere Auftreten des/der Familienarbeiter(in)s ist hier wichtig, jedoch ohne sich als Expert(in)e aufzuspielen. Einerseits hat man die Mittel, um die Eltern zu unterstützen, ihre Elternfunktion gut wahrzunehmen, um die Kinder zu unterstützen, ihre legitimen Bedürfnisse zu realisieren und vor allem gut behandelt zu werden, andererseits ist man auch in der Rolle des/der Lernenden, der/die die Problemlage, die kritischen Punkte und vor allem die Stärken der Familie erkennen will. Damit ist das Assessment angesprochen.

Das Stärken-Assessment

Das Assessment verlangt von dem/der Familienarbeiter(in) eine Reihe von Aufgaben.

Herausfinden, wo die Problembereiche liegen.

Als Handlungsforscher(in) hat der/die Familienarbeiter(in) bereits beim ersten Besuch seine/ihre Antennen auszufahren, um die Problembereiche zu erkennen. Ihn/sie interessiert nicht in erster Linie, was für Überlegungen bereits in vielen Akten über die Familie angestellt wurden. Er/sie muß sich sein/ihr eigenes Bild in der Familie machen, warum im einen Fall sich der Vater über das Verhalten der Kinder aufregt, aus welcher Situation heraus es zu den Schlägen kommt. Was im anderen Fall getan werden muß, damit die Kinder der jungen Frau nach ihrem Entzug wieder in ihrem Haushalt leben können und versorgt werden.

> **Die Probleme nach Dringlichkeit ordnen und die Bereiche auswählen, auf die man sich zuerst konzentrieren will.**

Ist es im einen Fall zuvörderst wichtig, daß die Kinder nicht mehr fortlaufen? Soll das Prügeln abgestellt werden? Im anderen Beispiel: Ist die Reinigung der Wohnung vordringlich oder die Renovierung? Ist es eher der geregelte Tagesablauf als stützendes Gerüst für die Mutter? Was ist noch wichtig und muß geschehen, damit die Kinder aus dem Heim nach Hause kommen können? Fängt man beim Verhalten der Mutter an? Braucht sie eine feste Stütze für ihr Verhalten? Welche Kompetenzen müssen vorrangig vermittelt werden?

> **Die Häufigkeit, Intensität und Dauer des Problemverhaltens feststellen.**

Da es bei „Families First" oder FiM um eine dauerhafte Veränderung des Verhaltens der Familienmitglieder geht, d. h. Problemverhalten abzubauen und neue Verhaltensweisen erlernen zu lassen, muß festgestellt werden, wie häufig, wie intensiv und wie lang die Phasen sind, in denen sich die Familienmitglieder krisenhaft verhalten. Wichtig ist hierbei auch die Beobachtung, welche Verhaltenskonstellationen bestanden haben, bevor das Verhalten einzelner oder mehrerer Familienmitglieder in den kritischen Bereich kamen, denn hier gilt es anzusetzen. Es müssen die zum Krisenverhalten, z. B. Gewalt oder Mißbrauch, führenden Konstellationen erkannt werden, um auch diese im Sinne der Environment-Aktivierung positiv zu verändern.

Wenn im ersten Beispiel der Vater jedesmal die Kinder schlägt, wenn er nach einer längeren Tour mit dem Lkw nach Hause kommt und keine Ruhe zum Ausschlafen findet, weil Jürgen seine Musik zu laut angestellt hat, dann könnte eine Regelung des Verhaltens von Jürgen, dem Einsicht in die Bürde des väterlichen Berufs vermittelt wurde (z. B. mit Kopfhörern Musik zu hören, wenn der Vater schlafen muß), dazu führen, daß zumindest aus dieser Situation heraus nicht mehr geschlagen wird. Eine Regelung mit einem häufig schlagenden Vater könnte auch eine kontrollierte schrittweise Reduzierung der Häufigkeit des Schlagens vorsehen. Bei sexuellem Mißbrauch kann es ebenfalls erforderlich sein, die Situationen zu beseitigen, in denen die Übergriffe von Erwachsenen oder Geschwistern stattfinden. Dies reicht nicht aus, wie vorschnelle Kritiker(innen) richtig anmerken, man muß auch mit der Person des Täters direkt arbeiten. Aber die Situationsanalyse ist ein wichtiger Schritt zur Selbstkontrolle und Verhaltensveränderung. Auf jeden Fall wird das primäre Ziel der Herstellung von Sicherheit für alle anderen Familienmitglieder über Situationsveränderung und Verhaltensselbstkontrolle erreicht.

Die Untersuchung der Bedingungen des Nahumfeldes.

Das Augenmerk richtet sich zunächst auf die unmittelbaren Lebensbedingungen, den Zustand, Größe, Lage der Wohnung, die Hygiene, die Möblierung, fehlende, aber wichtige Haushaltsgegenstände (z. B. Waschmaschine), die Haushaltslage und die Einkommenssituation, also die materiellen Lebensumstände. Dann wird sofort wichtig, sich das Netzwerk der Familie anzusehen.

Selbst die Familie in einer Krise hat bis heute in ihrem sozialen Lebensraum (Soziotop) überlebt. In der Regel hat die Mehrzahl der Kunden nicht besonders glänzend überlebt. Dagegen stehen ihre benachteiligte, von Armut gekennzeichnete Lebenslage und ihre in diesem Kontext entwickelten, oft von der Bevölkerungsmehrheit abweichenden Verhaltensstrategien und Kommunikationsstrukturen. Diese Familien haben bislang auch oft nur mit, manchmal gegen institutionelle Hilfen überlebt. Das besondere Kennzeichen deprivierter Unterschichtfamilien ist nach den Erkenntnissen niederländischer Untersuchungen (vgl. Hesser, van Hout 1993), daß sie oft ein großes Netz von Beziehungen im formellen Bereich (z. B. Sozialamt, Jugendamt, Wohnungsamt, Arbeitsamt, Polizei, Gericht etc.) besitzen, jedoch ein kleines im informellen Bereich (z. B. Freundeskreis, Nachbarn, erweiterte Familie etc.). Schwerwiegend ist dabei, daß die formellen Beziehungen oft wenig stützen, sondern stressen, auch wenn einige (z. B. Sozialamt) ein Überleben absichern. Unterstützende Beziehungen sind dagegen häufiger im informellen Bereich zu finden, nicht zuletzt auch deshalb, weil diese eher selbstgewählt sind und nicht in erster Linie die Gesellschaft, das „feindliche Außensystem" repräsentieren, dessen Normen sie durchzusetzen trachten.

Die Untersuchung des Außensystems läßt sich gut mit einem Ökogramm vornehmen, das der Familienarbeiter zusammen mit der Familie entwickelt. Wir stellen verschiedene Ökomaps im Anhang vor. Als beste Vorgehensweise hat sich in der Praxis bewährt, wenn der/die Familienarbeiter(in) sich mit einem oder mehreren Mitgliedern der Familie zusammensetzt und ein leeres Blatt Papier und ein Schreibgerät auf den Tisch legt. Nun wird der Kunde aufgefordert, sich oder die Familie in die Mitte des Blattes zu zeichnen. Gemeinsam wird überlegt, zu welchen Personen (Nachbarn, Angehörigen, Arbeitskollegen, Freunden, Kumpel vom Kiosk) und Einrichtungen (Schule, Arbeitsstätte, Sozialer Dienst, Kirchengemeinde etc.) Kontakte bestehen. Dem Kunden wichtigere können näher, weniger wichtige entfernter eingezeichnet werden. Dann überlegt man gemeinsam, welche dieser Personen oder Institutionen eine Hilfe bedeuten (stützen) und welche eine Belastung darstellen (stressen). Erstere können mit geraden Pfeilen und Linien zum Kunden, zur Familie verbunden werden, letztere mit gezackten Pfeilen und Linien. Ganz entscheidend ist dabei das Gespräch, bei dem sich einige Kunden erst klar werden, daß es da ja doch noch Personen gibt, die einem Kraft geben, oder Beziehungen existieren, die aktiviert werden, um sie besser für den Hilfeprozeß zu nutzen. Dies könnten im Falle der Familie Peters z. B. Nachbarn sein, mit denen man sich bislang nur im Streit auseinandergesetzt hat, oder die Peer-Gruppen der Kinder, von denen die überweisende Stelle (ASD) bislang nichts wußte. Familienarbeiter(innen) helfen, solche Beziehungen zu aktivieren oder aufzubauen, sie netzwerken im sozialen Nahumfeld und der Gemeinde. Ökogramme sollten mit jedem Familienmitglied erstellt werden, denn die Sichtweisen der Mutter, des Vaters und der Kinder werden sich unterscheiden. Die unterschiedlichen Ökogramme könnten ein guter Ausgangspunkt für ein Gespräch in der Familie sein.

Untersuchen, wie die Familienmitglieder in Problemsituationen interagieren und welches Lösungsverhalten sie an den Tag legen.

Zu klären ist das Verhalten in Konflikten: Wie setzen sich die Familienmitglieder bei Konflikten auseinander? Wer gibt nach, wer entzieht sich der Auseinandersetzung? Wer dominiert? Welche Bündnisse entstehen? Dies alles ist deshalb wichtig, weil die sozialarbeiterische Intervention genau an diesen Verhaltensweisen ansetzt, um sie – wie beschrieben – zu verändern. Das intensive Training der Familienarbeiter(innen) erzeugt die erforderliche Sensibilität für die Situationsanalyse und das Erkennen der Rahmenbedingungen.

Bestimmung der Möglichkeiten und Chancen, die in der Problemlage stecken.

Wenn die Krise einer Familie immer auch ein Ausgangspunkt und eine Chance für eine positive Veränderung ist, so bedeutet diese Regel, daß der/die Familienarbeiter(in) mit der Familie das Potential aufspürt, das die Konfliktlösung bringen kann. Dies ist deshalb möglich, weil niemand wirklich dauerhaft in einer unangenehmen Situation verharren möchte, unter der er leidet, es sei denn, er ist psychisch krank. Dann muß eine Therapie vermittelt werden. Im Beispiel der Familie Peters hat das Fortlaufen der Kinder und die Einschaltung des Jugendamts durch die Polizei den in der Familie bestehenden Konflikt auf die Spitze getrieben, so daß eine Veränderung zum Positiven erforderlich wird. Das Verprügeln der Kinder wäre nicht als problematisch empfunden worden und das Jugendamt hätte nicht eingreifen können, wenn nicht die Kinder die Notbremse des Weglaufens betätigt hätten. Dadurch hat die Familie durch FiM eine Chance bekommen, daß sich das Verhalten der Eltern und Kinder zueinander grundlegend ändert.

Das Assessment focussiert die Aktivposten und Stärken im Verhalten der Familie.

Der Blick auf die Möglichkeiten und Chancen einer Krisensituation geht bereits von der Defizit- und Problemorientierung weg, wie er in der Praxis der Sozialarbeit üblich ist. Deshalb lautet die nächste Aufgabe, den Blick auf die Stärken zu richten, die in der Familie liegen. Über die Bedeutung der Stärkenorientierung ist bereits an anderer Stelle genug gesagt worden, wir möchten das Stärken-Assessment jetzt am Beispiel verdeutlichen:

Die Familienarbeiterin entdeckt im Falle der Familie Peters sehr viele Stärken bei allen Mitgliedern. Herr Peters arbeitet hart für das Familieneinkommen in einem Beruf, den er liebt. Er nimmt die Verantwortung für seine Familie wahr, er sorgt sich um die Erziehung und den Schulerfolg seiner Kinder, die es besser haben sollen als er mit seiner geringen Schulbildung.

Frau Peters führt den Haushalt gut, sie wirtschaftet und macht keine Schulden. Sie sieht sich ebenfalls in ihrer Verantwortung für die Kindererziehung.

Beide Eltern sind auch stolz auf ihren Sohn, der als Fußballer Pokale und Siegesfotos erhalten hat, die sie im Wohnzimmer präsentieren.

Der Sohn ist aktiver Fußballer und hat dort Erfolge aufzuweisen. Er wehrt sich gegen den prügelnden Vater, indem er von zu Hause fortläuft. Er frißt die mit der Prügel verbundene Demütigung nicht in sich hinein. Was er gern macht (Fußballspielen), macht er auch leistungsbezogen und mit Ausdauer. Er kann sich in eine Mannschaft einfügen und kooperieren.

Die Tochter zeigt sich oft mit ihrem Bruder solidarisch, obwohl sie eher vom Vater bevorzugt wird. Sie verhält sich solidarisch, obwohl sie die besonderen Zuwendungen durch den Vater damit verspielt und sogar ab und zu ebenfalls Schläge erhält, wenn sie mit ihrem Bruder gemeinsam fortgelaufen war.

Die Familienarbeiterin hat in diesem Beispiel eine Fülle von Stärken als Ansatzpunkte für ihre Arbeit erkannt.

Es werden erreichbare und meßbare Ziele gesetzt.

Das Assessment mündet in die nächste Phase des Arbeitsprozesses, dem Entwickeln von Zielen, die von der Familie auch wirklich erreichbar sein

6. Konfliktdämpfung und Stärken-Assessment

müssen und deren Realisierung gemessen werden kann. Sie werden, wie im nächsten Kapitel zu lesen ist, in einem gemeinsamen Prozeß des/der Familienarbeiter(in)s mit der Familie entwickelt und in einem schriftlichen „Vertrag" festgehalten.

Diese Art von Assessment ist unüblich. Sie muß daher in der Ausbildung zum/zur Familienarbeiter(in) gründlich trainiert werden. Das stärken- und verhaltensorientierte Assessment unterscheidet sich deutlich von anderen, eher traditionellen Konzepten und Methoden der Sozialen Arbeit.

7. Ziele setzen, planen und durchführen

Die ersten Schritte des Arbeitsprogramms *Engaging, Gewalt-Dämpfung, Assessment* und *Ziele setzen* sind in der Regel nach drei Tagen getan und münden in einen *Arbeitsvertrag* (contract), der die Grundlage für die Zusammenarbeit der Familie mit dem/der Familienarbeiter(in) darstellt.

In diesem Arbeitsvertrag drückt sich zunächst einmal schriftlich aus, daß die Familie dem/der Familienarbeiter(in) den Auftrag erteilt hat, mit ihm/ihr zu arbeiten (Commission Giving). Wir erinnern uns, hier kommt zum Ausdruck, was Neuffer 1990 als „Kunst des Helfens" bezeichnet hat:

Der/die Familienarbeiter(in) kommt mit einem gewissen Druck (Drohung der Fremdplazierung) in die Familie und muß von ihr innerhalb sehr kurzer Zeit (meist geschieht dies beim ersten Besuch) einen Auftrag erhalten. Entscheidend ist hier die Fähigkeit, die Hoffnung zu vermitteln, daß er/sie helfen will und das auch tatsächlich kann Das heißt, er/sie umwirbt die Familie, ohne deren Auftrag er/sie nicht arbeiten kann.

Der Auftrag des Trägers reicht nicht aus. Im Gegensatz zu Zwangsmaßnahmen der Justiz, Polizei oder Verwaltung braucht Soziale Arbeit die Bereitschaft zur Zusammenarbeit ihrer Kunden. Wir kennen kein sozialarbeiterisches Programm, bei dem soviel Wert gelegt wird auf das Erteilen eines Auftrags und bei dem das auch regelrecht trainiert wird, so daß es an eine gute Vertreter- oder Verkäuferschulung erinnert.

Wir halten diesen Vergleich auch nicht für anrüchig, denn es geht in jedem Fall darum, Kunden zu umwerben. Der Prozeß des Zielesetzens ist auch ein gemeinsamer. Der/die Familienarbeiter(in) hilft den einzelnen Familienmitgliedern, ihre eigenen Ziele für die Arbeit zu finden. Nicht nur die Erwachsenen sind gefragt, auch die Kinder können meist sehr gut ausdrücken, was sie im Zusammenleben in der Familie gerne verbessert hätten.

Ziele setzen und planen

Es gibt verschiedene Techniken und Verbalisierungshilfen, die es den Familienmitgliedern unterschiedlicher Bildungs- und Altersstufen leichter machen, ihre Wünsche zu artikulieren. Eine bewährte Technik ist die Arbeit mit den *Wunschkarten*, bei der sich die einzelnen Familienmitglieder aus einem Haufen von Wunschkarten die Bereiche heraussuchen, die ihnen am wichtigsten sind. Diese können dann noch nach Prioritäten der Reihe nach angelegt werden. Auf der Rückseite der Karten sind Formulierungshilfen für Fragen aufgeführt, die es den Familienarbeiter(inne)n erleichtern, präzi-

7. Ziele setzen, planen und durchführen

se Fragen zu stellen, um den Zielbereich näher zu bestimmen (s. Anhang). Auch hierbei wird immer nach dem positiven Kern gefragt, werden die Stärken angesprochen.

Nehmen wir z. B. die Karte „Drogen/Alkohol". Wird diese Karte gewählt, so kann der/die Familienarbeiter(in) fragen:

- Wie vermeiden Sie und Ihre Familie Drogen, die Sie nicht als hilfreich empfinden?
- Welche Drogen haben Sie und Ihre Familienmitglieder entschieden nicht zu nehmen?
- Welche Drogen nehmen Sie, weil Sie Ihnen helfen?

Wir sehen: Es wird ein allgemeiner Drogenkonsum vorausgesetzt, zu dem auch alkoholische Getränke und Tabakwaren gehören. Der Drogenkonsum wird nicht verurteilt. Es wird der Familie kein Mißbrauch der Drogen unterstellt. Gleichzeitig wird den Befragten die Möglichkeit gegeben, den eigenen Drogengebrauch selbst zu beurteilen. Es können Verhaltensweisen im Umgang mit Drogen geschildert werden, die der/die Familienarbeiter(in) verstärken kann. Überhaupt werden der Familie viele Stärken unterstellt, sie wird von dem/der Familienarbeiter(in) ernstgenommen. Dies ist das durchgängige Muster bei allen 23 Zielbereichskarten (s. Anhang).

Die *Zielkartentechnik* ist jedoch nicht der einzige Weg, um mit der Familie und ihren einzelnen Mitgliedern Ziele zu bestimmen. Oft können die Familienmitglieder ihre Zielbereiche, ohne diese Technik zu benutzen, angeben. Mit kleineren Kindern wird auch viel mit Zeichnungen gearbeitet, indem Kinder aufmalen, wie sie die Familie jetzt sehen und dann, wie sie die Familie gerne hätten etc. Die Kartenmethode läßt sich vielfältig variieren.

Die Niederländer haben in ihrem Programm eine weitere Differenzierung vorgenommen. Wenn das Programm bei uns genug eigene Praxis entwickelt hat, wird es bei uns auch eigene Entwicklungen geben.

An dieser Arbeitstechnik erkennen wir ein weiteres Charakteristikum des Programms: Die Sozialarbeiter(innen) bekommen für ihre Arbeit viele Hilfsmittel an die Hand, die ihnen die Arbeit erleichtern, die aber auch den Arbeitsprozeß so weit strukturieren helfen, daß die Hilfeprozesse im echten Sinne methodisch werden und nicht sehr weit dem individuellen Zufall überlassen werden, wie dies bei allen schwammigen Methoden der Fall ist, die über allgemeine Zielsetzungen und vage Arbeitsanweisungen nicht hinausgehen.

Was hat der/die Familienarbeiter(in) beim Prozeß der Zielsetzung zu beachten?

Nachdem also die genannten Schritte getan wurden und Klarheit darüber geschaffen wurde, daß der/die Familienarbeiter(in) den Auftrag der Familie

7. Ziele setzen, planen und durchführen

für die Zusammenarbeit erhalten hat, die Problemsicht der Familie herausgearbeitet wurde, wobei eine Verurteilung des Verhaltens der Familie vermieden wurde, ermöglicht er/sie den Kunden zu bestimmen, erstens, was die wichtigsten und zweitens, was die dringlichsten Problembereiche sind, die gemeinsam angegangen werden sollen. Dabei wird sowohl für die Familie als auch für den/die Familienarbeiter(in) immer weiter Hoffnung erzeugt, daß die gemeinsame Arbeit zu einem guten Ende geführt werden kann.

Nun wird der/die Familienarbeiter(in) den Familienmitgliedern helfen, Optionen für die Arbeitsziele zu entwickeln:

A oder B oder C. Diese Arbeitsziele werden auf ihre Erreichbarkeit hin überprüft. Es werden also von allen Familienmitgliedern und von dem/der Familienarbeiter(in) Arbeitsziele entwickelt. Die Ziele müssen dann zu wenigen gemeinsamen Arbeitszielen zusammengefaßt werden, was in der Regel gar nicht schwer ist, denn sie liegen nicht so weit auseinander, wie wir am Beispiel zeigen werden. Der/die Familienarbeiter(in) muß dabei folgende Kriterien berücksichtigen:

- Die Sicherheit und die Abwehr von Gefahr sind zu gewährleisten.
- Aufgeregtheit und Ärger müssen vermindert werden.
- Der Eingriff muß so gering wie möglich gehalten werden.
- Die gesteckten Ziele müssen erreichbar sein.
- Das Potential für Veränderungen in der Familie muß berücksichtigt werden.

Die zuerst gesetzten Ziele müssen darüber hinaus auf die unmittelbaren Bedürfnisse der Familie antworten. Sie müssen zudem zeitbegrenzt, auf die Risikofaktoren bezogen, unmittelbar und erreichbar sein.

Auch die weiteren Zielformulierungen für weniger unmittelbare und kompliziertere Ziele müssen den Kriterien der Meßbarkeit und Erreichbarkeit Rechnung tragen.

Diese sollen die Familienfunktionen verbessern. Sie können das familienbezogene Verhalten jedes Familienmitglieds, die Kinder-Eltern-Kommunikation, den finanziellen Status, Erziehung und Training betreffen.

An den oben angeführten Beispielen soll der Prozeß der Zielformulierung verdeutlicht werden.

Bei der Familie Peters hat es die Familienhelferin nicht schwer, die Ziele herauszufinden. Alle Familienmitglieder können problemlos ihre Wünsche artikulieren. Als sie den Auftrag der Familie erhalten hat, mit ihr zu arbeiten, sammelt sie in einer Gesprächsrunde, was sich jedes Familienmitglied wünscht, wie die Familie in Zukunft sein soll, wie sich die Konfliktpartner verhalten sollten und was sie sich vom Programm erhoffen. Sie möchten

7. Ziele setzen, planen und durchführen

die Wünsche unbedingt in Form von Verhaltensweisen aufschreiben. Dies scheint den Familienmitgliedern nicht schwerzufallen. Oft ist dies aber nicht so einfach, und dann erscheinen auf den Karten nur Begriffe wie „Ruhe", „mehr Freizeit", „keine Drogen" u. ä.

Dann beginnt ein Prozeß, in dem die Familienarbeiterin mit jedem einzelnen Familienmitglied dies übersetzt in Verhaltensweisen, die geändert werden sollten. Die Familienarbeiterin bittet jedes Familienmitglied, auf drei Karteikarten je einen Wunsch zu schreiben. Sie hat eine kleine Magnettafel mitgebracht, auf der sie die Karteikarten anheftet. Auch sie hat nach ihren eigenen Vorstellungen drei Karten ausgefüllt und heftet sie dazu. Die Magnettafel stellt sie, nachdem sie das Einverständnis der Eltern eingeholt hat, für alle gut sichtbar auf eine Anrichte, die neben dem Fernsehgerät, also im bevorzugten Blickfeld der Familie steht. Die Familie hat ihr zuliebe diesmal sogar das Fernsehgerät ausgeschaltet.

Auf den Karten von Jürgen steht: „keine Prügel", „mehr Freizeit mit Freunden", „später nach Hause kommen". Seine Schwester hat geschrieben: „Vater soll nicht mehr schlagen", „mehr Ruhe, weniger zanken", Herr Peters schrieb: „Die Kinder sollen nicht mehr weglaufen, keine Polizei im Haus", „ruhig ausschlafen können", „Kinder sollen die Eltern respektieren", Frau Peters: „Kinder sollen einsehen, daß sie (die Eltern) nur ihr Bestes wollen", „Sie sollen nicht mehr fortlaufen", „Jürgen soll mehr auf sie hören". Die Familienarbeiterin schrieb auf ihre Karten: „weniger Schläge", „einander zuhören", „gegenseitig Bedürfnisse erkennen".

Die Familienarbeiterin sagt nun, das seien eine ganze Menge Ziele, die sie sicher nicht alle bereits in der ersten Woche erarbeiten könnten, und bittet die Eltern und die Kinder, die Karten danach zu ordnen, welche Ziele vorrangig angegangen werden sollen. Um die Prioritäten zu bestimmen, teilt sie die Magnettafel in drei Rubriken ein: „vordringlich", „an zweiter Stelle", „anschließend". Sie bittet nun, daß jedes Familienmitglied seine Wünsche unter diesen Überschriften einordnet. Es entsteht folgende Tabelle:

vordringlich	an zweiter Stelle	anschließend
(Jürgen) keine Prügel	mehr Freizeit mit Freunden	später nach Hause kommen
(Vater) Kinder nicht fortlaufen, keine Polizei	ruhig ausschlafen können	mehr Respekt
(Mutter) dito	Jürgen soll auf sie hören	Kinder sollen einsehen, daß Eltern ihr Bestes wollen.
(Schwester) Vater soll nicht schlagen	mehr Ruhe	weniger zanken

7. Ziele setzen, planen und durchführen

Die Familienarbeiterin kann nun mit der Familie eine Zielbestimmung für die erste Woche vornehmen, wobei sie der Familie demonstriert, daß ihre Wünsche für die Familienentwicklung denen der Familie durchaus sehr ähnlich sind, so daß sich ein gemeinsamer Handlungsplan daraus erstellen läßt, der dann Bestandteil des „Arbeitsvertrags" wird.

Für die erste Woche einigen sich die Familienhelferin und die Familienmitglieder auf folgende Ziele:

1. *Ein Aussetzen oder zumindest eine Verringerung der Häufigkeit der körperlichen Züchtigung.*
2. *Die Kinder laufen in dieser Woche nicht von zu Hause fort.*
3. *Einen Weg finden, um dem Ruhebedürfnis des Vaters Rechnung zu tragen.*

Als Klammerziel formuliert die Familienarbeiterin:

Abklären konflikthafter Bedürfnisse und erster Schritt für gegenseitige Regelung, die dann in der zweiten Woche greifen kann. Außerdem überlegt sie, wie sie an den Stärken der Familie ansetzen kann, von denen es nun wirklich genug gibt. Sie will in Einzelgesprächen herausfinden, welche individuellen, erfüllbaren Wünsche bei den Familienmitgliedern vorhanden sind, deren Befriedigung in ein Belohnungssystem eingebaut werden könnten, mit dem sie auf Verhalten reagieren kann, das für die Erreichung der gesteckten Ziele förderlich ist.

Diese Wünsche können auch materieller Art sein, überwiegend werden dies jedoch Aktivitäten sein, die den einzelnen Spaß machen. Dieser zweite Schritt im Assessment ist äußerst wichtig, damit ein zu entwickelndes Belohnungssystem überhaupt greift.

Dies ist durchaus ähnlich der Situation, in der wir Bekannten, Freunden oder Partnern Geschenke machen wollen, und uns überlegen, was jemandem wirklich eine Freude machen kann.

Der schriftlich formulierte Vertrag enthält nun die Ziele, die die Familienarbeiterin auch in ihrem Wochenplan festhält. Der Wochenplan dient einem dreifachen Zweck.

Zunächst dokumentiert er zu ihrer eigenen Kontrolle, welche Ziele sie mit der Familie für diese Woche entwickelt hat, deren Erreichung sie im Bericht über diese Woche festhält. Eine Kopie dient der Fallbesprechung mit der Anleitung und den anderen Familienarbeiter(inne)n und eine weitere Kopie, die Zusammenfassung des Berichts über die Woche, erhält die Begleitforschung, die für die Evaluation des Programms zuständig ist. Dies alles gehört zum Sicherheits-Back-Up, damit Fehler im Prozeß des Programms korrigiert werden können. (siehe hierzu auch: Qualitätsmanagement und Organisation)

7. Ziele setzen, planen und durchführen

Formular für Zielplanung der Wochen 1–3

Wochenplanung *(FiM)*   03.1

Familienarbeiter(in): Frau Jasper	**Woche:** 1
Familie: Peters	**Datum:**

Kurzbeschreibung der Problemlage:

Die Kinder, vor allem Jürgen (15), laufen von zu Hause fort, weil sie vom Vater geschlagen werden. Dieser sieht sich oft von der lauten Musik, die Jürgen in seinem Zimmer hört, am Ausschlafen gehindert, wenn er von einer Lkw-Tour (er ist Fernfahrer) zurückkommt. Er sagt zudem, daß er nicht will, daß Jürgen sich in der Frankfurter Wohnwagenszene herumtreibt, wo ihn die Polizei wiederholt aufgegriffen hat. Außerdem sei er frech zu seiner Mutter, wenn der Vater auf Tour sei, und er bringe in letzter Zeit auch schlechtere Schulleistungen. Der Vater hält Prügel für ein gutes Erziehungsmittel. Jürgen hat angekündigt, daß er demnächst wieder fortläuft, diesmal jedoch dahin, wo man ihn nicht wieder einfangen würde. Er lebe gerne auf der Straße.

Ziele:

1. Ein Aussetzen oder zumindest eine Verringerung der Häufigkeit der körperlichen Züchtigung.
2. Die Kinder laufen in dieser Woche nicht von zu Hause fort.
3. Einen Weg finden, um dem Ruhebedürfnis des Vaters Rechnung zu tragen. Abklären konflikthafter Bedürfnisse und erster Schritt für gegenseitige Regelung, die dann in der zweiten Woche greifen kann. Außerdem überlegt sie, wie sie an den Stärken der Familie ansetzen kann.

Der hierbei angestrebte methodische Schritt ist keinesfalls eine einfache Art der operanten Konditionierung, wie Kritiker des Programms oft meinen. Denn das angestrebte Verhalten bei allen Beteiligten wird auch in sich als Belohnung erkannt, denn es tut dem mit Schlägen strafenden Vater nicht gut, wenn er schlägt, es sei denn, er ist ein Sadist. Es geht ihm also wirklich besser, wenn er Erziehungsmittel erhält, die das Schlagen überflüssig machen. Aus seiner bisherigen Erfahrung heraus hält er Schläge für ein angemessenes Erziehungsmittel, das nun aber bei seinem Sohn überhaupt nicht greift, denn der läuft dann eben fort und entzieht sich der väterlichen Autorität. Das tut ihm weh, denn er liebt seinen Sohn, ist stolz auf ihn als guten Fußballer und will wirklich, daß er eine gute Entwicklung nimmt. Deshalb soll er mehr für die Schule tun.

Allerdings muß er das Geld schwer verdienen und braucht seine Ruhe, wenn er sich von der langen Fahrt erholen muß. Er ist gern bei seiner Familie, denn er könnte ja, um ruhig ausschlafen zu können, auch im Motel an der Autobahn übernachten, wie es viele Kollegen von ihm tun. Er fühlt sich jedoch auch deshalb verletzt, weil er glaubt, daß sein Sohn seinen Beruf nicht wertschätzt, wenn dieser ihn durch laute Musik am Ausschlafen hindert.

Für Jürgen wiederum, der seinen Vater auch liebt, nur keine Chance erhält, dies zu zeigen, ist der Vater autoritär, weil er nicht einsieht, daß Rockmusik laut gehört werden muß. Außerdem verletzen die Schläge sein Ehrgefühl als junger Mann, der er langsam wird. Wenn er also auf seinen Vater besser eingehen lernt, so merkt er auch, daß es ihm guttut. Es sind also immer ganz komplexe Prozesse angesprochen, wenn es um das soziale Lernen geht.

Analytisch orientierte Kollegen in der Praxis und an den Hochschulen haben altbekannte generelle Vorbehalte gegen lerntheoretisch und verhaltenstherapeutisch begründete Methoden. Die werden wir mit unseren Argumentationen nicht überzeugen. Auch nicht mit den nachgewiesenen Erfolgen des Programms, die ihnen dann immer nicht tief genug gehen.

Und dennoch: Das mit der Rational-Emotiven-Therapie untermauerte Vorgehen wirkt auf eine viel komplexere Weise, als dies auf den ersten Blick erscheint, und hat durchaus auch längerfristige Wirkungen.

7. Ziele setzen, planen und durchführen

Dokumentation der ersten Phase

Die Familienarbeiterin hat die Ziele der ersten Woche erreicht und schreibt darüber einen Bericht:

Berichtsformular *(FiM)* 03. 1-1

Familie: Peters

Zusammenfassung der Kontakte und Vorgänge in der Woche:
(Besondere Informationen, wichtige Ereignisse, Kooperationsbereitschaft und Beteiligung der Familie)

Am ersten Tag dauerte der Erstkontakt mit der Familie am Nachmittag zwei Stunden, und die Familie erteilte mir den ersten, vorsichtigen Auftrag zur Zusammenarbeit. Die Familie, es waren alle Familienmitglieder anwesend, erwies sich als kooperationsbereit.

Es wurde ein zweiter Besuchstermin für den folgenden Tag vereinbart.

Am zweiten Tag war ich fünf Stunden bei Fam. Peters (von 10.00 - 15.00 Uhr), um das Assessment mit ihr durchzuführen und das Engaging abzuschließen. Der Termin war so vereinbart worden, damit auch Herr Peters teilnehmen konnte, der um 16.00 Uhr zu einer zweitägigen Tour aufbrechen mußte. Die Familie beteiligte sich ernsthaft am Assessment und der Zielplanung für die erste Woche.

Der zunächst kürzer vorgesehene Termin dehnte sich über die Mittagszeit aus. Fam. Peters lud mich zum Essen ein. Die Einladung nahm ich an und konnte während der Mahlzeit die Interaktionen der Familie beobachten.

An den folgenden drei Tagen arbeitete ich mit Jürgen, Susanne und Frau Peters, damit sie ihren Teil der Ziele erreichen konnten. Meine Besuche dauerten jeweils etwa drei Stunden. Sie fanden nachmittags und abends statt.

An den letzten beiden Tagen der Woche war die Familie wieder vollständig. Die Arbeit erfolgte hauptsächlich mit Herrn Peters.

7. Ziele setzen, planen und durchführen

Seite: 2   Woche: 1

Ziel: Aussetzen bzw. Verringerung der körperlichen Züchtigung.

Handlungen des/der Familienarbeiter(in)s, Techniken, vermittelte Fähigkeiten:
(Einzelne eingesetzte Strategien, Reaktionen der Familie)

Deal mit Herrn Peters, in dieser Woche nicht zu schlagen. Wut-Management mit Krisenthermometer. Mit allen Familienmitgliedern: Konfliktdämpfung mit Ich-Botschaften und positives Feedback. Vermittlung der Techniken an die Familie. Leichte Skepsis und Neugierde bei der Familie, aber Hoffnung und Erfolgsmotivation geweckt. Explorative Gespräche, um die Wünsche und Bedürfnisse der einzelnen Familienmitglieder zu eruieren.

Auf das Ziel bezogene Fortschritte der Familienmitglieder:

Herr Peters ließ sich auf den Deal ein. Er versprach, es eine Woche ohne Schlagen zu versuchen, wenn die Kinder sich entsprechend verhielten: keine Frechheiten gegenüber der Mutter während seiner Abwesenheit und Rücksicht auf sein Schlafbedürfnis.

Diese Teilziele konnten verwirklicht werden. Herr Peters konnte mit Hilfe des Wut-Managements Prügel vermeiden. Die Kinder machten Fortschritte im Hinblick auf den Umgang mit der Mutter.

Herr Peters formulierte seine Wünsche: ruhiges, harmonisches Familienleben, Respekt der Kinder für ihn und seine Frau. Mehr Interesse der Familie für sein Hobby (Angeln). Zuallererst: keine Polizei mehr im Haus, die fortgelaufene Kinder zurückbringen muß. Erhalt der Familie als Ganzes. Herr Peters hat erkannt, daß Schläge diesem Ziel nicht dienlich sind, weil die Kinder dann wieder fortlaufen oder gar fremdplaziert werden können.

Erreichung des Ziels (bitte einkreisen):

| voll erreicht | weitgehend | teilweise | etwas | nicht erreicht |

7. Ziele setzen, planen und durchführen

Wochenplan: Familie Peters

Montag	
Dienstag	
Mittwoch	
Donnerstag	
Freitag	
Samstag	
Sonntag	

Ziel: Die Kinder laufen in dieser Woche nicht von zu Hause fort.

Handlungen des/der Familienarbeiter(in)s, Techniken, vermittelte Fähigkeiten:
(Einzelne eingesetzte Strategien, Reaktionen der Familie)

Die Kinder ließen sich auf den Deal ein. Sie bemühten sich, gegenüber der Mutter nicht mehr so frech zu sein.

Wut-Thermometer mit Jürgen. Klärung der Wünsche der Kinder. Jürgen: als Heranwachsender ernstgenommen zu werden, mehr realisiertes Interesse des Vaters für seinen Sport. Seine Musik hören dürfen und zwar so laut, wie sie sein muß, um gut zu wirken. Mehr Anerkennung bei seiner Peer-Group, d. h. Teilnahme an gemeinsamen Freizeitaktivitäten mit eigenen Inline-Skates.

Susanne: Sie wollte als eigentlich gute Schülerin auch in der Familie anerkannt werden und nicht allein die Mutter bei häuslichen Pflichten unterstützen müssen. Sie wollte etwas mehr Eigenverantwortung tragen und entsprechendes Vertrauen der Eltern sehen, was sich in der Teilnahme an einer Klassenfahrt ins Ausland und in der Erlaubnis, mal bei ihrer Freundin übernachten zu dürfen, ausdrücken sollte.

Frau Peters wollte neben Respekt der Kinder mehr Unterstützung im Haushalt durch die Kinder, damit sie sich wieder regelmäßig mit ihren Freundinnen treffen konnte. Mittelfristig würde sie gern halbtags arbeiten, um auch eigenes Geld für die Realisierung eigener Konsumbedürfnisse (schicke Kleidung etc.) zur Verfügung zu haben.

7. Ziele setzen, planen und durchführen

Seite: 3 **Woche:** 1

Zeitbezogene Fortschritte der Familienmitglieder:

Wochenplan:

Montag	
Dienstag	
Mittwoch	
Donnerstag	
Freitag	
Samstag	
Sonntag	

Ziel: Dem Ruhebedürfnis des Vaters Rechnung tragen.

Handlungen des/der Familienarbeiter(in)s, Techniken, vermittelte Fähigkeiten:
(Einzelne eingesetzte Strategien, Reaktionen der Familie)

In Gesprächen wurde den Kindern verdeutlicht, daß der Vater ein Recht darauf hat, nach seiner Arbeit auszuschlafen. Da Jürgen seine Musik subjektiv laut hören wollte, wurden Kopfhörer für seine Musikanlage aus Verfügungsmitteln angeschafft.

Auf das Ziel bezogegene Fortschritte der Familienmitglieder:

Der Vater und Jürgen konnten mit ihrem Wut-Management und den angegebenen Arrangements ihre aggressiven Konfrontationen vermeiden. Der Deal zeigte Wirkung.

Die Mutter und Susanne konnten wie die anderen Familienmitglieder ihre Wünsche und Bedürfnisse thematisieren und sich die Realisierung als Perspektive vorstellen.

7. Ziele setzen, planen und durchführen

Die Familie konnte die entwickelte Hoffnung auf den Erhalt als Familie als reale Möglichkeit erkennen und erste Erfolgsmotivation entwickeln.

Wochenplan: Woche 1

Montag	
Dienstag	
Mittwoch	
Donnerstag	
Freitag	
Samstag	
Sonntag	

Input / benötigte Unterstützung:
Keine besondere durch Team oder Anleiterin.

Team Feedback / Vorschläge:
Zunächst keine, da der Prozeß auf dem richtigen Weg ist.

Feedback der Anleitung / Vorschläge / Empfehlungen

_____

_____

_____

Familienarbeiter(in): Jaspers   **Datum:**

Anleiter(in): Bieger   **Datum:**

Adaptierte Fassung des Bogens der „Weekly case consultation" von „Families First", Michigan.

Diese Art der Planung und des Wochenberichts wiederholt sich für jede der Wochen, bis auf die Abschlußwoche, in der die Beendigung der Intervention in besonderer Weise protokolliert werden muß.

Was geschieht nun mit diesen Bögen? Zunächst wird hierbei deutlich, daß die Familienarbeiter(innen) in diesem Programm mit einer größtmöglichen Absicherung arbeiten.

Bereits nach zwei Tagen liegen das Übernahmeprotokoll, der Assessment-Bogen und das Planungsformular der Anleiterin vor. Fällt in diese Zeit die wöchentlich stattfindende Fallkonsultation im Team der Familienarbeiter(innen), so nehmen auch sie Kenntnis von der fachlichen Einschätzung und der Planung der Kollegin. Sie können also frühzeitig erkennen, ob die Kollegin in der Arbeit mit einer Familie auf dem richtigen Weg ist. Dies gilt – auch wenn in dieser Zeit keine Fallkonsultation im Team stattfindet, weil die Übernahme der Familie den wöchentlichen Termin nicht tangiert – auf jeden Fall für die Anleitung.

Dies ist, was die Amerikaner „Safety-Backup" nennen, wir würden sagen Sicherheits-Netz. Dadurch ist ein(e) Familienarbeiter(in) in der Familie nicht völlig auf sich gestellt. Es können Fehler vermieden oder ausgebügelt werden, es kann eine zweite Fachkraft oder die Anleiterin im Bedarfsfall mit in die Familie gehen, bei Krankheit oder sonstigem Ausfall einer Familienarbeiterin kann eine Kollegin einspringen und die Familie übernehmen, denn alle Mitarbeiter(innen) des Teams wissen, was in jeder Familie der anderen Familienarbeiter vor sich geht.

Am Ende jeder Woche geht eine Kopie der Planung und des Wochenberichts an die dem Projekt zugeordnete Begleitforschung zur Evaluation, ohne die kein von „Families First" oder FiM autorisiertes Programm arbeiten darf. Im Zuge der Prozeß-Evaluation wird hier ein Qualitätsmanagement betrieben, das über die Qualität und die Modelltreue wacht, das aber auch laufend Verbesserungen und Korrekturen in den Arbeitsprozeß eingeben soll, indem die jeweiligen Ergebnisse an die Teamleitung und das Team zurückgemeldet werden (zur Evaluation s. Kapitel 8, S. 170 ff.).

Realisieren und erneutes Planen

Schon im Zielfindungsprozeß wurde den Familienmitgliedern klar, daß die Wünsche der einzelnen Familienmitglieder sich auf Verhaltensweisen bezogen, die sich gegenseitig bedingen. Es mußte nur ein Anfang gemacht werden, um diesen Knoten aufzuschnüren.

7. Ziele setzen, planen und durchführen

Beispiel:

Die Familienarbeiterin redete zunächst mit dem Vater. Sie säte Zweifel aus, ob denn die Züchtigung des Jungen, „auch wenn sie ihm nicht geschadet hätte", wie er sagte, wirklich geeignet wäre, Jürgen dazu zu bewegen, die Eltern zu respektieren, mehr für die Schule zu arbeiten, ihn schlafen zu lassen, wenn er von der Tour nach Hause komme, und vor allem nicht mehr fortzulaufen.

Die Familienarbeiterin hatte den Eindruck, der Vater wolle um keinen Preis, daß Jürgen ins Heim käme oder wieder wegliefe. Er hatte Angst, ihn zu verlieren. Der Vater ließ sich dazu überreden, eine Woche auf die körperliche Züchtigung von Jürgen zu verzichten, wenn dieser sein Verhalten ihm gegenüber veränderte. Im Gespräch erzählte Herr Peters, er würde gern einmal die ganze Familie mit zum Angeln nehmen. Dazu würde es aber derzeit nicht kommen, weil die Kinder, vor allem Jürgen, dies nicht wollten.

In einem weiteren Gespräch mit der ganzen Familie erreichte sie einen Deal, der einem vorläufigen Waffenstillstand ähnelte. Die Kinder versprachen, nicht mehr wegzulaufen und sich der Mutter gegenüber zusammenzunehmen und nicht mehr so frech zu sein, wenn der Vater sie nicht mehr schlagen würde. Das Musikhören von Jürgen und das Schlafbedürfnis des Vaters wurde kurzfristig dadurch geregelt, daß die Familienarbeiterin mit Jürgen gemeinsam einen Kopfhöreranschluß für seine Anlage kaufen würde, damit er seine Musik hören, während der Vater seinen Schlaf nachholen könne.

Sie vereinbarte darüber hinaus, mit allen Familienmitgliedern einzeln zu sprechen, um herauszufinden, womit ihnen eine Freude gemacht werden könne.

Gegen Ende der Woche sollte dann möglichst mit der ganzen Familie darüber gesprochen werden, was bis dahin erreicht wurde und eine Zielfindung und Planung für die nächste Woche vorgenommen werden.

Das Assessment hatte bereits deutlich gemacht, daß der Vater das Schlagen der Kinder auf Dauer nicht einfach aufgeben würde, auch wenn er sich eine Woche lang zusammenriß. Er hatte doch gesagt, daß er das Schlagen für ein bewährtes Erziehungsmittel halte, denn er selbst sei ja auch so erzogen worden. Per Einsicht allein wird kaum jemand befähigt, sein in der eigenen Kindheit erlebtes und damit geprägtes Verhalten, das zudem über Jahre praktiziert wurde, so einfach aufzugeben, auch wenn das angestrebte Ziel, das Verhalten der Kinder zu ändern, nicht erreicht wurde.

Das sehr intensive, aber kurze Programm FiM kann nur dann auch längerfristig wirksam sein, weil die Beteiligten selbst Fähigkeiten und Techniken vermittelt bekommen, die sie unabhängig von den Familienarbeiter(inne)n einsetzen können, um ihr Verhalten zu steuern. Dies sollte in der zweiten Woche begonnen werden, damit einige dieser Selbstmanagementprozesse

7. Ziele setzen, planen und durchführen

bereits von den Familienmitgliedern praktiziert und eingeübt werden können, während der/die Familienarbeiter(in) noch in der Familie ist.

In diesem Fall ist dies zunächst die Technik der Verhaltensbeeinflussung über das Aufstellen von Regeln und Sanktionssystemen für ihre Einhaltung oder Verletzung. Dazu gehört auch die Erstellung von Verhaltenskodizes, denen ein für alle transparentes Punktesystem zugeordnet ist, mit deren Hilfe Privilegien (z. B. abends später nach Hause kommen, zum Bundesligaspiel gehen, eventuell mit Karten, die der/die Familienarbeiter(in) aus seinem/ihrem Fond bezahlt) oder Geschenke (z. B. Inline-Skates für die Kinder, Restaurantgutscheine für die Eltern) erworben werden können.

Das bedeutet aber auch, daß Punkte verlorengehen können, wenn gegen Regeln verstoßen wird. Dieses System der Verhaltenssteuerung funktioniert erstaunlich gut, auch wenn Gegner dieser lerntheoretischen Methode (nach dem Motto: „Menschen sind keine Tiere, die man dressieren kann oder darf") dies bestreiten. Die betroffenen Familienmitglieder merken nämlich sehr schnell, daß das veränderte Verhalten ihnen selbst guttut, so daß sie die von außen gesetzten Anreize als Verstärker dann nicht mehr brauchen.

Ein Vater, der seine Kinder liebt, sie aber schlägt, weil er für sie „das Beste" will, müßte schon sadistische oder masochistische Grundzüge besitzen, wenn er nicht froh ist, daß er auf das Schlagen verzichten kann und trotzdem erreicht, daß seine Kinder auf ihn hören. Was nicht zu kritiklosem Gehorsam führen muß. Die Kinder lernen, daß sie nicht geschlagen werden, wenn sie auf die berechtigten Bedürfnisse der Eltern eingehen.

Das Setzen von Grenzen muß von vielen Eltern gelernt werden, wie auch das Akzeptieren von Grenzen durch die Kinder. Dazu gehört auch, daß sich alle nach besten Kräften an den Reproduktionsarbeiten der Familie beteiligen. Dies ist ein wichtiges Lernziel für Kinder beider Geschlechter und für Ehemänner, in die die Berufstätigkeit beider oder eines der Partner eingerechnet werden muß. Denn die Berufstätigkeit als Grundlage für die Abdeckung des finanziellen Bedarfs der Familie wird für die meisten Bürger unserer Gesellschaft auch weiterhin die Regel sein, auch wenn einige Sozialwissenschaftler den Tod der „Arbeitsgesellschaft" vorausgesagt haben und damit kokettieren und auch wenn viele Kunden der Sozialarbeit als Dauerarbeitslose von der Sozialhilfe leben.

Exkurs: Wir sind hinsichtlich der Arbeiten im eigenen Haushalt der festen Überzeugung, daß Kinder und Heranwachsende ihrem Alter entsprechende Aufgaben übernehmen sollten und sich besondere Rechte und auch Belohnungen verdienen können sollten. Dies müssen nicht immer materielle sein, es könnten auch bestimmte Rechte sein (wie z. B. mit Freunden eine Camping-Tour unternehmen oder bei Freunden übernachten, das Fernsehprogramm an einem Abend bestimmen dürfen).

7. Ziele setzen, planen und durchführen

Eines der Erziehungsziele ist, daß man für vieles, das man haben oder tun will, auch selbst etwas für andere tun muß. Die Mithilfe der Kinder im Haushalt und bei der gesamten Reproduktion spätestens ab dem Schulalter ist ein ganz wichtiger Schritt aus dem traditionellen, ansozialisierten Rollenverhalten hieraus, wenn dann Jungen und Mädchen gleichermaßen, und zwar ohne Spezialisierung, Arbeiten zur eigenen Reproduktion übernehmen.

Dies ist ein wichtiger Schritt zur alltäglichen Gleichberechtigung der Geschlechter! Außerdem hilft es, den Horizont und das Bewußtsein zu erweitern, wenn jede(r) einmal seinen/ihren eigenen Dreck beseitigt hat und auch später bereit ist, auch das eigene Klo zu putzen. Dies erschwert die Herausbildung von Dünkeln und betont die Ganzheitlichkeit der Person gegen „Kopffüßler".

Wir stehen auch deshalb zu dieser, vielleicht für manche unmodernen Aussage, weil wir in der Praxis viele Beispiele vor Augen haben, in denen Kinder und Jugendliche von ihren Eltern, die sich oft darüber „Liebe" erkaufen wollen, immer größere Geschenke und Rechte erhalten, ohne dafür das Geringste leisten zu müssen.

Können Eltern auf den Dank ihrer Kinder hoffen? Das funktioniert meist nicht. Die Gesellschaft erwartet Leistungen, ob wir das wollen oder nicht. Nicht immer sind dies materielle Leistungen, es können auch Hilfsbereitschaft und Solidarität sein, die nicht unmittelbar be- oder entlohnt werden. Wird dieses Ziel – in der Regel aus ideologischen Motiven – von den Eltern abgelehnt und nicht verfolgt, so muß man sich fragen, ob die Kinder wirklich angemessen auf diese Gesellschaft vorbereitet werden. Dies gilt vor allem für das Setzen von Grenzen, auch wenn die Gesellschaft und ihre Anforderungen kritisch betrachtet werden sollten und dies auch den Kindern vermittelt werden muß.

Eltern haben sich auch als Erzieher zu definieren, dies gehört zu ihrer Rolle. Dies zur Situation von Eltern allgemein, insbesondere auch zu den Familien, die keine Kunden von FiM sind: den durchschnittlichen Mittelschichtfamilien, in denen keine Gefahr für das Wohl der Kinder greifbar besteht.

Das soeben Gesagte gilt jedoch in besonderem Maße für solche Familien, die wenig Erziehungskompetenzen besitzen, die ihre Kinder mit Prügel richtig zu erziehen glauben, in denen aufgrund äußerer Umstände und Drogenabhängigkeit wesentliche Erziehungskompetenzen fehlen und die ihr Leben bislang nicht so organisieren oder ihre Elternrolle nicht in einer Weise organisieren konnten, daß die Kinder sicher in der Familie aufwachsen konnten.

Arbeitstechniken und -instrumente

Neben dem Aufstellen und Praktizieren von Verhaltens- und Erziehungsregeln und der Anwendung verhaltensmodifizierender Techniken brauchen Familien, in denen physische Gewalt oder depressives Verhalten ein Problem ist, weitere Hilfen, die die Familienarbeiter(innen) einsetzen und dann für das Selbstmanagement an die Familien vermitteln.

Dazu gehören zwei Instrumente, die vom „Institute of Behavioral Research" in Seattle entwickelt wurden:

Shelley's Crisis Card zur Depressionskontrolle und zum Wut-Management (s. auch Kapitel 12, S. 256 ff.). Wir stellen sie im folgenden vor. Das Krisenthermometer zur Wutkontrolle ist im beschriebenen Fall der Familie Peters ein wichtiges Instrument, damit sowohl der Vater als auch der Sohn ihr Verhalten in einer produktiven Weise steuern können. Die Instrumente sind eigentlich Strategien zur Verhaltenskontrolle, denn sie werden in jedem Einzelfall gemeinsam von dem/der Familienarbeiter(in) und dem Kunden entwickelt. Zusätzlich arbeiten die Familienarbeiter auch in diesem Fall mit Demonstrationsvideos und Rollenspielen. (siehe folgende Darstellung der Instrumente, die bei den Materialien zu finden sind.)

Instrumente aus dem Repertoire der Familienarbeiter von „Families First"

1. Das Krisenthermometer zur Depressionskontrolle nach Shelley
2. Das Krisenthermometer zum Wut-Management nach Shelley
3. Krisenentschärfungshilfe
4. Aktives Zuhören, Positives Feedback, Ich-Botschaften
5. Soziodrama / Rollenspiel
6. Zielkarten
7. Videoeinsatz
8. Direkte Unterweisung
9. Verhaltenstraining

Das Krisenthermometer zur Wutkontrolle funktioniert ähnlich wie das Krisenthermometer zur Depressionskontrolle (s. Kapitel 12: Arbeitshilfen und Instrumente S. 256 ff.).

Die Familienarbeiterin erarbeitet mit Herrn Peters und mit Jürgen jeweils ein solches Instrument. Wir zeigen es am Beispiel der Arbeit mit Herrn Peters.

7. Ziele setzen, planen und durchführen

Beispiel:

Die Familienarbeiterin bittet Herrn Peters, die Situation in letzter Zeit zu beschreiben, in der er sich fürchterlich aufgeregt hat, völlig außer sich war und seine Kinder geschlagen hat. Das war, so Herr Peters, als er neulich am Sonnabend um Viertel nach elf von seiner Tour nach Hause gekommen und sein Sohn immer noch nicht heimgekehrt war, obwohl er spätestens um elf zu Hause sein sollte. Während er noch etwas zu Abend aß, kam sein Sohn um 23.30 Uhr nach Hause, ging ohne Begrüßung in sein Zimmer und drehte seine Anlage auf große Lautstärke, um Techno zu hören. Seine Frau forderte Jürgen um 24.00 Uhr auf, die Musik leise zu stellen. Der war gegenüber seiner Mutter derartig frech und respektlos, daß sie weinend zu ihrem Mann zurückkam, der bereits dabei war, ins Bett zu gehen. Da platzte Herrn Peters der Kragen. Er wollte seinen wohlverdienten Schlaf haben und sein Herr Sohn kümmerte sich einen Dreck, was er und seine Frau wollten. Da verprügelte er seinen Sohn nach Strich und Faden. Dieses Verhalten erhielt die Marke 1 als niedrigsten Punkt auf der Wut-Thermometer-Skala.

Nun bat die Familienarbeiterin Herrn Peters eine Situation zu schildern, in der er völlig entspannt und ruhig war und diese Ruhe genoß. Herr Peters berichtete sofort von einer Situation, als er an seinem freien Tag zum Angeln war. Er saß am Fluß mit seinen zwei Angeln und genoß den Sonnenuntergang. Außer dem Singen der Vögel und dem Plätschern des Wassers war alles still. Da hatte er ein Gefühl des Glücks. Dieses Erlebnis erhielt die Marke 10, als obersten Punkt des Thermometers.

Der nächste Schritt bestand nun – analog zum Depressions-Thermometer – darin, die Zwischenpunkte zu füllen. Dabei sollte Herr Peters beschreiben, wie die Wut in ihm anstieg und welche physischen und psychischen Reaktionen er bei sich am Punkt 4 bemerkte, dem Punkt, an dem der Kontrollverlust einsetzte.

Zunächst schilderte er, wie er sich darüber ärgerte, daß sein Sohn an dem bewußten Abend noch nicht zu Hause war. Schließlich hatte er Jürgen gesagt, daß er spätestens um 23.00 Uhr zu Hause zu sein hätte. Herr Peters zog seine Stirn in senkrechte Falten, aber sonst tat er zunächst nichts, zumal er müde war von der Fahrt und hungrig darauf wartete, was ihm seine Frau gekocht hatte. Als sein Sohn dann um Viertel nach der vereinbarten Zeit nach Hause kam, hatte Herr Peters seine Mahlzeit auf dem Tisch, so daß er sich wieder etwas beruhigte. Dann hörte er die laute Musik aus Jürgens Zimmer. Er legte Messer und Gabel hin, seine Fäuste ballten sich und seine Gesichtszüge spannten sich an.

Dies war der Moment, in dem der Kontrollverlust einsetzen würde. Soweit hatte die Familienarbeiterin mit Herrn Peters den Prozeß aufgearbeitet.

7. Ziele setzen, planen und durchführen

Jedes Wut-Thermometer muß mit dem Kunden individuell erarbeitet werden. Zwar gibt es einige allgemein anzutreffende Kennzeichen für den beginnenden Kontrollverlust, doch sehr viele individuelle Anzeichen auf dem Weg dahin. Wie es auch allgemeingültige und individuelle Möglichkeiten gibt, den Kontrollverlust mit all seinen Folgen, z. B. seelischen und körperlichen Verletzungen und schwer reparablen Schäden in den Beziehungen zwischen Eltern und Kindern und zwischen den Partnern, zu vermeiden.

Wenn die zu kontrollierende Wut gegen ein oder mehrere Familienmitglieder gerichtet ist, so ist es sinnvoll, die Situationen, in denen sich die Wut aufbaut, aus dem Familienleben zu nehmen. Denn FiM arbeitet im Bereich der Sicherheitsmaßnahmen bei Gewalt und Mißbrauch vor allem damit, die Situationen zu kontrollieren, aus denen heraus die Übergriffe entstehen, um das Entstehen gefährlicher Situationen präventiv zu verhindern.

Beispiel:

In unserem Beispiel konnte die Familienarbeiterin die Ziele der ersten Woche erreichen. Der Vater hielt sein Versprechen und schlug seine Kinder, insbesondere Jürgen, nicht. Der hatte ihm auch weniger Grund zum Ärgern gegeben, weil er sich zumindest bei der Heimkehr seines Vaters von einer Tour rücksichtsvoll verhalten hatte, indem er keine laute Musik auf seiner Anlage mehr spielte. Dies fiel ihm leicht, da er ja Kopfhörer erhalten hatte, die er auch nutzte. Folglich hatten die Kinder auch keinen Grund gehabt fortzulaufen.

In der zweiten Woche arbeitete die Familienarbeiterin daran, daß sowohl der Vater als auch Jürgen zu lernen hatten, ihren Jähzorn zu beherrschen, damit Konflikte zwischen ihnen nicht außer Kontrolle geraten und mit Gewalt ausgetragen werden müßten. Ziel war es also auch in dieser zweiten Periode, alternative Verhaltensweisen für eine gewaltfreie Konfliktbearbeitung zu vermitteln. Also arbeitete die Familienarbeiterin mit dem Wut-Thermometer, d. h., sie erstellte jeweils eines mit Herrn Peters und mit Jürgen und überwachte, daß beide für neue Konflikte bereitstanden.

Dies hatte bereits eine beruhigende Wirkung auf die Betroffenen. Durch diese Arbeit mit der Familienarbeiterin fühlte sich Jürgen ernstgenommen. Er und sein Vater erlebten die Anwesenheit der Familienarbeiterin als angenehm. Durch die ruhigere Atmosphäre konnten auch die Mutter und die Tochter eigene Bedürfnisse artikulieren.

Die Familienarbeiterin arbeitete nun systematisch mit den Verhaltenskarten, mit deren Hilfe die Familienmitglieder Punkte für Belohnungen sammeln konnten.

In der dritten Woche sollte in der Familie darauf hingearbeitet werden, daß die gegenseitige Wertschätzung verbessert würde. Der Familienarbeiterin war aufgefallen, daß die Kinder kaum eine Vorstellung von der Ar-

7. Ziele setzen, planen und durchführen

beitswelt ihres Vaters hatten. Dabei ist der Beruf des Fernfahrers (Trukkers) durchaus einer, der die Phantasie vieler, insbesondere junger Menschen anregen kann, mehr jedenfalls als Bürojobs. Fernfahrer, die sich selbst in Anlehnung an die amerikanischen Kollegen Trucker nennen, die tage- und nächtelang auf der Autobahn unterwegs sind, eigene Festivals mit Country-Musik haben, werden auch „Kapitäne" oder „Ritter der Landstraße" genannt. Natürlich ist dies, jenseits aller Romantik, bei all den Widrigkeiten ein harter Job: schlechte Straßenverhältnisse, Staus, Unfälle, Fast-Food in Raststätten und evtl. langen Wartezeiten an den Grenzübergängen. Dies sollten die Kinder aus eigener Erfahrung kennenlernen. Also stellte die Familienarbeiterin für die dritte Woche die Frage, ob es nicht machbar wäre, daß Herr Peters die Kinder einmal auf eine nicht allzulange Tour ohne Beifahrer mitnehmen könnte, damit sie die Arbeit ihres Vater aus eigener Erfahrung kennen und schätzen lernen könnten.

Nach Rücksprache mit seinem Arbeitgeber und anfänglicher Skepsis konnte Herr Peters sich dafür erwärmen. Es war an eine zweitägige Fahrt mit einer Übernachtung in einem Motel an der Autobahn gedacht. Dies fanden auch die Kinder zunehmend interessant, so daß die Vereinbarung laufen konnte. Die Tour führte von Frankfurt nach München, von dort über Würzburg und Fulda nach Göttingen, wo in der Raststätte Göttingen übernachtet wurde (Herr Peters erklärte den Kindern, daß er normalerweise in seiner Fahrerkabine schlafe). Am nächsten Tag ging es nach Hannover und dann wieder zurück nach Frankfurt/Hanau. Für die Kinder war diese Fahrt durchaus ein Abenteuer, für alle Beteiligten eine gute Gelegenheit, die lange vermißte Nähe zwischen dem Vater und den Kindern herzustellen und den Kindern vor Augen zu führen, was für einen harten und verantwortungsvollen Beruf ihr Vater hat.

An den Tagen der Abwesenheit von Ehemann und Kindern konnte die Familienarbeiterin gute Gespräche führen, um das Selbstbewußtsein von Frau Peters zu stärken und zu überlegen, wie sie zu ihren Bedürfnissen kommen könnte. Da die Reproduktionsarbeiten im Haushalt allmählich auf mehr Schultern verteilt waren, fand Frau Peters nun auch Zeit, eigene Bedürfnisse zu erkennen und eigenen Interessen nachzugehen. Um diese Themen kreisten die Gespräche. Frau Peters äußerte der Familienarbeiterin gegenüber ihren Wunsch, eine Teilzeitbeschäftigung aufzunehmen, um zum gemeinsamen Haushalt beizutragen, aber auch um „unter Leute zu kommen" und um etwas von dem selbstverdienten Geld zur freien Verfügung zu haben.

Diesen Wunsch zu realisieren würde nicht einfach sein, weil ihr Mann wollte, daß sie immer zu Hause wäre, wenn er von der Tour zurückkomme und weil er der Meinung sei, daß sein Lohn für die Familie reichen müsse, weshalb er ja schließlich Überstunden mache. Er habe bislang aber gar nicht mitbekommen, in welchem Maße sich die Lebenshaltung verteuert hätte. Schließlich brauchten auch die Kinder immer mehr Geld, z. B. für Kleidung, um nicht in der Schule bei den Mitschülern ins Hintertreffen zu geraten.

Die Familienarbeiterin wußte, daß es ihr in der kurzen Zeit des Programms FiM wohl kaum gelingen würde, Frau Peters effektiv bei der Realisierung ihrer Wünsche zu helfen. Sie hielt es jedoch schon für einen Fortschritt, daß Frau Peters diesen Wunsch überhaupt artikulieren konnte und damit zeigte, daß sie auch an sich denken konnte. Eine weitergehende Stabilisierung der positiven Entwicklung, insbesondere auch der Entwicklung des Selbstbewußtseins von Frau Peters und das zur-Geltung-Bringen ihrer Interessen, wäre für das Krisenprogramm FiM ein zu weitgehendes Ziel.

Eine Familienberatung, eine Sozialpädagogische Familienhilfe oder eine begleitende Arbeit durch Mitarbeiter(innen) des Allgemeinen Sozialen Dienstes, aber auch der Anschluß an einen Frauenkreis, z. B. in der Volkshochschule oder der Kirchengemeinde, könnten hier helfen.

Diese hier angesprochenen Nachsorgemöglichkeiten sind zwar nicht Teil des Programms. Jedoch gehört es dazu, die Verbindungen zu knüpfen, und die Nachsorge mit zu organisieren.

Die beharrliche Arbeit mit der Verhaltenskarte und dem Krisenthermometer zum Wut-Management in der zweiten und dritten Woche begann sich auszuwirken. Familie Peters machte Fortschritte, so daß für die vierte Woche das Ende der Arbeit von FiM mit der Familie Peters vorgesehen werden konnte.

Auf die Beendigung des Programms wird bei FiM noch einmal besonderer Wert gelegt, weil auch in der kurzen Zeit der Arbeit mit der Familie Beziehungen entstanden sind (bis hin zu einer Art erweiterten Familienmitgliedsstatus) und weil damit auch zur Phase der Evaluation übergeleitet wird.

Wir werden die Arbeit des Zielesetzens, Planens und Realisierens am zweiten Beispiel verdeutlichen.

Ein weiteres Beispiel: Familie Barbara F.

Beim Stärken-Assessment waren folgende Stärken der Barbara F. deutlich geworden:

- Sie hatte ein echtes Interesse an ihren Kindern entwickelt.
- Sie leistete ihrem Freund Widerstand und ließ sich nicht mehr auf den Strich schicken.
- Sie zeigte ihn sogar bei der Polizei wegen seiner Gewalttätigkeit an, d. h., sie zeigte den Mut, sich zu wehren und die Kinder zu schützen.

7. Ziele setzen, planen und durchführen

- Sie hatte den Entzug erfolgreich durchgestanden.
- Sie war – jedenfalls vorläufig – clean geblieben.

Jetzt mußte es vor allem darauf ankommen, ihren Lebensalltag mit ihren Kindern soweit abzusichern, daß sie weiterhin clean bleiben konnte. Die Sehnsucht nach ihren Kindern förderte das Hauptmotiv, ihr Leben grundlegend zu verändern.

Die Zielsetzung war bei diesem Beispiel sehr einfach:

Barbara F. war, als sie Ilona bekam, erst 16 Jahre alt. Mit 20 hatte sie – nun bereits drogenabhängig – ihre zweite Tochter Marie bekommen. Sie hatte niemals die Chance gehabt, selbst erwachsen zu werden und die Orientierungen (z. B. die Mutterrolle mit allen Rechten und Pflichten zu übernehmen) und Kompetenzen einer Mutter zu erlernen. Dies hatte schon in ihrer eigenen Kindheit in einer zerrütteten Beziehung ihrer Eltern begonnen; was Kinder von ihren Eltern diesbezüglich lernen konnten, wurde ihr vorenthalten. Aus einem sehr unwirtlichen Elternhaus (Streit, Alkohol, Gewalt) war sie früh entflohen und in eine Frühehe geflüchtet, aus der die beiden Kinder hervorgegangen waren. Der Vater der Kinder war nicht viel älter und ebenfalls überhaupt nicht auf die Übernahme von Verantwortung für eine Familie vorbereitet. Er hatte nicht einmal die Lehre als Schlosser beendet, als er mit 18 das erste Mal Vater wurde. Auch von seiner Familie gab es keine Unterstützung für die junge Familie. Also schmiß er die Lehre, um als Transportarbeiter mehr zu verdienen. Der Verdienst reichte nicht weit, und als er ein zweites Mal Vater wurde, verließ er seine Familie mit unbekanntem Ziel und zahlte auch keinen Unterhalt mehr. Das Jugendamt versucht seitdem, seinen Aufenthalt festzustellen. Barbara F. lebt von der Sozialhilfe.

Als FiM die Arbeit aufnimmt, werden folgende Zielprioritäten formuliert:

1. *Ausstattung der Wohnung mit den wichtigsten Haushaltsgegenständen und -möbeln. Es fehlten: ein geeignetes Kinderbett für Ilona, ein funktionierender Kühlschrank, Geschirr und andere Gegenstände für die Küche. Diese Dinge standen auf Platz 1 einer Beschaffungsliste. Eine Liste mit Ausstattungswünschen an Kleidung ging an das Sozialamt.*

2. *Direkte Unterweisung darin, was Kinder in den Altersstufen brauchen. Am Ende des FiM-Programms würde die Umschulung von Ilona und der Beginn eines neuen Schuljahres stehen Das bedeutete: Aufbau eines geregelten Tagesablaufs, der den Bedürfnissen der Kinder und der Mutter entspricht. Dabei Unterweisung in Techniken der Haushaltsführung (Hygiene, Putzen, Kochen).*

3. *Vermittlung von dringlichen Kompetenzen im Umgang mit den Kindern. Aufstellung von Verhaltensregeln im Umgang mit den Kindern. Erarbeitung eines Belohnungssystems für die Mutter und für die Kinder.*

7. Ziele setzen, planen und durchführen

Diese Ziele, die später noch mit der Vermittlung von Freizeitaktivitäten, der Vorbereitung der Mutter auf die neue Situation der Tochter als Schülerin und auf ihre Pflichten gegenüber einem Schulkind im zweiten Schuljahr sowie dem Umgang mit dem knappen Haushaltsgeld und gesunde Ernährung ergänzt wurden, wurden in der zweiten bis vierten Woche beibehalten und weiterentwickelt.

Aus dem Verfügungsfonds der Einrichtung (500,- DM pro Familie) wurden eine Kühlgefrier-Kombination und ein Kinderbett, Geschirr und Bestecke angeschafft (1.600,- DM). Kosten, die die FiM-Verwaltung sich später vom Sozialamt zurückholte. Andere Möbel konnten vom Gebrauchtmöbellager des Sozialamts direkt beschafft werden.

Die unmittelbare Arbeit mit der Mutter und den Kindern setzt systematisch an deren Stärken an. Problemverhalten wird minimiert. Hier sind die starke Motivation der Mutter, ihre Kinder zu behalten, und die bereits bewiesene Energie, ein eigenes Leben ohne zerstörerische Drogen zu führen, die Stärken, auf denen aufbauend ein neuer Anfang gemacht werden kann.

FiM wird immer nur für die Kinder und Jugendlichen und deren Wohl definiert. Eine Erweiterung des Programms auf die Stabilisierung von Drogenabhängigen zur Vermeidung des bekannten Drehtüreffekts der Drogentherapie bei den Eltern mit Kindern ist ein Nebeneffekt. Der erscheint jedoch keine zu vernachlässigende Größe zu sein. Schließlich sind nach den Erfahrungen der Niederländer und der Amerikaner etwa 80 % der Kunden von „Families First" alleinerziehende Elternteile, meist Frauen, von denen die meisten drogenabhängig waren.

Beispiel:

Für die erste Woche war es das Ziel des Familienarbeiters, mit Frau F. einen geregelten Tagesablauf einzurichten, ihr grundlegende Haushalts- und Elternkompetenzen und Grundwissen über die Bedürfnisse von Kindern im entsprechenden Alter zu vermitteln. Aufgrund der Drogensucht war das Wenige, was sie selbst in ihrer Kindheit an Kompetenzen auf diesen Bereichen erwerben konnte, vergessen.

Das meiste hatte sie nie gelernt. Vom einfachen Spiel mit Puppen, die sie immer noch besaß, mußte sie in die Lage versetzt werden, den vergleichsweise komplizierteren Anforderungen der Erziehung von Kindern im Kindergarten- und Schulalter gerecht zu werden. Gleichzeitig mußte der gemäßigte Umgang mit erlaubten Drogen (hier Zigaretten) trainiert werden.

Die Befreiung aus der Heroinsucht konnte stabilisiert werden, aber eine absolute Drogenfreiheit wäre ein Ziel gewesen, das sie in der neuen Streßsituation überfordert hätte. Mehr als ein halbes Päckchen Zigaretten pro Tag war jedoch nicht finanzierbar, ohne daß die Kinder Wichtiges entbehren würden.

7. Ziele setzen, planen und durchführen

FiM ist kein moralisierendes Programm, das seine Kunden zwingt, absolut drogenfrei und nach den Vorstellungen der Mittelschicht zu leben.

Vom Putzen, ökonomischen und dennoch möglichst vitaminreichen Einkaufen von Nahrungsmitteln, mit Sozialhilfe ein schwieriges Unterfangen, über die Zubereitung von Mahlzeiten zur regelmäßigen Versorgung und Pflege der Kinder reichte das Spektrum der Arbeit in der ersten Woche, in der der Familienarbeiter etwa 30 Stunden in der Wohnung anwesend war.

Gleichzeitig wurden erste Kompetenzen einer gewaltfreien Erziehung vermittelt. Als der Haushalt weitgehend funktionierte, konnte in der zweiten Woche der Schwerpunkt auf die Kindererziehung und die gemeinsamen Regeln für den Umgang miteinander verlagert werden. Besonders mit den Kindern wurde daran gearbeitet, daß sie die Mutter, wegen deren Drogensucht sie zwischenzeitlich fremdplaziert waren, wieder respektieren und als Bezugsperson achten und lieben lernten. In dieser Zeit wurde die Wohnung mit Wandzeitungen ausgestattet, auf denen die Verhaltens- und Kommunikationsregeln festgehalten wurden. Solche Regeln waren z. B. für die ältere Tochter Ilona:

Wenn ich mit Marie spielen will, so frage ich sie, ob sie mit mir spielen will.

Ich frage sie, ob ich mit einem ihrer Spielzeuge spielen darf.

Ich darf meine kleine Schwester nicht schlagen.

Für jedes Familienmitglied werden Verhaltenskarten mit für alle erkennbar klaren Regeln erstellt. Werden sie befolgt, so können Punkte für Privilegien erworben werden. Werden sie nicht befolgt, können Punkte verlorengehen.

Privilegien können sein: ein gemeinsamer Besuch im Schwimmbad, auswärts essen, ein Ausflug ins Grüne, in den Zoo oder auch nur das Bestimmen des Fernsehprogramms. Vergabe von bunten Ansteckern an Kinder.

Das Vermitteln von wichtigen Kompetenzen und das Vollbringen bestimmter positiver Verhaltensweisen wird immer mit einem positiven Feedback begleitet. Deshalb haben die FiM-Mitarbeiter(innen) auch dies gründlich trainiert. Sie haben dafür eine Liste mit 106 Möglichkeiten, „sehr gut" auszudrücken, erhalten, damit dies möglichst variabel und nicht schematisch geschieht (s. Kapitel 12: Arbeitshilfen S. 223 ff.).

Beispiel:

In der zweiten Woche hatte Frau F. ihren Haushalt weitgehend im Griff. An den Erziehungspraktiken und Kommunikationsregeln wurde noch gefeilt. Der Familienarbeiter konnte seine Anwesenheit auf 15 Stunden in der Familie reduzieren. Die Gefahr, in depressive Stimmungen zurückzufallen, bestand jedoch, so daß er mit ihr das Krisenthermometer zur Depressionskontrolle (s. Kapitel 12: Instrumente S. 223 ff.) erarbeitete mit der Möglichkeit, ihn am kritischen Punkt jederzeit anzurufen. Dies geschah nicht in der zweiten, wohl aber in der dritten Woche, als Frau F. noch einmal „die Decke auf den Kopf zu fallen" schien, was angesichts der nicht gerade rosigen Gesamtlage (ökonomisch, ohne Partner) zu verstehen war.

Als der Familienarbeiter dann kurz darauf in der Wohnung erschien, war die depressive Stimmung schon fast vorbei, denn sie hatte die Gewißheit erfahren, daß sie notfalls jederzeit Hilfe bekommen konnte. Sonst hatten sich auch die innerfamilialen Verhaltensweisen stabilisiert, weshalb die Anwesenheit trotz des Alarmrufs nicht über 15 Stunden die Woche hinausging. Trotzdem entschied der Familienarbeiter gemeinsam mit seinem Team und seiner Anleiterin, in diesem Fall das Programm bis auf sechs Wochen auszudehnen, um wirklich sicherzugehen, daß Frau F. mit ihren Kindern vernünftig weiterleben konnte. Wichtig war in diesem Zusammenhang, daß Frau F. in ein sie stützendes Netzwerk gelangen konnte.

Das war zunächst einmal der Kontakt zu einer benachbarten Familie mit Kindern, deren Tochter ebenfalls kurz vor der Einschulung stand, mit der Option einer gelegentlichen Entlastung durch gegenseitiges Kindersitting.

Dann mußte ein Platz in einer Kindertagesstätte für Marie gefunden werden und schließlich empfanden es die Mitarbeiter(innen) von FiM als wichtig, daß Frau F. den Kontakt zu einer Gruppe Alleinerziehender erhalten sollte, um auch wieder an einen Kreis von Menschen herangeführt zu werden, die über die gegenseitige Hilfe hinaus auch gemeinsame Freizeitaktivitäten unternahmen.

Die Stabilisierung und die Anbahnung der Entwicklung eines stützenden sozialen Netzwerks erforderte in der vierten und fünften Woche einen Einsatz des Familienarbeiters von etwa 10 und 6 Stunden.

In der fünften Woche konnte das Programm beendet werden. Eine Sozialarbeiterin vom ASD führte die Nachsorge fort.

Perspektiven

Die hier beschriebenen Fallabläufe sind, um den Umfang des Buches nicht zu sehr auszudehnen, um einige Details bereinigt worden. Oft gehen die Entwicklungsprozesse in den Familien nicht so gradlinig vonstatten. Mit Rückschlägen und verlangsamten Prozessen ist immer mal wieder zu rechnen. Die Familienarbeiter(innen) brauchen viel Ermutigung und Unterstützung durch die Organisation und die anderen Mitarbeiter in Team und Leitung.

Deshalb gehört zu einem speziellen Fortbildungsprogramm auch ein Training, wie man als Familienarbeiter(in) sogar selbstzerstörerische, entmutigende Gedanken bekämpft und Selbstbestätigung und Ermutigung aus der

7. Ziele setzen, planen und durchführen

Arbeit schöpft. Daneben werden eine Reihe von Hilfen für viele Standardsituationen bereitgestellt, die erfahrungsgemäß immer wieder auftreten. Man erkennt hierin die jahrzehntelange Erfahrung, die die „Families First"-Programme in den USA haben.

Auch deshalb halten wir uns sehr eng an das Modell. Wegen des sehr großen Umfangs der Materialien für die Ausbildung, die Praxis und das Qualitätsmanagement können wir an dieser Stelle nur eine Auswahl der wichtigsten Arbeitshilfen und Schulungsmaterialien aufnehmen. Wir behalten uns vor, aus den Erfahrungen der Praxis von FiM in Deutschland entstandene Materialien später zu veröffentlichen.

Andererseits müssen auch Materialien unveröffentlicht bleiben, weil sie nur in den Ausbildungskursen ausgegeben werden sollen, damit nicht der Eindruck entsteht, man könne sich nach der Lektüre dieses Buches und mit Hilfe der mitgelieferten Arbeitshilfen und vielleicht irgendeiner therapeutischen Vorbildung die ordentliche Ausbildung für das Programm ersparen.

Wer bereits an der Ausbildung der Mitarbeiter(innen) sparen will, der ist auf eine Billigversion aus und will womöglich weitere kostenaufwendige, jedoch erforderliche Bestandteile und Organisationsvorgaben, z. B. ein hochwertiges Qualitätsmanagement (Evaluation/Begleitforschung), sparen.

Bei unseren Präsentationsveranstaltungen des Programms „Families First" oder „Familie im Mittelpunkt" quer durch die Bundesrepublik haben wir oftmals solche Reaktionen verspürt. Genauso wie wir die Behauptung, wesentliche Teile des Programms „machen wir schon, kennen wir schon aus unserer Praxis", immer wieder einmal hören.

Beispielsweise das Engaging mit dem Werben um die Zusammenarbeit und Auftragserteilung durch die Familie. Wenn man dann in einem Trainingsprogramm das Rollenspiel, wie der/die Sozialarbeiter(in) in die Familie hineinkommt, per Video aufnimmt, wird deutlich, daß das, was erfahrene Kollegen aus der Familienhilfe, dem Allgemeinen Sozialen Dienst oder aus der Familientherapie in ihrem Verhalten realisieren, meilenweit von dem entfernt ist, was Engaging wirklich heißt.

Da wird oft nicht dem zugehört, was die Familie zu sagen hat, da werden immer noch einfachste Regeln bürgerlicher Umgangsformen verletzt, da werden vorschnell und alleine analytische Schlüsse gezogen und da wird nicht wirklich stärkenorientiert, sondern problemorientiert mit der Familie gearbeitet.

Bei näherem Hinsehen sind auch lange Ausbildungen in den bekannten Therapieformen eher verbildend, weil die psychozentrierte Sichtweise, die Problemorientierung und die therapeutisierende Haltung, die meist mit vermittelt werden, bei der Praxis dieses genuin sozialarbeiterischen Programms im Wege stehen. Es ist ein sozialarbeiterisches Programm, obwohl die amerikanischen Urheber mangels eigener Fachsprache der Sozialarbeit oft von „Therapie" sprechen.

Leider ist die Professionalisierungsdiskussion in der amerikanischen Sozialarbeiterbewegung (National Association of Social Workers) und an einigen Universitäten der Neuengland-Staaten (vgl. Karls und Wandrei 1991) noch nicht von den „Homebuilders"- und den „Families First"-Protagonisten aufgenommen worden.

Ein aus vielen, auch therapeutischen Strömungen eklektisch zusammengesetztes Programm ist durch die Praxis vieler Familienarbeiter(innen) zu einer neuen Einheit, einem genuin sozialarbeiterischen Programm verschmolzen worden. Das Programm ist ganzheitlich, betrifft alle Aspekte der Alltags- und Lebenswelt der Kunden und stellt materielle, organisatorische und psychosoziale Hilfen bereit.

Bei Familie Peters verlangten die Eltern, von ihren Kindern mit ihren Bedürfnissen ernstgenommen und als Eltern und Erwachsene mit einem Vorsprung an Lebenserfahrung respektiert zu werden. Die Kinder, für die immer nur die Mutter als ständige Ansprechpartnerin da war, brauchten einerseits eine eindeutige, aber gewaltfreie Elternautorität, andererseits einen größeren Freiraum, um ihre Bedürfnisse nach zunehmender Autonomie und die Kontakte mit ihren Peer-groups zu pflegen. Mit dem Erwerb der Inline-Skates konnte Jürgen die Kontakte zu seinen Freunden festigen, wodurch das Bedürfnis, sich bei den Wohnwagenleuten aufzuhalten, abgenommen hatte.

8. Beendigung und Evaluation

Beendigung

„Families First" oder „Familie im Mittelpunkt" ist eines der Programme Sozialer Arbeit, das bei aller Intensität zeitlich äußerst begrenzt ist. Es erfüllt auch damit ein Kriterium professioneller Sozialarbeit (vgl. Gehrmann/ Müller 1993).

Professionelle Soziale Arbeit, so argumentierten nicht wir allein, hat immer in einem zeitlich begrenzten Rahmen mit einzelnen Kunden zu arbeiten. Schließlich handelt es sich nicht um Pflege, die jahrelang bis zur Genesung, oft bis zum Tode des Klienten dauern kann.

Soziale Arbeit greift teilweise tief in die private Sphäre der Klienten ein, wie das auch bei FiM der Fall ist. Wenn sie wirklich Hilfe zur Selbsthilfe für Menschen sein soll, die sich in einer Problemlage befinden, aus der sie zeitweise ohne professionelle Hilfe nicht herauskommen – auch wenn diese Problemlage dadurch gekennzeichnet ist, daß sie die Konkretion einer drohenden, begonnenen oder bereits bestehenden gesellschaftlichen Ausgrenzung ist –, so hat Soziale Arbeit die Selbsthilfekräfte zu stärken und die Klienten in ihrer Subjektivität und Menschenwürde als Partner ernst zu nehmen.

„Families First" und FiM – wir erinnern uns – haben diese ethische Definition der Aufgaben Sozialer Arbeit und die ethische Grundhaltung ausdrücklich in den Basiswerten verankert und methodisch umgesetzt. Jede Hilfe zur Selbsthilfe muß sich letztlich überflüssig machen und daher zeitlich begrenzt sein.

Leider erfüllen viele Programme und Konzepte Sozialer Arbeit dieses Kriterium keineswegs.

Diese zeitliche Begrenzung ist allen, also den Familienarbeiter(inne)n und den Familien, bekannt und geht in das wirksame Arrangement und Setting als „Therapeutikum" ein.

In den vier, als Ausnahme sechs Wochen muß viel geschehen sein, jedenfalls alles, was an Reorganisierung des Alltags und an Kompetenzvermittlung geplant war. Für manche Familie bedeutet diese Gewißheit, daß die Sozialarbeiter(innen) dann nicht mehr in der Wohnung auftauchen, eine wichtige Voraussetzung, sich überhaupt auf das Programm einzulassen.

Die Kürze der Intervention und die Verankerung dieser Tatsache im Bewußtsein der Klienten wie auch der Sozialarbeiter(innen) bedeutet eine hilfreiche Unterstützung, ein angemessenes Nähe-Distanz-Verhältnis aufzubauen und professionelles Handeln nicht mit privatem zu vermischen.

8. Beendigung und Evaluation

Die letzte Woche im Programm wird eingeläutet, wenn der/die Familienarbeiter(in) und die Familie den Eindruck gewinnen, man habe gemeinsam viel erreicht.

Die Kinder sind sicher, auch dann, wenn der/die Familienarbeiter(in) nicht mehr bei der Familie ist. Dies muß nicht bedeuten, daß die Familie nicht gern noch weiter mit dem/der vertrauten Mitarbeiter(in) arbeiten würde, zumal die finanzielle Ausstattung der Familie u. U. in dieser Zeit besser war als normal, wenn diese von Sozialhilfe lebt und der/die Familienarbeiter(in) vorübergehend für Essen gesorgt oder ohne Antragstellung beim Sozialamt Haushaltsgeräte angeschafft hat.

Jedoch sind es nicht allein die materiellen Zuwendungen, weswegen der Abschied der Familienhelfer(innen) von der Familie auch als solcher empfunden wird. Schließlich hat sie einen Menschen kennengelernt, der ihr Hoffnung vermittelte und diese auch noch gerechtfertigt hat, und schließlich hat der/die Familienhelfer(in) u. U. die Rolle eines Mitglieds der erweiterten Familie eingenommen.

Obwohl von Anfang an klar war, daß diese Hilfe zeitlich sehr begrenzt ist, wünscht die Familie in aller Regel, auch weiter mit diesem/dieser freundlichen und tatkräftigen Helfer(in) zusammenzuarbeiten.

Die Beendigungszeit ist die Zeit des Übergangs. Die Familie muß den Eindruck haben, daß sie es alleine schaffen kann, daß sie aber auch weiterhin eine hilfreiche Unterstützung, z. B. in der Sozialpädagogischen Familienhilfe oder dem Allgemeinen Sozialen Dienst finden kann. Insofern muß in dieser Zeit die Übergabe an einen anderen Dienst, besser an eine(n) konkrete(n) Mitarbeiter(in) eines anderen Dienstes vorbereitet werden.

Zunächst aber müssen die angestrebten Ziele zumindest weitgehend erreicht sein. Dies wird in einem besonderen Berichtsbogen für die letzte Woche dokumentiert.

8. Beendigung und Evaluation

Berichtsbogen für die letzte Woche *(FiM)*   03. 1-2

Zusammenfassung der Kontakte und Vorgänge in der Woche:
(Besondere Informationen, wichtige Ereignisse, Kooperationsbereitschaft und Beteiligung der Familie)

2 Besuche bei der Familie (insgesamt 6 Stunden),

am Dienstag 15.30 - 18.30 Uhr,

am Sonnabend von 10.00 - 17.00 Uhr.

Am Sonnabend fand als Abschluß des Programms ein gemeinsamer Ausflug der Familie mit insgesamt fünf Freund(inn)en der Kinder statt, der an das Angelflüßchen des Vaters führte. Es wurde gegrillt und gemeinsam gefeiert. Am Dienstag war bereits die formale Beendigung vorgenommen worden. Es wurde vereinbart, daß für Susanne und Jürgen, solange noch erforderlich, eine Hausaufgabenhilfe ermöglicht würde.

Ziel: Ablösung der Familie, Vorbereitung auf das Programmende

Handlungen des/der Familienarbeiter(in)s, Techniken, vermittelte Fähigkeiten:
(Einzelne eingesetzte Strategien, Reaktionen der Familie)

Gespräch mit der Familie über den Entwicklungsstand. Gemeinsames Abschiedsfest. Frau Peters äußerte einerseits großes Bedauern darüber, daß die ihnen inzwischen gut bekannte Familienarbeiterin demnächst nicht mehr kommen würde, andererseits wäre sie auch wieder froh, daß man so weit wäre, daß man nun wieder allein leben könne.

Auf das Ziel bezogene Fortschritte der Familienmitglieder:

Die Familie scheint bereit zu sein, selbständig ohne intensive Hilfen weiterzuleben.

Erreichung des Ziels (bitte einkreisen):

| voll erreicht | weitgehend | teilweise | etwas | nicht erreicht |

8. Beendigung und Evaluation

Ziel: Kindererziehung ohne Prügel (Überprüfung).

Handlungen des/der Familienarbeiter(in)s, Techniken, vermittelte Fähigkeiten:
(Einzelne eingesetzte Strategien, Reaktionen der Familie)

Im Abschlußgespräch mit den Kindern wurde deutlich, daß der Vater sie in den letzten zwei Wochen nicht mehr geschlagen hatte. Die Eltern, hauptsächlich die Mutter, sagten, die Kinder kämen mit ihren Verhaltenskarten gut zurecht.

Auf das Ziel bezogene Fortschritte der Familienmitglieder:

Herr Peters kann seine Wutausbrüche besser kontrollieren, so daß er die Kinder nicht mehr schlägt. Die Kinder verhalten sich respektvoller und rücksichtsvoller gegenüber den Eltern.

Erreichung des Ziels (bitte einkreisen):

| voll erreicht | weitgehend | teilweise | etwas | nicht erreicht |

Ziel: Die Kinder werden von ihren Freundesgruppen geschätzt und werden voraussichtlich nicht wieder fortlaufen (Überprüfung).

Handlungen des/der Familienarbeiter(in)s, Techniken, vermittelte Fähigkeiten:
(Einzelne eingesetzte Strategien, Reaktionen der Familie)

siehe oben.

8. Beendigung und Evaluation

Auf das Ziel bezogegene Fortschritte der Familienmitglieder:

Das Ziel wurde erreicht. Mit dem Abstellen der Prügel und der noch gesteigerten Wertschätzung der Familienmitglieder untereinander entfiel auch der Grund fürs Fortlaufen.

Erreichung des Ziels (bitte einkreisen):

| voll erreicht | weitgehend | teilweise | etwas | nicht erreicht |

Falls Verlängerung auf 6 Wochen erforderlich, bitte genau begründen, warum:

Entfallen.

Kommentar d. Familienarbeiter(in)s:

Wegen der guten Mitarbeit der Familie und der großen Ressourcen konnte das Ziel in der vorgegebenen Zeit erreicht werden. Eine weitere Betreuung durch den ASD braucht nicht mehr sehr intensiv zu sein. Lediglich eine Hausaufgabenhilfe für die Kinder ist noch erforderlich.

Feedback der Anleitung/Vorschläge/Empfehlungen:

Gute Arbeit! Die Arbeit mit den vorliegenden Problematiken ist nicht einfach.

Familienarbeiter(in):   **Datum:**

Anleiter(in):   **Datum:**

8. Beendigung und Evaluation

Die Familie Peters kann nach Abschluß des Programms wieder alleine leben; sie braucht keine weiteren intensiveren Kontakte. Hausaufgabenhilfen für die Kinder und Nachbesuche seitens der Sozialarbeiterin des Allgemeinen Sozialen Dienstes oder von „Familie im Mittelpunkt" in größeren Abständen (eventuell vierteljährlich) reichen bei dieser Familie aus, denn hier mußten im wesentlichen Einstellungen und Praktiken der Kindererziehung verändert und entsprechende neue Kompetenzen der Kommunikation untereinander, der Kindererziehung und der Beherrschung von Zornesausbrüchen vermittelt werden. Alle anderen Funktionsbereiche dieser mit vielen, nicht übersehbaren Stärken ausgestatteten Familie bedurften keiner Korrektur.

Die für die Arbeit von „Familie im Mittelpunkt" entscheidenden Funktionsbereiche sind die in ausführlichen Forschungen festgestellten generellen Funktionsbereiche und Kompetenzen einer Familie überhaupt. Wenn Kunden (ob Individuen und Gruppen, hier auch natürliche Gruppen wie Familien) in diesen Bereichen mit angemessenen Kompetenzen ausgestattet sind, dann brauchen sie keine Hilfe durch Soziale Dienste. Sie sind fähig zum Selbstmanagement, d. h. in der Lage, ihre Angelegenheiten selbst zu regeln.

Deutsche Familienforscher bezweifeln, daß das Wohlergehen und die Funktionsfähigkeit mit so wenigen Kriterien gemessen werden können. Wir wissen, daß dies möglich ist, denn sie korrelieren sehr hoch mit fast allen anderen, hier nicht erwähnten Lebensäußerungen und Aufgabenstellungen.

Wir stellen diesen Katalog an dieser Stelle vor. Er ist die Richtschnur für die Entwicklung von Verhaltenszielen für dieses Programm, weil hierbei fehlende oder nicht ausreichend ausgebildete Kompetenzen vermittelt werden. Gleichzeitig ist der Katalog auch die Meßlatte für die Evaluation.

Funktionsbereiche und Alltagskompetenzen

I. Personale Kompetenzen

Wut-Management	aggressives Verhalten und Wutausbrüche kontrollieren können
Depressions-Management	sich nicht von Depressionen beherrschen lassen, Niedergeschlagenheit bekämpfen können
Angst-Management	nicht begründete, übermäßige Ängste überwinden können
Reduktion der destruktiven Selbstkritik	Stärkung des Selbstwertgefühls
Umgang mit Enttäuschungen	Enttäuschungen sind im Leben unvermeidlich, deshalb soll Frustrationstoleranz entwickelt werden.

II. Interpersonale Kompetenzen

Gesprächsführungs-Kompetenzen	sich mit anderen unterhalten können, eigene Gedanken in Worte fassen
Selbstbehauptungs-Kompetenzen	seine Interessen, Bedürfnisse und Meinung äußern, vertreten und angemessen durchsetzen können, sich nicht unterkriegen lassen
Fähigkeit zum Zuhören	aufmerksam und geduldig zuhören können
Problemlösungs- und Verhandlungs-Kompetenzen	mit anderen nach Lösungsmöglichkeiten suchen und über Kompromisse verhandeln können
Feedback geben und akzeptieren	anderen sagen können, wie man ihr Verhalten wahrnimmt, und dies auch von anderen ertragen können
Angemessenes Sexualverhalten	sich partner- und rollenmäßig verhalten, d. h. beispielsweise auch entwicklungs- und altersgemäß verhalten können
„Nein" von anderen akzeptieren	den Willen anderer respektieren können

III. Allgemeine Kompetenzen

Berufliche Kompetenzen	Fähigkeiten, die für die Ausübung einer beruflichen Tätigkeit gebraucht werden, z. B. frühes Aufstehen, Pünktichkeit, Genauigkeit, Ausdauer etc.
Körperpflege-Kompetenzen	sich regelmäßig waschen, Zähneputzen, saubere Kleidung etc.
Zeit-Management	die Zeit sinnvoll einteilen und Tätigkeiten zeitlich sinnvoll planen und ausführen können
Geld-Management	Ausgaben sinnvoll tätigen, Einnahmen und Ausgaben bilanzieren, ökonomisch wirtschaften können
Ernährungs- und Eß-Management	ausreichend und gesund ernähren können
Kompetenzen für Freizeitaktivitäten	mit anderen und allein spielen können, innerhäusliche und Außenaktivitäten, Sport und Unterhaltung aktiv und passiv erleben können

8. Beendigung und Evaluation

Kompetenzen für die Teilnahme am Verkehr	Bus-, Bahn- und Autofahren können
Schulische Kompetenzen	ausreichend lesen, schreiben, rechnen können
Haushaltsführungs-Kompetenzen	Kochen, Waschen, Putzen, Gestalten etc.

Als letzte Handlung mit der Familie erstellt der/die Familienarbeiter(in) gemeinsam mit der Familie ein Protokoll darüber, welche sozialen Dienstleistungen die Familie weiterhin braucht.

Im Falle der Familie Peters waren dies die Hausaufgabenhilfen, die das Jugendamt der Stadt zur Verfügung stellt. Dieses Protokoll und die weiteren Evaluationsprodukte der abschließenden Selbst- und Fremdevaluation werden die Grundlage einer Auswertungskonferenz sein, an der der/die Familienarbeiter(in), der/die überweisende Sozialarbeiter(in) vom Jugendamt (ASD) und der/die Anleiter(in) und nach Möglichkeit die Familie teilnehmen.

In dieser Konferenz wird gemeinsam festgelegt, mit welchen Schritten die erreichten Ergebnisse gefestigt und verstärkt werden können. Es kann sein, daß anschließend eine weniger intensive Betreuung durch die Sozialpädagogische Familienhilfe oder durch einen anderen Dienst erforderlich werden. Auch eine Erziehungsberatung, eine Schuldnerberatung oder eine Therapie für einzelne Familienmitglieder, die Herstellung eines Kontakts zu einer Selbsthilfegruppe (für Alleinerziehende, der Anonymen Alkoholiker, der Angehörigen von Kindern mit bestimmten Behinderungen etc.) können folgen.

Dies alles würde in den vom überweisenden Sozialarbeiter des ASD mit der Familie nach der Methode des Case Management aufgestellten Unterstützungsplan aufgenommen werden, bevor die Überweisung der Familie an den Dienst von „Familie im Mittelpunkt" erfolgt. Der Unterstützungsplan (s. Gehrmann/Müller 1993) des Case Management ist die fachliche Ausführung des Hilfeplans, wie er im KJHG vorgesehen ist.

Eine auf die Bedürfnisse der Familie zugeschnittene Nachbetreuung ist nach allen Erfahrungen der besten Programme von „Families First" in den USA und den Niederlanden eine ganz wesentliche Voraussetzung dafür, lang anhaltende Erfolge zu sichern.

Evaluation

Wie bei kaum einem bekannten Programm der Sozialen Arbeit ist die Evaluation ein integrativer Bestandteil, und zwar eine Evaluation des laufenden Prozesses und eine Evaluation der Ergebnisse der Arbeit.

8. Beendigung und Evaluation

Der Träger des ersten Programms „Familie im Mittelpunkt" (FiM) ist der „Albert-Schweitzer-Kinderdorf e.V." in Hanau, der das Projekt, angeregt durch die Fachhochschule Frankfurt (vertreten durch die Autoren), in größtmöglicher Modelltreue mit Unterstützung des Pedologisch Instituut (PI), Duivendrecht und des Nationaal Instituut v. Zorg en Welzijn (NIZW, Utrecht) in den Niederlanden durchführt.

Unsere Mitwirkung besteht zur Zeit in der Projektentwicklung und der Hilfe beim Aufbau. Darüber hinaus arbeiten wir an der Verbreitung des Programms in Deutschland, indem wir es quer durch die Republik bei Fachtagungen vorstellen.

Unsere zukünftige Arbeit wird vor allem aber in der Durchführung der wissenschaftlichen Begleitung des Programms in Hanau liegen.

Die wissenschaftliche Begleitung sieht die Evaluation der Arbeit des Programms auf zwei Ebenen vor:

- als formative Evaluation, d. h. Evaluation im Arbeitsprozeß, um die Arbeit in den Familien zu begleiten, zu unterstützen und entstandene Fehler und Fehlentwicklungen zu korrigieren, und als
- summative Evaluation, d. h. Ergebnis-Evaluation, um die Ergebnisse der Arbeit wissenschaftlich zu sichern und die Effektivität des Programms zu prüfen.

Diese Art von Begleitforschung, wie sie das Programm fordert, setzt zum einen eine intime Kenntnis des Programms voraus, die wir durch eine Ausbildung und Praxishospitation in „Families First" erworben haben. Andererseits erfordert dies nach der Aufbauphase eine größere Distanz zur Arbeit dieses Kriseninterventionsdienstes, um die notwendige Objektivität für eine unabhängige wissenschaftliche Begleitung zu garantieren.

Die professionelle Nähe-Distanz-Relation ist sicher ein Aspekt, der immer mitreflektiert werden muß. Ist es einerseits richtig, daß für das Verstehen der Arbeit von FiM eine semantische Nähe notwendig ist, ohne die es schwer ist, die richtigen Fragen zu den richtigen Items zu entwickeln, die den Sinn der Forschungsarbeiten und seine Dienstleistungsqualität gegenüber dem konkreten Projekt vor Ort ausmachen, so ist es andererseits wichtig, sich gegenüber dem konkreten Projekt und Träger nicht so weit zu verpflichten, daß gefällige Ergebnisse produziert werden.

Von einer Schönung eventuell schlechter Ergebnisse hat auf Dauer niemand etwas. Deshalb kommt für die Begleitforscher eine weitere Doppelbindung hinzu: die Verpflichtung gegenüber der Gemeinschaft der Wissenschaftler und die gegenüber dem Modell, das eine Verfälschung verbietet und über ein unbedingtes Qualitätsmanagement keine schlechte Praxis zuläßt.

8. Beendigung und Evaluation

„Families First" kostet in der intensiven Krisenintervention auch nicht gerade wenig Geld, weshalb es sich auch durch Verringerung der humanen (es muß den Kindern und Familien danach wirklich besser gehen und es muß die Trennung von beiden vermeiden helfen) und der finanziellen Kosten einer Fremdunterbringung rechtfertigen muß.

Wie unsere Erfahrungen zeigen, ist auch eine qualifizierte Evaluation nicht kostenfrei zu haben. Kurzfristig kann hierbei sicher eine durch Drittmittel finanzierte Begleitforschung etabliert werden. Langfristig müssen auch diese Kosten in die Finanzierung des Programms eingerechnet werden, weil es wahrscheinlich ist, daß FiM, wenn es sich über ganz Deutschland ausgebreitet hat und eben nicht mehr Modellversuch ist, wie dies einige durch den Bund geförderte Projekte sind, auch die hier integrierte Evaluation und damit die Qualitätserhaltung selbst finanzieren muß.

Wir warnen an dieser Stelle noch einmal vor Dumpingangeboten von Trägern dieses oder ähnlicher Programme mit anderen Namen, die deshalb billig auf den Markt kommen, weil sie sich eine projekteigene Evaluation ersparen. Aus sowohl modellpolitischer als auch wissenschaftlicher Sicht reicht es nicht aus, irgendein Institut irgendwo in Deutschland allein die Begleitforschung machen zu lassen und auf eine ortsnahe, in das Projekt integrierte Evaluation zu verzichten.

Im folgenden Kapitel „Supervision, Qualitätsmanagement und Organisation" werden Sie von der Bundesarbeitsgemeinschaft „Familie im Mittelpunkt" (BAG FiM) lesen, die diese Qualitätsmerkmale für ihre Mitglieder verbindlich formuliert, beim Aufbau von FiM-Einrichtungen hilft und ohne über Kostendeckung hinausgehende kommerzielle Interessen Ausbildung für FiM anbietet.

Die Gründungsmitglieder gehen davon aus, daß jedes Projekt sich vor Ort einen Partner (Hochschule oder wissenschaftliches Institut) für die Begleitforschung sucht, der die Prozeß- und Ergebnisevaluation mit ihm durchführt. Die BAG FiM wird mit ihrem Forschungsinstitut auf Bundesebene zukünftig eine wissenschaftliche Auswertung der FiM-Programme vornehmen.

Design der Begleitforschung für das FiM-Projekt beim ASK Hanau

Die amerikanischen Kooperationspartner von „Families First" in Michigan (hier vor allem Susan Kelly, Director of „Families-First"-Services) haben vor allem zur eigenen politischen Absicherung ihres mit hohen Erfolgsquoten und durchorganisierter Qualitätssicherung arbeitenden Programms ein großes Interesse daran, daß es weltweit Verbreitung findet.

8. Beendigung und Evaluation

Das Programm von „Families First" in Michigan stellt eine Weiterentwicklung und Erweiterung des Originalprogramms „Homebuilding" aus Seattle (Washington) dar. In den Niederlanden wurde das „Homebuilders Model" durch eigene, für die Praxis bedeutsame, theoretische Grundlagen erweitert: durch eine moderne enttherapeutisierte Krisentheorie und durch das Kompetenzmodell (Slot 1996). Trotz Anpassung an deutsche Rahmenbedingungen, speziell in Hanau, und die sinnvolle Ergänzung durch die Niederländer, muß das Modellprogramm der amerikanischen Urheber in wesentlichen Bestandteilen erhalten bleiben. Fehlschläge andernorts haben die „Families First"-Organisation in Michigan dazu veranlaßt, die Unterstützung (Nutzung ihres Know-hows) nur solchen Projekten zu gewähren, die Modelltreue gewährleisten. Zum Modell gehört auch eine bestimmte integrierte Evaluation der Arbeit und des Programms.

Die Autoren sehen sich auch als Angehörige der FH Frankfurt am Main hinsichtlich der Begleitforschung den Grundsätzen von „Families First" in Michigan verpflichtet.

Dies hat Konsequenzen für die Begleitforschung:

- wer die Begleitforschung organisiert und verantwortlich durchführt, soll sowohl eine forschungsmethodische als auch eine Ausbildung in „Families First" (Kernprogramm) erhalten haben,
- das Modell verlangt von seinen Familiensozialarbeiter(inne)n, daß sie in ihrer Arbeit mit Familien als Handlungsforscher(innen) agieren. Das bedeutet, daß sie in den Forschungsprozeß der Begleitforschung im engeren Sinne einbezogen sind, wie auch die Praxisnähe der Begleitforscher größer sein muß, als dies bei sonstiger empirischer Sozialforschung der Fall ist.
- Dennoch muß die Begleitforschung weitgehend unabhängig und aus gebotener Distanz erfolgen.

Forschungsziele und Erkenntnisinteressen

Unsere wissenschaftlichen und professionspolitischen Erkenntnisinteressen können, wie folgt, umrissen werden:

- Überprüfung des Adaptionsprozesses vom Modell auf deutsche und lokale Rahmenbedingungen (gesellschaftlicher, politischer, rechtlicher und sozialer Art) im Hinblick darauf, ob und inwiefern die wesentlichen ethischen, organisatorischen, konzeptionellen und methodischen Prinzipien und Elemente erhalten bleiben, um die Modelltreue zu wahren. Denn bislang haben alle Erfahrungen gezeigt, daß das Verändern wesentlicher Modellkomponenten zum Mißerfolg in der Praxis führt.

8. Beendigung und Evaluation

- Die Qualitätssicherung in der Praxis durch Begleitung der Arbeit (Monitoring).
- Die Effektivitätskontrolle im Sinne des Nutzens der Dienstleistungen für die Kunden und der Wirtschaftlichkeit für die Auftraggeber (Soziale Dienste, Jugendämter). Als Maßstab für den Nutzen für die Kunden gilt die Verbesserung des Selbstmanagements (Kriterien nach Homebuilder's Institute for Behavioral Science, s. unten) und die Zufriedenheit der Kunden (s. auch Abschlußfragebogen S. 223 ff.).

Zentrale Hypothese

Trotz bestehender nationaler Unterschiede in den Rahmenbedingungen im Vergleich zu den USA und den Niederlanden kann das von „Families First" abgeleitete und damit modellidentische Programm „Familie im Mittelpunkt" unter deutschen Verhältnissen vergleichbar effektiv arbeiten.

Die für die Anpassung erforderlichen Modifikationen dürfen die Identität des Modells jedenfalls solange nicht in Frage stellen, bis gesicherte Ergebnisse über seine Wirksamkeit vorliegen.

Wir nehmen weiter an, daß dieses Programm drohende oder absehbare Fremdplazierung dadurch vermeiden hilft, daß es die zur Krise gehörenden Gefahren für die Familienmitglieder, insbesondere die Kinder, beseitigen hilft und das Selbstmanagement der Familien verbessert.

Wir nehmen schließlich an, daß „Familie im Mittelpunkt", wenn es seine Funktionsfähigkeit in der Praxis hinreichend bewiesen hat, auch auf andere Soziale Arbeit ausstrahlt und daß dort einige Teilelemente des Programms für innovative Veränderungen genutzt werden können.

Die Begleitforschung wird sich auf zwei Arten der Evaluation der Modellpraxis beziehen. Hierfür werden geeignete Protokoll-, Erhebungs- und Beobachtungsinstrumente entwickelt.

Prozeß-Evaluation

„Prozeß-Evaluation" meint eine kontinuierliche Beobachtung im Verfahren der einzelnen Familienaktivierungsprozesse, bei denen darauf geachtet wird, wie der Prozeß der besonderen Krisenintervention abläuft (vom Assessment bis zur Beendigung), mit welchen Einzelmethoden und Instrumenten gearbeitet wird und wie die jeweiligen Entwicklungen in den Familien verlaufen. Als Grundlage hierfür dienen die Assessment-Protokolle, die Wochenpläne und -berichte sowie die Endberichte der Familienarbeiter(innen) und die Beobachtungsprotokolle der Anleitungsteamsitzungen, erstellt durch externe Beobachter(innen).

8. Beendigung und Evaluation

Summative (Ergebnis-)Evaluation

Vor allem die Ergebnis-Evaluation enthält sowohl subjektive Daten als auch solche, die in eher objektivierbaren Prozessen gewonnen werden.

Eher subjektiver Art sind die Einschätzungen des Erfolges anhand standardisierter Erhebungsbögen durch die Familienarbeiter(innen) nach Beendigung eines Programms und bei den vierteljährlichen Nachkontrollen durch die Familien selbst, die am Ende eines Programms befragt werden.

Eher objektiver Art ist die Befragung der überweisenden sozialen Dienste und der anderen Dienste, die mit den Familien Kontakt haben, wie sie die Arbeit von „Familie im Mittelpunkt" einschätzen.

Als weiteres Indiz für den Erfolg des Programms können Daten gelten, die darüber Auskunft geben, wie viele Mittel durch den Einsatz von „Familie im Mittelpunkt" in einem Jahr eingespart wurden.

Im folgenden beziehen wir uns beispielhaft auf unser erstes Modellprojekt beim Albert-Schweitzer-Kinderdorf in Hanau. Wir haben mit den Mitarbeiter(inne)n der Projektgruppe FiM vereinbart, folgende Forschungshandlungen und -instrumente bei der Begleitforschung prozessual und ergebnisorientiert einzusetzen. Es sind überwiegend Forschungshandlungen, die Ergebnisse hervorbringen, die unmittelbar steuernd in die Arbeitsprozesse der Familienarbeiter(innen) eingebracht werden und die Arbeit begleiten und, falls erforderlich, korrigieren.

Ausnahme sind die Abschlußinterviews mit den Familien und die halbjährlichen und jährlichen Interviews nach Abschluß der Programme. Aber auch die im Laufe der Arbeitsprozesse erhobenen Daten, insbesondere die Übernahmeprotokolle, die Assessmentbögen und teilweise auch die Wochenplanungen liefern Daten, die für eine spätere Evaluation des gesamten Programms auf lokaler und überregionaler Ebene wichtig sein können.

FiM-Begleitforschung – Übersicht

Forschungshandlungen und Instrumente:

- Übernahmeprotokolle
- Assessmentbögen
- wöchentliche Planungsbögen (der Familienarbeiter[innen])
- Wochenberichtsbögen (der Familienarbeiter[innen])
- Ratingbögen der Familienarbeiter(innen) bei Abschluß einer Familie

8. Beendigung und Evaluation

- Leistungskontrolle mit Katalogbögen (von der Familie auszufüllen bei Abschlußinterview)
- Abschlußinterview mit jeder Familie
- Monatlicher Feedback-Bericht im Projektmanagement
- Nachbefragung der Familien nach 6 und 12 Monaten nach Abschluß des FiM-Programms
- Abschlußbericht für jede Familie
- Halbjährlicher Leistungsbericht (Effektivität) der Arbeit der Einrichtung
- Jährlicher Leistungsbericht (Effektivität) der Arbeit der Einrichtung

Begleitforschungsarbeiten im Verlauf eines Programms

Wir schildern die bei der Evaluation anfallenden Arbeiten im Verlauf eines Arbeitsprozesses mit einer Familie, charakterisieren die Art der Daten, beschreiben ihre Verarbeitung und das Feedback in die Arbeit der einzelnen Familienarbeiter(innen) und darüber hinaus in die Arbeit der Einrichtung.

Wir beginnen mit der *Überweisung* durch den/die zuständige(n) Sozialarbeiter(in) des Allgemeinen Sozialen Dienstes (ASD) und der Übernahme durch FiM.

Wenn eine Familie vom ASD an FiM überwiesen wird, dann hat u. U. eine Hilfeplankonferenz aller Beteiligten nach dem KJHG stattgefunden. In diesem Falle gibt es ein *Protokoll*, das der ASD an FiM weitergibt. Es enthält bereits wichtige Daten über die Familie und die Art der aktuellen Problemlage, also einerseits statistische Daten zur sozialen Lage, zur Größe der Familie, das Alter der einzelnen Familienmitglieder etc. Sollte eine solche Konferenz stattgefunden haben, so sind bereits einige aktuelle Daten bekannt. Die sog. „Aktenlage" über die Familie interessiert zunächst nicht, weil sie für das FiM-Programm nicht gebraucht wird. Zu einem späteren Zeitpunkt wäre nachzuforschen, ob die Familie eventuell bereits ein „Dauerkunde" des ASD in einer chronifizierten Krisenlage (Jährling 1996) war, aus der nun eine akute Krise entstanden ist.

Langfristig ist für das Projekt „Familie im Mittelpunkt" interessant, inwiefern es gelingt, auch „Multiproblemfamilien" in generativer Dauerbetreuung durch den ASD aus dem Teufelskreis von deprivierter Lebenslage und Abhängigkeit von öffentlichen Einrichtungen herauszubringen, wie dies in einigen Fällen in den USA und den Niederlanden erfolgreich geschehen ist.

8. Beendigung und Evaluation

Da sich die meisten für FiM geeigneten Familien in einer akuten Krise befinden und die Frage des sofortigen Handelns zum Schutz der Kinder oder auch Erwachsener vor Kindern zu beantworten ist, zudem die Gefahr der sofortigen Fremdplazierung besteht, kann wegen der Dringlichkeit häufig keine Hilfekonferenz mehr organisiert werden.

Dann entwickelt der/die Sozialarbeiter(in) im ASD, der/die das Case Management für die Familie übernimmt, einen Unterstützungsplan (die methodische Ausgestaltung des Hilfeplans) für diese Familie erst nach ihrer Überweisung an FiM. In diesem Fall ist das *Übernahmeprotokoll* die erste und wichtigste Datensammlung über die Familie.

Wir haben das Übernahmeprotokoll oben am Beispiel eingeführt. Es ist im Anhang als Muster abgedruckt.

Das *Übernahmeprotokoll* liefert eine Fülle von Daten für die Arbeit des/der Familienarbeiter(in)s und die Evaluations-Gruppe: Name und Adresse der Familie, ihre Mitglieder, wo sie leben (im In- oder Ausland, fremdplaziert in welcher Art der Einrichtung und mit welchem Status), welche Kinder von Fremdunterbringung bedroht sind, welche akuten Vorfälle und Verhaltensweisen zur Intervention des Jugendamts geführt haben, wie das Jugendamt darüber informiert wurde, ob bereits eine richterliche Entscheidung vorliegt oder nicht.

Es wird aufgeführt, wann der/die FiM-Mitarbeiter(in) das Erstgespräch mit der Familie geführt hat, wo es geführt wurde und wie lange es dauerte. Falls das Gespräch nicht geführt werden konnte, sind die Gründe anzuführen. Schließlich erfolgt die Erklärung der Übernahme oder Nichtübernahme der Familie mit Begründung. Bei Nichtübernahme ist eine ausführlichere Begründung vorgesehen. Die Übernahme/Nichtübernahme wird anschließend in einem gemeinsamen vertraglichen Protokoll von allen Seiten bestätigt.

Die Daten mit vollem Namen, Adresse und Telefonnummer sind vor allem für die Langzeituntersuchung wichtig. Die Familie wird gebeten, eine diesbezügliche Genehmigung der Verwendung der Daten nur für Forschungszwecke und die Arbeit von FiM zu unterzeichnen, in der auch die Verschwiegenheit und die Absicherung gegen Mißbrauch versichert wird.

Diese Daten, auch für die Begleitforschung, werden von den Familienarbeiter(inne)n erhoben, die sie ja auch für ihre Arbeit brauchen. Die Familienarbeiter(innen) erheben im Zuge ihres *Assessment,* das unmittelbar mit dem Erstgespräch beginnt, auch die Daten für die fachliche Einschätzung der Problemlage und der Stärken der Familie, der die Familie ihre eigene Problemsicht anschließen kann. Die fachliche Einschätzung wird im *Assessmentbogen* (s. Anhang) festgehalten. Die hierbei erfaßten Daten ergänzen die des Übernahmeprotokolls. Es werden von dem/der Familienarbeiter(in) die Darlegung der Gründe verlangt, sollte ein erster

8. Beendigung und Evaluation

Kontakt mit der Familie nicht innerhalb von 24 Stunden erfolgt sein. Dies kann wichtige Aufschlüsse über die Motivation des/der Familienarbeiter(in)s geben. Es könnte ja sein, daß er/sie nach längerer Arbeit in der Krisenintervention ausgebrannt ist, was zwar nicht oft, aber dennoch vorkommen kann, und deshalb bei einer Familie in einer besonders schwierigen Problemlage unzulässig die Kontaktaufnahme verzögert. Es könnte aber auch sein, daß eine Familie die Kontaktaufnahme vermeiden möchte, vielleicht weil sie verängstigt ist oder aus anderen Gründen. In beiden Fällen ist die Begründung wichtig.

Nach der Kontaktaufnahme werden zunächst die Stärken der gesamten Familie beschrieben, danach die Stärken der einzelnen Familienmitglieder, die Problembereiche im Verhalten und schließlich die Problematik der Situation, in der sich die Familie befindet. Festgehalten wird auch das Grobziel der Familie und der Auftrag, der sich für den/die Familienarbeiter(in) daraus ergibt.

Für die Begleitforschung sind die hier am Anfang des Hilfeprozesses festgehaltenen Daten wichtig, um die Ausgangslage der Familie in der Krise zu dokumentieren. Die eventuell später erzielten Fortschritte der Familie bis zum Ende des Programms werden sowohl im Hinblick auf die Ausgangslage als auch auf die von ihr entwickelten Ziele zu beschreiben sein. Die im *Übernahmeprotokoll* und im *Assessmentbogen* enthaltenen Daten geben Aufschluß darüber, ob die in das Programm genommenen Familien hierfür geeignet waren oder nicht.

Dies ist dringend erforderlich, da wir wissenschaftlich evaluiert bislang nur Ergebnisse aus den USA und den Niederlanden zur Verfügung haben, deren Ergebnisse nicht ohne weiteres auf die Situation in Deutschland übertragen werden können, da wir das in der Frage der Erhaltung und der Rechte von Familien starke Kinder- und Jugendhilfe-Gesetz und damit eine Reihe familienerhaltender Einrichtungen (wie die FiM ergänzende Sozialpädagogische Familienhilfe) haben und weil auch sonst familienpolitisch einiges anders ist als in den genannten Ländern.

Schließlich ist die Frage der Privatheit des Familienlebens und eventuell das Verhältnis der Kunden zur Sozialen Arbeit bei allen Gemeinsamkeiten in den genannten Gesellschaften bei uns anders zu beantworten. Wir glauben zwar, gemeinsam mit allen Mitstreiter(inne)n, daß das Programm auch bei uns effektiv sein wird, aber wir wollen auch wissen, unter welchen Bedingungen es erfolgreich sein kann, woran sich Erfolg hierbei mißt und was wir bei uns an diesem Programm ändern müssen, falls es nur in veränderter Form gute Ergebnisse für alle bringt. Die Frage, welche Familien mit diesem Programm gut bedient werden, bestimmt auch die Evaluation in den USA und in den Niederlanden, weshalb wir auch in der Frage der Begleitforschung mit beiden Ländern zusammenarbeiten werden.

8. Beendigung und Evaluation

Auch die Daten der *Wochenplanungen* und *Wochenberichte* werden nicht nur für die Reflexion und Überprüfung der Arbeit im Team gebraucht, d. h. mit den anderen Familienarbeiter(inne)n und der/dem Anleitungssozialarbeiter(in) besprochen, sondern sind auch gleichermaßen wichtig für die Begleitforschung. Hiermit kann überprüft werden, ob die von den Familienarbeiter(inne)n mit den Familien gesetzten Ziele dem Gesamtziel des Programms entsprechen, ob sie realistisch und erreichbar sind, ob und inwieweit sie erreicht wurden, mit welchen Methoden und Techniken. Da, wie wir oben sagten, die Familienarbeiter(innen) nach ihrem Assessment aus dem Methoden- und Technikenrepertoire für jede Familie ein besonderes Menü zusammenstellen, können wir in der Analyse der Daten über alle Familien auch den Zusammenhang zwischen bestimmten Problemlagen und eingesetzten Problemlösungsmitteln beobachten und u. U. auch herausbekommen, ob bestimmte Familienarbeiter(innen) eine Vorliebe für bestimmte Techniken haben.

Eine weitere Datenquelle sind schließlich der *Bericht über die letzte Woche* und die *Liste über die erbrachten Dienstleistungen,* die der/die Familienarbeiter(in) am Ende eines Programms ausfüllt. Im *Bericht über die letzte Woche* (im Anhang) wird er/sie aufgefordert, anzugeben, welche Ziele er/sie wie weit erreicht zu haben glaubt. Die Art der Dienstleistungen geht aus dem hier abgedruckten Formular hervor. Nach amerikanischen Forschungsergebnissen sind diese personalen, interpersonalen und allgemeinen Kompetenzen genau diejenigen, die eine voll funktionsfähige Familie braucht, um angemessen miteinander umzugehen und einen guten Rahmen zu bilden, um Kinder zu erziehen. Dabei wird davon ausgegangen, daß die Familien nicht in allen Bereichen weiterer Kompetenzen bedürfen (s. Assessment), um besser bestehen zu können. In den wesentlichen Bereichen, in denen sich die Krise der Familie zeigte, sollen jedoch Dienstleistungen erbracht worden sein.

Unabhängig von der Meinung des Familienarbeiters werden weitere Untersuchungsschritte andere Daten erbringen. Jede Familie wird nach Abschluß des Programms von unabhängigen Interviewern befragt. In dieser Befragung wird ihnen ein ähnlicher, leichter verständlich formulierter Leistungskatalog vorgelegt, den sie mit Hilfe der Interviewer durch Ankreuzen ausfüllen. Hierin geben sie nicht nur an, welche Leistungen sie ihrer Meinung nach erhalten haben, sie geben auch an, wie sie diese erbrachten Dienstleistungen einschätzen.

Diese Auswertungsbögen (s. Materialien im Anhang) sollen von der Familie in Gegenwart des Interviewers nach dem Abschluß des Programms ausgefüllt werden, und zwar nach dem Interview zur allgemeinen Einschätzung des Programms und des/der FiM-Mitarbeiter(in)s.

Im Interview zum Abschluß des Programms (wie gesagt durch einen von FiM unabhängigen Interviewer) wird auch nach der Zufriedenheit der Fa-

8. Beendigung und Evaluation

milie mit dem Programm und mit der Arbeit des/der Familienarbeiter(in)s gefragt. Zur Anweisung an den/die Interviewer(in) gehört, daß er/sie die Fragen langsam und verständlich vorliest und die Antworten – bei vorliegendem Einverständnis der Familie – sowohl auf Band aufnimmt (zur Kontrolle seiner Wahrnehmung) als auch kurz mitnotiert.

Nach jeweils einem halben und einem Jahr nach Abschluß des Programms wird die Familie erneut besucht, um nachzusehen, wie sie lebt und ob die ehemals von Fremdplazierung bedrohten Kinder noch in der Familie leben. Die Familien werden dann noch einmal rückblickend gefragt, wie sie das Programm, an dem sie teilgenommen haben, einschätzen.

Diese *Nachbefragungen,* ebenfalls vorgenommen von Interviewer(innen) der Begleitforschung, und die Meinung des überweisenden Sozialen Dienstes darüber, ob die Kinder nach Abschluß des Programm in der Familie bleiben können oder herausgenommen werden müssen und welche anderen sozialen Dienste die Familie anschließend benötigt (z. B. Hausaufgabenhilfe oder lockere Weiterbegleitung durch die Sozialpädagogische Familienhilfe), gehören zu den eher objektiven Erhebungen der Evaluation der Praxis von FiM (Leitfaden für das Abschlußinterview s. Materialien im Anhang).

Wir halten es für sehr wichtig, auch nach der Meinung der betroffenen Kunden über das Programm und die Arbeit des/der Familienarbeiter(in)s zu fragen, denn nicht zuletzt geht es auch um die Zufriedenheit der Kunden. Diese Fragestellung, wie Evaluation überhaupt, ist in der Sozialen Arbeit durchaus noch nicht allgemein üblich.

Feedback der Ergebnisse der Begleitforschung

Die Begleitforschung hat als integrativer Teil des Konzepts von „Familie im Mittelpunkt" analog zum amerikanischen Ausgangsmodell eine doppelte Aufgabe. Zum einen werden die Ergebnisse und Zwischenergebnisse regelmäßig in die laufende Arbeit zurückgemeldet und zum anderen wird hiermit das Gesamtprogramm auf seine Wirksamkeit hin überprüft.

Die Begleitforschungsgruppe erbringt wie auch das jeweilige Projekt Dienstleistungen. Sie erstellt für das jeweilige Projekt regelmäßige Berichte, um den Weg zu dokumentieren, um zu überprüfen, ob trotz erforderlicher Anpassungsleistungen an die nationalen und örtlichen Besonderheiten der Charakter des Modells erhalten bleibt und um die Arbeitsergebnisse auf wissenschaftlicher Grundlage zu sichern. Die Begleitforschungsgruppe liefert den Mitarbeitern von FiM verschiedene Berichte.

1. Sie erstellt einen *Abschlußbericht* über die Arbeit in jeder Familie nach dem Ende eines konkreten FiM-Prozesses. Darin werden die Daten aus dem Übernahmeprotokoll, dem Assessmentbogen, den Planungsbögen,

den Wochenberichten und der von den Familienarbeiter(inne)n vorgenommenen Einschätzungen über ihre erbrachten Dienstleitungen und die Zielerreichungen verarbeitet. Wesentliche Bestandteile sind zudem die Auswertung des Abschlußinterviews und die Einschätzung der erhaltenen Dienstleistungen durch die Familie. Diese Berichte gehen auch an die überweisenden Sozialarbeiter(innen) im Allgemeinen Sozialen Dienst.

2. Dieser Abschlußbericht wird ergänzt durch eine Auswertung der *halbjährlichen* und *jährlichen Nachbefragungen der Familien.*

3. Einmal im Monat erhält die Projektleitungsgruppe einen *Bericht über die Arbeit aller Familienarbeiter(innen),* in dem auch Vorschläge zur Korrektur des Programms enthalten sind.

4. Die Begleitforschungsgruppe gibt darüber hinaus *Jahresberichte* über die Arbeit von „Familie im Mittelpunkt" heraus, die für die Öffentlichkeit und alle kooperierenden Sozialen Dienste bestimmt sind.

Darüber hinaus ist ein ständiges Abstimmen der Mitarbeiter(innen) der Praxis mit der Prozeßevaluation erforderlich. Zur Erleichterung und Überprüfung des Prozesses wurde folgendes Ablauf-Diagramm entwickelt (siehe folgende Seite).

Wir haben die Evaluation des Programms so ausführlich dargestellt, weil wir damit deutlich machen wollen, daß diese Arbeit für das Programm selbst und für seine Darstellung in der Öffentlichkeit unabdingbar mit diesem Aufwand durchgeführt werden muß. Jede Einsparung an dieser Stelle wie auch bei der Ausbildung und Personalführung der Mitarbeiter oder bei der Organisation wird sich über kurz oder lang als Fehler herausstellen, der die Qualität und die Akzeptanz eines FiM-Projekts existenzgefährdend beeinträchtigt.

8. Beendigung und Evaluation

Abb. 6: FiM-Ablaufdiagramm

Handlung	ASD	F.I.M.		Familie	Begleitforschung
Instrument		T.L.	F.M.A.		
Anmeldung					
Auftrag an F.I.M.					
1. Besuch Übernahmeprotokoll					
2. Assessment Assessmentbogen					
3. Durchführung Wochenpläne					
1. Woche					
2. Woche					
3. Woche					
4. Woche (letzte Woche) ggf. Verlängerung					
4. Fallbesprechung					
1. Woche					
2. Woche					
3. Woche					
4. Woche					
5. Abschluss					
Ratingbogen Rückmeldung an ASD					
6. Abschluss-interview					
7. Monatlicher Feedbackbericht					
8. Abschlussbericht für jede Familie					
9. Halbjährlicher Abschlussbericht					
10. Jährlicher Abschlussbericht					

Halter-Dofel, 1997

9. Qualitätsmanagement und Organisation

In Zeiten der vollen Kassen sind aufgrund politisch aktiver Klientele eine ganze Reihe von Einrichtungen entstanden, die sich an solche richteten, die wegen ihres Status und ihrer Mittel nicht zu denen gehörten, die klassisch aufgrund von Ausgrenzung und sozialer, ökonomischer, ethnischer oder in ihrer Erwerbsfähigkeit behinderter Lage auf soziale Dienstleistungen angewiesen sind.

Nicht zu den klassischen Klientelen zählen z. B. arbeitslose Akademiker(innen), für die in manchen Kreisen und Kommunen Beratungsstellen angeboten werden. Die Schwemme der für viele Felder der Sozialen Arbeit fehlqualifizierten Diplompädagogen von den Universitäten hat ebenfalls zum Ausbau von Randbereichen der Sozialen Arbeit geführt, über deren Sinnfälligkeit man streiten könnte.

Über aktive „Professionalisierung" kam es zu einer großen Anzahl therapeutisch ausgerichteter Beratungsstellen, die überwiegend nicht Unterschichtklientele bedienen. Wir meinen schon, daß auch für solche Kunden, die nicht am Rande der Gesellschaft leben, soziale Dienste angeboten werden sollen. Jedoch muß dies in einer richtigen Relation zu den Diensten geschehen, die sich an Unterschichtklientele richten.

Dieses Verhältnis war zuletzt nicht ausgewogen. Hierbei geht es nicht darum, Mittel einzusparen, sondern diese richtig zu verwenden. Insofern müssen wir den voraussetzungslosen Sparinteressen der Kommunen und Kreise entgegentreten.

Andererseits wird von Mitarbeiter(inne)n der Sozialen Arbeit immer noch viel Geld verbraucht, ohne den Nachweis der Wirksamkeit ihrer Arbeit zu liefern. Und diese Verschwendung öffentlicher Mittel angesichts ihrer Knappheit ist fahrlässig. Nicht zu belegende Ergebnisse, eine Ablehnung des Kosten-Nutzen-Denkens und eine vernachlässigte kontinuierliche Öffentlichkeitsarbeit werden zur widerstandslosen Kürzung weiterer Mittel bei sozialen Diensten führen, zumal Anbieter aus dem Profitbereich hier oft kostengünstiger arbeiten, ohne daß ihre Leistungen schlechter oder für die Kunden weniger bezahlbar sind. Wir haben diesen Zusammenhang an anderer Stelle ausführlich dargestellt (vgl. Gehrmann/Müller 1993), weshalb wir diese Problematik hier nur anreißen.

Gegen Sozialmanagement und gegen jegliche, auch ökonomische Argumentation sind überwiegend diejenigen, die sich in ihrer Haltung im Grunde entweder am barmherzigen Samariter oder in Anknüpfung an die „geistige Mütterlichkeit" als „Gefühlsarbeiterinnen" an den traditionell weibli-

9. Qualitätsmanagement und Organisation

chen Tugenden („Helfen, Heilen, Pflegen") orientieren. Diese Kollegen und Kolleginnen argumentieren gegen die Professionalisierung der Sozialen Arbeit, ein Widerspruch nur, daß sie für ihre berufliche Tätigkeit überhaupt entlohnt werden wollen.

Aus dieser Position heraus lehnen sie jegliche Meßbarkeit der Ergebnisse ihres beruflichen Handelns ab. Sie betonen die Einmaligkeit und Intimität eines jeden Hilfeprozesses, die Grenzen der Methodisierbarkeit. Sie benennen unüberwindbare Hindernisse, wenn es darum geht, Erfolge und Mißerfolge der Sozialen Arbeit festzustellen oder auch nur Kriterien dafür zu benennen. Wenn solche Schwierigkeiten bestehen, die Ergebnisse der eigenen Arbeit zu formulieren, dann erscheint es müßig, überhaupt an Evaluation der Arbeit zu denken, geschweige denn, daran zu arbeiten. Dieses Stück „Nichterkennbarkeit der Welt", wenn es um die eigene Arbeit geht, verhindert, daß konkrete und erreichbare Ziele aufgestellt werden, deren Erreichung oder Nichterreichung überprüft werden kann.

Die Evaluation der Arbeit von FiM ist jedoch ein integrativer Bestandteil des Modells, wie wir dies bereits mehrfach in diesem Buch betont haben. Und diese Evaluation muß ihrerseits Qualitätskriterien genügen, die das Modell von „Families First" erfordert. Sie wird auch Kosten verursachen, die ebenso über die Arbeit finanziert werden müssen wie die für das Programm erforderliche Organisation und das Qualitätsmanagement.

Eine zentralisierte Fernbegleitung reicht hierfür nicht aus, sie muß auch vor Ort in die Arbeitsprozesse hineinsehen und – falls erforderlich – korrigierend eingreifen. Wenn Projekte dies über Drittmittel finanzieren, vielleicht dazu noch einen Teil ihrer Arbeit, kann dies auf dem Markt zu trügerisch verbilligten Kosten für die überweisenden Dienste führen, denn solche Mittel laufen nach einiger Zeit aus. Wenn hier keine grundsolide Finanzierung aus eigenen Mitteln mitkalkuliert wird, kann dies später zu einer erheblichen Verteuerung der Leistungen führen.

Wenn nun die Jugendämter und Sozialen Dienste der Kommunen als Finanzierer nach dem Auslaufen der Drittmittelförderung mit höheren Preisen konfrontiert werden und diese in ihren Haushaltsplänen nicht vorgesehen haben, kann dies zum Scheitern hoffnungsvoller Projekte führen.

Noch problematischer erscheint es uns, daß Einrichtungen „Families First" ähnliche Programme anbieten, in denen die wichtigsten Vorkehrungen der ausgewiesenen methodischen Arbeitsweisen, die Organisation und die Qualitätssicherung, fehlen. Solche „Discounter" der intensiven Familienhilfe schaden nicht nur sich selbst, wenn die überweisenden Dienste feststellen, daß dort keine gute Arbeit geleistet wird. Sie schaden allen Einrichtungen, die mit dem Programm von „Families First" arbeiten, letztlich der Krisenintervention in gefährdeten Familien überhaupt, und verspielen damit eine

Chance auf dem Weg zu einer größeren Glaubwürdigkeit der professionellen Sozialen Arbeit.

Wir werden uns im folgenden mit den wesentlichsten Qualitätskriterien auseinandersetzen, die für ein Programm von FiM erforderlich sind:

Größe des Teams

Ein FiM-Dienst besteht nach allen Erfahrungen der Amerikaner und Niederländer aus drei bis fünf Familienarbeitern. Es sollten nicht weniger als 2,5 Stellen sein, damit immer eine Fachkraft bereit ist, eine Familie kurzfristig zu übernehmen.

Wir erinnern: Innerhalb von 24 Stunden nach Anmeldung durch den Allgemeinen Sozialen Dienst (Jugendamt) oder einen Familienrichter muß der erste Kontakt mit der Familie hergestellt worden sein. Wenn ein FiM-Dienst innerhalb einer anderen Einrichtung als selbständige Einheit untergebracht ist, z. B. in einer „Sozialpädagogischen Familienhilfe" oder einem Krisenzentrum, so wäre es bei nur drei Familienarbeitern wichtig, daß für den Notfall auch dort in FiM ausgebildetes Personal für die Übernahme einer Familie bereitstünde.

Nach allen Erfahrungen aus der Praxis sollte die Einsatzgruppe „FiM" aber auch nicht aus mehr als fünf Familienarbeiter(inne)n bestehen. Die Effizienz und die Effektivität des Dienstes erhöhen sich bei einer größeren Anzahl kaum noch. Es werden nicht mehr Familien zu bedienen sein, obwohl sich die Kosten erheblich erhöhen. Dies scheint eine Folge der veränderten Gruppendynamik und der zunehmenden Probleme mit dem notwendigen Informationsfluß zu sein. Denn wie oben berichtet, werden alle Familien und die Arbeit der Familienarbeiter(innen) in der wöchentlich stattfindenden Teamsitzung besprochen, so daß auch eine Teamberatung für alle stattfindet und alle jede Familie kennen, um notfalls (im Krankheitsfall) auch mal eine Vertretung übernehmen zu können, wenn der/die Teamleitungssozialarbeiter(in) bereits eine andere Vertretung wahrnehmen muß.

Bei fünf Familienarbeiter(inne)n können es bis zu zehn Familien sein, in denen der FiM-Dienst gleichzeitig engagiert ist. Zum Team gehört auch der/die Anleitungssozialarbeiter(in) oder Teamspezialist(in), der/die nicht nur die Übersicht über die Arbeitsprozesse in bis zu zehn Familien haben muß, sondern in jedem Einzelfall beratend, unterstützend und im Extremfall korrigierend eingreifen muß. Er/sie muß beim Auftreten von Problemen, die der/die Familienarbeiter(in) allein nicht lösen kann, oder für seine/ihre psychische Betreuung jederzeit telefonisch erreichbar sein.

9. Qualitätsmanagement und Organisation

In den niederländischen Modellprojekten hat es sich bewährt, pro Familienarbeiter(in) 0,2 Stellen für die Teamleitung bereitzustellen. Nur eine ausreichend ausgebaute Organisation kann die Qualität der Arbeit sicherstellen. Es ist also fahrlässig, hier zu sparen und den/die Teamleiter(in) noch mit anderen Aufgaben zu belasten. (Vgl. Consortium „Families First", übersetzt von Ine Hoffman 1996.)

Diese(r) Teamspezialist(in) hat neben der Ausbildung im FiM-Grundkurs und einer längeren (in der Regel zweijährigen) Praxis als Familienarbeiter(in) eine besondere Ausbildung.

Die Familienarbeiter(innen) werden vom ersten Tag ihrer Arbeit an tariflich besser und mit einer Bereitschaftszulage (etwa 1000,– DM im Monat) bezahlt; der/die Anleiter(in) erhält eine noch bessere Bezahlung. Bei drei Familienarbeiter(inne)n wird eine halbe Stelle als Verwaltungskraft gebraucht, bei fünf Familienarbeiter(inne)n eine ganze Stelle, damit sie weitgehend von Verwaltungsarbeiten (Abrechnung der Verfügungsmittel, Beantragung von Hilfen für die Familien beim Sozialamt, Wohnungsamt, Schriftverkehr mit dem Allgemeinen Sozialen Dienst etc.) befreit sind.

Wie bereits oben gesagt, ist es erforderlich, daß jeder FiM-Dienst mit einer eigenen Begleitforschungsgruppe vor Ort zusammenarbeitet, in Kooperation mit einer Hochschule oder einem wissenschaftlichen Institut, das auch die Öffentlichkeitsarbeit unterstützt. Im Organigramm ist die Struktur des FiM-Dienstes zu erkennen:

Abb. 7: Organigramm

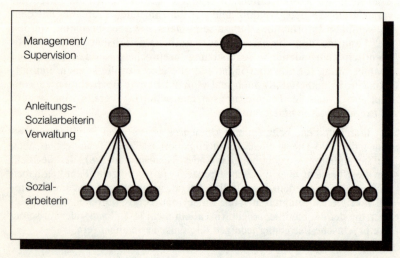

Evaluation des Programms als Qualitätsmanagement

Das Programm muß über die integrierte Prozeß-Evaluation hinaus insgesamt von einer Gruppe externer Wissenschaftler evaluiert werden. Es muß beobachtet werden, ob die genannten Qualitätskriterien erfüllt werden, eine Aufgabe, die in den Niederlanden das Paedologisch Instituut in Duivendrecht bei Amsterdam übernommen hat.

In Michigan, das eines der bestausgebauten „Families First"-Programme in den USA besitzt, sind alle Einzelprogramme mit ihren insgesamt etwa vierhundert Mitarbeiter(inne)n über Computer vernetzt. Jede(r) Familienarbeiter(in) schreibt seine/ihre Berichte an seinem/ihrem PC mit einem besonderen Programm, das alle Planungs- und Berichtsformulare enthält. Die Planungen und Berichte werden direkt an die Zentrale des Managements von „Families First" weitergegeben, so daß dort jederzeit erkannt wird, ob der/die Familienarbeiter(in) eines „Families First"-Dienstes oder ob die ganze Einrichtung programmgemäß arbeitet, ob die für das Programm vorgesehenen Familien erreicht werden, ob das Methodenspektrum richtig eingesetzt wird und ob die Qualität der Arbeit dem Modell entspricht.

Wird nun in der Zentrale festgestellt, daß z. B. die Arbeit von „Families First" in Ypsilandy an Qualität verliert, reist eine(r) der fünf Qualitätsspezialist(inn)en dorthin, um herauszufinden, worin der Qualitätsverlust begründet ist und gegebenenfalls Mißstände und Fehlentwicklungen abzustellen.

Von diesem Organisationsgrad ist „Families First" auch in den Niederlanden noch weit entfernt. Bei uns wird diese Aufgabe in Zukunft die im Forschungsbeirat der gegründeten „Bundesarbeitsgemeinschaft Familie im Mittelpunkt" (BAG FiM) arbeitende Forschergruppe übernehmen, in der Wissenschaftler aus den lokalen Begleitforschungsteams zusammenarbeiten. Diese unabhängige Forschergruppe wird auch das Programm als Ganzes auf der Ebene der Bundesrepublik auf seine Wirksamkeit hin überprüfen.

Zur Qualitätssicherung und um allen an FiM interessierten Einrichtungen den Zugang zum Know-how der Amerikaner und der Niederländer zu ermöglichen, vorausgesetzt, sie verpflichten sich, die Qualitätskriterien zu erfüllen, wurde diese „BAG FiM" (Sitz beim ASK Hanau, Adresse im Anhang) gegründet. Wenn nun also eine Einrichtung Ausbildung und Projektberatung haben will, kann sie sich an diese Adresse wenden. Vor allem sollen hierdurch Ausbildung und Projektbegleitung in einer demokratischen Weise gewährleistet werden, um die Monopolbildung in bezug auf dieses innovative Programm zu verhindern.

Öffentlichkeitsarbeit

Bei einer Ausweitung der FiM-Einsatzdienste auf zwei oder mehr Gruppen entsteht die Notwendigkeit für ein gemeinsames Management, das alle Aufgaben im Bereich der Öffentlichkeitsarbeit, der Kontakte zu allen kooperierenden sozialen Diensten, des Qualitätsmanagements sowie der Aus- und Fortbildung in Konzept und Methode von FiM übernimmt.

Um das Projekt erfolgreich zu steuern und gleichzeitig auch Vertreter(innen) der überweisenden und abnehmenden Dienste (Nachbetreuung) und kommunalpolitischen Instanzen miteinzubeziehen, sollte nach Möglichkeit ein Beirat FiM gebildet werden, in dem regelmäßig die Arbeitsergebnisse und -probleme besprochen werden können, was auch für eine ständige Öffentlichkeitsarbeit wichtig ist.

Qualität der Mitarbeiter

Familienarbeiter(in) bei FiM kann nur werden, wer einen Studienabschluß als Diplom-Sozialarbeiter(in) oder Diplom-Sozialpädagog(in)e und eine mindestens einjährige, besser mehrjährige Berufspraxis in der Jugend- oder Familienhilfe nachweisen kann.

Besonders geeignet erscheinen solche Fachkräfte, die im Allgemeinen Sozialen Dienst gearbeitet haben. Fachkräfte mit einer therapeutischen Zusatzausbildung haben nur dann eine gute Voraussetzung, wenn sie eine allgemeine, genuin sozialarbeiterische, also nicht therapeutische Grundhaltung mitbringen. Dies läßt viele Diplom-Pädagog(inn)en mit universitärem Abschluß als für dieses Programm fehlqualifiziert erscheinen.

Wer andere Abschlüsse besitzt (z. B. als Lehrer oder Erzieher), jedoch eine längere qualifizierte Praxis in der Familienhilfe u. ä. nachweisen kann, hat nach allen Erfahrungen hingegen oft eine gute Voraussetzung für eine solche Arbeit. Das professionelle Profil eines Familienarbeiters sieht nach den niederländischen Erfahrungen folgendermaßen aus:

Kompetenzprofil für Familienarbeiter(innen)

Wer sich für ein solches Programm und die Ausbildung bewirbt, sollte:
1. Erfahrungen in der Familienhilfe oder mindestens im Umgang mit Familien in Krisensituationen haben.
2. Die Wertvorstellungen des Modells „Familie im Mittelpunkt" teilen.

9. Qualitätsmanagement und Organisation

3. Bereit und in der Lage sein, täglich 24 Stunden an sieben Tagen der Woche Familien Hilfen anzubieten.
4. Konkret denken und handeln und gut beobachten können.
5. Klar instruieren und mit den Normen und Werten von Familien in schwierigen Problemlagen respektvoll umgehen können.
6. Flexibel und streßbeständig in unterschiedlichen Umständen und Situationen agieren können.
7. Sorgfältig und planmäßig arbeiten können.
8. Praktisch und reflexiv orientiert sein.
9. Bereit und fähig sein, im Team zu arbeiten, d. h. emotionelle und praktische Erfahrungen teilen und auch einmal von einem/einer Kolleg(in)en eine Familie übernehmen können.
10. Eine positive Einstellung zur Arbeit mit Computern haben.

Consortium Families First / NIZW Utrecht 9/1996 nach Hoffmann 1997

FiM bietet solchen Menschen eine einwöchige, sehr kompakte Grundausbildung und eine Einarbeitung mit einem/r erfahrenen Kolleg(in)en mit zwei Familien, die also acht bis zwölf Wochen dauert (je nach Länge des Programms mit einer Familie).

Die Einarbeitung besteht aus einer Begleitung eines/r erfahrenen Kolleg(in)en in der Arbeit mit einer Familie („Shadowing") und einer eigenen Arbeit mit einer Familie in der Begleitung durch die/den erfahrenen Kolleg(in)en. Danach übernimmt der/die Familienarbeiter(in) mit Anleitung durch den/die Anleitungssozialarbeiter(in) selbständig die erste Familie.

Während der Arbeit werden berufsbegleitende Kurztrainings angeboten, in denen er/sie sich in besonderen Fachproblemen qualifiziert, z. B.: Arbeit mit drogenabhängigen Familien, mit ethnischen Gruppen, mit Familien, in denen sexueller Mißbrauch vorkommt etc.

Die Teilnahme an einer wöchentlichen Teamsitzung, bei der die Arbeit mit den Familien besprochen wird, ist ebenso verbindlich wie eine mindestens einmal pro Woche stattfindende individuelle Arbeitsbegleitung.

Der/die Familienarbeiter(in) kann die Teamleitung jederzeit ansprechen, um Beratung und Unterstützung zu erhalten. Dies ist das „Sicherheits-Back-Up" für die in der Arbeit mit den Familien weitgehend auf sich gestellte(n) Familienarbeiter(in), ohne das die Qualität der Arbeit, die erforderliche Nähe-Distanz-Balance und die Ermutigung bei immer einmal wieder vorkommenden Rückschlägen in der Arbeit nicht gewährleistet werden können.

9. Qualitätsmanagement und Organisation

Diese organisationelle und personelle Sicherheit der Familienarbeiter(innen) ist auch notwendig, um einen frühzeitigen Verschleiß der Arbeitskraft (Burn-Out) zu vermeiden. Hinzu kommt, daß ein großer Teil der Familienarbeiter(innen) wegen der Arbeitsbedingungen relativ junge Fachkräfte sind, die sich noch keinen dicken „Berufspelz" in einer langen Praxis erworben haben.

Die Ausbildung zur Teamleitung oder Anleitungssozialarbeiter(in) baut auf dieser Ausbildung und einer Mindestpraxis als Familienarbeiter(in) auf.

Es erfolgt ein erneutes „Shadowing" und ein Spezialtraining für Teamleitung. Danach kann er/sie ein Team leiten. Er/sie wird jedoch weiter fortgebildet. Er/sie nimmt jährlich an zwei ganztägigen Workshops teil zu besonderen Problemen, die mit der Leitung eines Teams bei „Familie im Mittelpunkt" und der Personalführung im allgemeinen auftauchen.

Zu den Themen gehört auch die Zusammenarbeit mit der Begleitforschung und mit den Überweisern der Jugendämter.

Die Programm- oder Projektleitung trifft sich drei- bis viermal im Jahr zu gezielten Fachtagungen über unterschiedliche Themen, z. B.:

- Qualitätsmanagement,
- Kriterien der Effektivität,
- Öffentlichkeitsarbeit,
- Diskussion der neuesten Evaluationsberichte etc.

Einmal im Jahr soll nach der ersten Aufbauphase eine „Familie im Mittelpunkt"-Konferenz stattfinden, an der alle Mitarbeiter(innen) aller Projekte teilnehmen. Sie dauert eine Woche und hat immer einen fachlichen und einen geselligen Teil.

Im fachlichen Teil werden neue Ergebnisse der Begleitforschung und Referate von Fachleuten zu wichtigen Themen, z. B.:

- Entwicklung der Familienstrukturen,
- neue Methoden in der Familienarbeit,
- neue Programme etc.

vorgestellt. In einem geselligen Teil besteht die Möglichkeit, Kontakte zu Mitarbeiter(inne)n anderer Projekte „Familie im Mittelpunkt" zu knüpfen, Erfahrungen auf allen Ebenen auszutauschen und gemeinsam zu feiern.

In Michigan z. B. treffen sich alle 400 Mitarbeiter von „Families First" jeden Sommer in einem ansprechenden Ambiente (ein gutes Hotel am Lake Michigan) für eine Woche, wobei sie von ihren Projekten und Einrichtungen freigestellt werden und für diese Woche nichts zahlen müssen. Das wird vom Staat Michigan für dieses dort für die Familien gefährdeter Kin-

9. Qualitätsmanagement und Organisation

der und delinquenter Jugendlicher besonders effektive und kostensparende Gesamtprogramm bezahlt. Das Treffen ist neben der Qualität der Ausbildung und Arbeit ein wichtiges Moment, um bei den Mitarbeiter(inne)n eine „Corporate Identity" entstehen zu lassen.

Die amerikanischen Familienarbeiter(innen), Anleiter(innen), Qualitätsspezialist(inn)en, Programmleiter(innen) der einzelnen Einrichtungen und die Gesamtleiter(innen) nennen sich nicht ohne Stolz Mitarbeiter(innen) von „Families First".

Da mag jemand abfällig lächeln, wie es in Deutschland nicht üblich ist, mit Stolz zu betonen, an welcher Hochschule man studiert habe. Letzteres mag an der mäßigen Qualität vieler Hochschulen liegen. Aber das ist es nicht allein. Deutsche Intellektuelle glauben oft, daß es reicht, in voller Bescheidenheit eine gute Arbeit zu leisten, was dann schon zu der (z. B. für die Finanzierung notwendigen) Anerkennung in der Öffentlichkeit und der Politik ausreichen würde.

Eine systematische und kontinuierliche Öffentlichkeitsarbeit wird gerade in der Sozialen Arbeit nicht für erforderlich gehalten. Und dann wundern sich Mitarbeiter(innen) mancher Einrichtung, wenn bei anstehenden Sparmaßnahmen bei ihnen radikal Mittel gestrichen werden. Dann schreien sie auf, aber niemand kennt ihre Arbeit und weiß sie zu schätzen.

Sowohl Hochschulen als auch die Soziale Arbeit (mit ihrer oft karitativ-unprofessionellen Orientierung) messen der Öffentlichkeitsarbeit einen zu geringen Stellenwert bei. Das ist hochmütig, unprofessionell und letztlich auch unpolitisch in einer Informationsgesellschaft, die in ihren demokratischen Strukturen davon lebt.

Eine gut entwickelte Corporate Identity ist auch Teil der Öffentlichkeitsarbeit, weil gerade Sozialarbeiter(innen) aus der unerträglichen Larmoyanz herauskommen müssen und mit einer zwar realistischen Perspektive, jedoch mit fachlicher Überzeugung zu ihrer Arbeit stehen und in der Öffentlichkeit auftreten müssen: jeder Professionelle ein positiver Botschafter seiner Profession.

Das ist für das Ansehen der Sozialen Arbeit wichtig, insbesondere aber, wenn es darum geht, ein neues Konzept, Programm und eine neue Organisation der Sozialen Arbeit wie FiM einzuführen und gegen oft vermeintlich konkurrierende Programme und Einrichtungen wie z. B. die „Sozialpädagogische Familienhilfe" (vgl. folgendes Kapitel) zu behaupten.

Die hier beschriebene Organisationsform auf Landes- oder Bundesebene steckt derzeit noch in den Kinderschuhen. Schließlich sind wir gerade dabei, zunächst die gemeinsame Plattform in Gestalt der „Bundesarbeitsgemeinschaft Familie im Mittelpunkt" zu schaffen, deren Kontaktadresse wir im Anhang aufführen.

9. Qualitätsmanagement und Organisation

Die Erfahrungen der Amerikaner (besonders von „Families First" in Michigan, wo es dank des großen Engagements und Könnens von Susan Kelly und ihrer Mitstreiter(innen) und der „Homebuilders" im Staat Washington) und der Niederländer belegen, daß wir auch in Deutschland nicht um diese Entwicklung auf nationaler Ebene herumkommen werden, wenn wir ähnlich gute Ergebnisse erreichen wollen.

An dieser Stelle wird noch einmal deutlich: Die Etablierung des neuen Programms „Familie im Mittelpunkt" ist nicht „mal ebenso im Vorbeigehen" und billig zu machen. Es erfordert:

- qualifizierte Mitarbeiter(innen) mit besonderer Ausbildung,
- eine unterstützende Organisation,
- eine lokale und überregionale wissenschaftliche Begleitung, die intime Kenntnisse des Programms besitzt,
- ein professionelles Qualitätsmanagement,
- eine qualifizierte und engagierte Projektleitung,
- ein zunächst abgesichertes Einzugsgebiet, in dem es keine zweite oder gar (Billig-)Konkurrenz gibt,
- eine solide Kostenberechnung einschließlich der Begleitforschung aus Eigenmitteln (weil Drittmittel bald auslaufen)
- und vor allem eine eingehende regionale Bedarfsanalyse, damit wirklich nur die Familien aufgenommen werden, die sich in einer akuten Krisensituation befinden, aufgrund derer die Fremdplazierung mindestens eines der Kinder droht.

Das Albert-Schweitzer-Kinderdorf in Hanau hat den mutigen Schritt der Projektentwicklung mit notwendigen Vorlaufkosten getan und ist mit einigen anderen Trägern (z. B. Ev. Erziehungsverein Neukirchen-Flyn) Gründungsmitglied und Sitz der Geschäftsstelle der Bundesarbeitsgemeinschaft „Familie im Mittelpunkt", die bereits im Herbst 1997 mit Hilfe der Niederländer sowohl die Ausbildung als auch die Projektbegleitung mit dem notwendigen Wissenstransfer anbieten kann.

Das Projekt „Familie im Mittelpunkt" arbeitet mit der FH Frankfurt am Main zusammen, die von den Autoren vertreten wird. Wir helfen beim Projektaufbau und bei der Ausbildung und stellen die wissenschaftliche Begleitung sicher.

10. Auswirkungen des Programms als innovatives System auf die Soziale Arbeit

Wenn irgendwo im System Sozialer Dienste ein auf Kooperation angelegtes Konzept mit einer neuen Einrichtung auftaucht, so hat dies gemäß systemischer Erkenntnisse und Alltagserfahrungen immer einen gewissen Einfluß auf die anderen Teile des Gesamtsystems. Dies ist inzwischen eine Binsenwahrheit und regt niemanden mehr auf.

Anders bei „Families First". Seit 1994 betreiben wir die Einführung „Families First" in Deutschland. Wir waren die ersten, die das Konzept über Veröffentlichungen und Vorträge bekannt gemacht haben. Dies hat jedoch nicht zur Folge gehabt, daß dieses Programm in unserem näheren Wirkungskreis, dem Rhein-Main-Gebiet, auch zuerst praktiziert wurde. Das hat mehrere Gründe, die alle auch mit den Eigenschaften dieses Kriseninterventionsprogramms zusammenhängen.

In den USA wird es seit 1974 inzwischen in über 30 Bundesstaaten erprobt, praktiziert und auf seine Effektivität und Kostenersparnis evaluiert. Dort wird es sowohl von freien Trägern als auch von staatlichen Agenturen (wie z. B. in Michigan) in einer Vielzahl von Einrichtungen durchgeführt.

FiM in der Bundesrepublik Deutschland

Wir waren zuallererst an das Jugendamt der Stadt Frankfurt am Main auf der Ebene der Abteilungsleitung herangetreten, deren Leiterin dem Programm positiv gegenüberstand, wie es auch überwiegend von den Sozialarbeiter(inne)n des Allgemeinen Sozialen Dienstes und der Erziehungsbeistandschaft begrüßt wurde, die bei einer weiteren Vorstellung anwesend waren. Wir haben dabei und auch später festgestellt, daß eine positive Entscheidung für „Families First" in erheblichem Maße vom Grad der Informiertheit abhängt. Auch dies gilt für jede Innovation. Beim ersten, noch oberflächlichen Kennenlernen werden viele Einzelheiten und Charakteristika gemäß bestehender Vorurteile falsch eingeordnet.

So geschah dies mit dem Begriff „Familie". Es wurde von noch wenig informierten Mitarbeiterinnen unterstellt, es ginge hierbei nur um die Erhaltung der inzwischen in Frage gestellten traditionellen Kleinfamilie, bestehend aus Vater, Mutter und Kindern, und um die Erhaltung der traditionellen Geschlechterrollen in ihr.

10. Auswirkungen des Programms auf die Soziale Arbeit

Feministisch ideologische Wahrnehmung wurde hier zur Barriere, was sich offenbar auch auf das Jugendamt der Stadt Frankfurt auswirkte. Wer sich mit dem Programm näher befaßt, weiß, daß „Familie" bei „Families First" jede Form meint, in der Kinder mit Erwachsenen längerfristig zusammenleben, wobei in der Regel ein Elternteil mit einigen der Kinder verwandt ist. Es gilt aber auch für Erwachsene mit adoptierten Kindern und Alleinerziehende.

Tatsächlich sind ein überwiegender Teil der Kundinnen von „Families First" alleinerziehende Mütter, viele davon drogenabhängig. Wir hatten die Stadt Frankfurt auf der mittleren und der unteren Ebene der Sozialarbeiter(inne)n angesprochen. Vielleicht war es ein Fehler, daß nicht von Anfang an die fachliche und politische Leitungsebene miteinbezogen wurde. Jedenfalls erhielten wir nach zunächst positiven Signalen plötzlich ein Schreiben, in dem uns mitgeteilt wurde, daß es in der Stadt Frankfurt für dieses Programm keinen Bedarf gäbe. Und dies, obwohl die Stadt Frankfurt jährlich eine relativ große Anzahl von Kindern in Heime einweist.

Wir haben außer der Tatsache, daß wir die Entscheidung nicht allein der mittleren Ebene hätten überlassen sollen, einige Vermutungen, warum die Etablierung von „Families First" in Frankfurt gescheitert ist:

1. Die Stadt betreibt selbst Heime und hatte, als der Sparzwang noch nicht so groß war, große Schwierigkeiten mit der Schließung und anderweitigen Beschäftigung der Mitarbeiter.

2. Niemand der angesprochenen Abteilungsleitung hatte, nachdem ein das Programm besonders befürwortender Mitarbeiter zu einem anderen Träger gewechselt war, die Initiative und den Mut, die Einrichtungskosten (z. B. Einstellung von Familienarbeiter(inne)n und deren Ausbildung) durchzusetzen.

3. Das Modellprojekt mit seinem eindeutigen Dienstleistungscharakter (Inhomeservice, Dienstbereitschaft etc.), seiner großen Selbständigkeit und daher bürokratisch geringeren Kontrollierbarkeit wurde als drohender Fremdkörper und Störfaktor im starren und hierarchischen Verwaltungsapparat angesehen.

Und nichts deutet darauf hin, daß die Stadtverwaltung ernsthaft über ihre Neuorganisation, interne Demokratisierung, wirkliche, nicht nur kosmetische Bürgernähe und damit kundenorientierte Effektivität nachdenken und entsprechend innovativ verändern möchte. Als Fachleute, die auch im Sozialmanagement arbeiten, halten wir diesen Verwaltungskörper nicht für fähig, eine wirkliche Selbststeuerung ohne das direktive Hineinregieren von oben oder die Setzung rein ökonomischer Ziele der Neuorganisation zu verwirklichen.

10. Auswirkungen des Programms auf die Soziale Arbeit

Aus welchen Gründen auch immer, die Stadt Frankfurt hat es versäumt, als Pionierin bei der Verwirklichung dieses vielversprechenden Programms aufzutreten. Soviel zur verwaltungsbezogenen Innovationsfähigkeit einer Stadt, die mit ihren ökonomischen und kulturellen Ressourcen Weltoffenheit signalisiert. Anzumerken ist jedoch, daß die Stadt gleichwohl alle möglichen innovativen Projekte an freie Träger vergibt wie z. B. das nicht eben billige Projekt, gefährdete „Problemfamilien" in andere Wohnungen umzusiedeln, in die ein(e) Sozialarbeiter(in) mit einzieht und nur für diese Familie zuständig ist. Das klingt durchaus kreativ und könnte, falls die Sozialarbeiter(innen) mehr als therapeutisch qualifiziert wären und diese Experimente wissenschaftlich begleitet würden, eine durchaus effektive Hilfe sein.

Auch zur Vermeidung unnötiger Fremdplazierung ist die Stadt, die angeblich keinen Bedarf hat, inzwischen aktiv geworden. Sie arbeitet mit einer Familienhilfe in freier Trägerschaft zusammen, die einige organisatorische Anleihen bei „Families First" gemacht hat, ohne sich darauf zu beziehen, ohne ihre therapeutisch vorgebildeten Mitarbeiter(innen) der Sozialpädagogischen Familienhilfe durch eine vom Modell geforderte spezielle Ausbildung in den besonderen Methoden und Techniken zu qualifizieren und ohne das vom Modell geforderte Qualitätsmanagement.

Diese „Billiglösung" kann nach Einschätzung aller ernsthaften Fachvertreter im In- und Ausland die Qualität der Dienstleistungen auf Dauer nicht erbringen.

Die zahlreichen Anfragen und Bitten um Vorstellung des Programms im gesamten Bundesgebiet, die uns erreichen, obwohl wir außer unseren Veröffentlichungen und Fachvorträgen kein gezieltes Marketing betreiben, lassen erkennen, daß – aus unterschiedlichen Gründen – die Zeit für das Programm reif ist.

Zu unseren derzeitigen Erkenntnissen gehört auch, daß die Einführung von „Familie im Mittelpunkt" leichter vonstatten geht, wenn es keine Kommune, sondern ein freier Träger installiert. Diese Erfahrung mußten wir auch mit dem Jugendamt der Stadt Hanau machen, wo es aus völlig anderen Gründen als in Frankfurt nicht zustandekam. Darüber hinaus gibt es unter den Befürworter(inne)n und Betreibern von „Families First" nicht wenige, die es auch aus methodischen Gründen für besser halten, wenn eine Einrichtung diese Dienste anbietet, die selbst keine Befugnisse hat, Kinder aus der Familie herauszunehmen. Wir wissen, daß das Jugendamt dies in aller Regel auch nur mit einer richterlichen Verfügung veranlaßt. Es ist jedoch eine staatliche Agentur, die über das Wohl der Kinder zu wachen hat, also auch Macht besitzt. Wie bereits gesagt, sind wir nicht der Meinung, daß nur nichtstaatliche Organisationen „Familie im Mittelpunkt" erfolgreich praktizieren können. Das beweist die Praxis in Michigan.

10. Auswirkungen des Programms auf die Soziale Arbeit

Außerdem haben wir oben auch schon darauf hingewiesen, daß die Familienarbeiter(innen) beim Engaging und auch sonst während der Arbeit mit der Familie niemals die Mitarbeiter(innen) des Allgemeinen Sozialen Dienstes negativ darstellen, um die eigene Helferrolle aufzuwerten, wie wir dies leider in der Praxis mancher Spezialdienste kennen. Die Gefahr ist besonders dann groß, wenn deren Mitarbeiter(innen) sich als „Therapeut(inn)en" definieren.

Die Familienarbeiter(innen) sagen der Familie beim Engaging auch, daß sie von den Vorfällen, die zu ihrem Einsatz geführt haben, vom Jugendamt wissen und daß sie auch weiterhin mit dem Jugendamt kooperieren.

Bereits seit dem frühen Sommer 1995 haben wir versucht, das Jugendamt der Stadt Hanau für unser Projekt zu gewinnen. Nach verschiedenen Vorstellungen und Gesprächen mit den Mitarbeitern der Jugend- und Sozialamtsleitung hatte die Stadt sogar Mitarbeiter(innen) von „Families First" der Niederlande eingeladen, um das Modell und seine Praxis vor einer großen Zahl von Mitarbeiter(inne)n des Sozialen Dienstes, der Jugendgerichtshilfe und der Sozialpädagogischen Familienhilfe vorzustellen. Danach waren viele Sozialarbeiter(innen), vor allem aber die Mitarbeiter(innen) der Leitung, insbesondere der Jugendamtsleiter Herwart Rose überzeugt davon, daß das Programm in Hanau gut laufen könne. Ein Problem war jedoch, daß in der Stadt Hanau nicht ausreichend viele Fremdplazierungen vorkommen, um einen neuen Krisenbeiterventionsdienst auszulasten. Schließlich unterhält die Stadt u. a. in einem stadtnahen Verein eine nach unserer Einschätzung für eine Stadt dieser Größe groß dimensionierte Sozialpädagogische Familienhilfe, eine sehr gut arbeitende Familienberatungsstelle und einen nach fachlichen Gesichtspunkten effektiv arbeitenden Allgemeinen Sozialen Dienst.

Die relative Begrenzung des Einzugsbereichs der Stadt hätte noch kein Hindernis für die Einführung von „Familie im Mittelpunkt" sein müssen, denn in Kooperation mit den umliegenden Kreisen wäre das Einzugsgebiet groß genug gewesen. Diese Kooperation über kommunale und Kreisgrenzen hinaus scheint jedoch ein nicht zu unterschätzendes Problem darzustellen, besonders dann, wenn diese von unterschiedlichen politischen Koalitionen regiert werden.

Dies ist für einen freien Träger kein großes Problem. Der Träger von „Familie im Mittelpunkt", das Albert-Schweitzer-Kinderdorf in Hanau, kann z. B. auch über die nahe Landesgrenze hinaus in Bayern tätig werden.

Die Finanzierung, inklusive Ausbildungs- und Begleitforschungskosten, wurde vom Leiter des Jugendamts in den Haushaltsentwurf für das Doppeljahr 1997/98 aufgenommen, jedoch bei den Haushaltsverhandlungen der Stadt Hanau nicht gebilligt. Die Stadt mußte aus unterschiedlichen Gründen im Sozialetat 160 Millionen DM einsparen. Herr Rose konnte dieses neue Projekt, von dem er vehement überzeugt war, nicht halten. Er hätte sonst andere von ihm betriebene, erst kürzlich eingerichtete Reformprojekte aufgeben oder bis zu Arbeitsunfähigkeit beschneiden müssen, um ein neues anzufangen. Dies hätte er nicht ohne Verlust seiner fachlichen und politischen Glaubwürdigkeit tun können. Mit sehr großem Bedauern mußte er die von uns angebotene Kooperation ausschlagen. Seine Überzeugung und sein Eintreten für einen „Familie im Mittelpunkt"-Dienst blieben jedoch erhalten.

Was sind nun eigentlich die Gründe, warum ein reformfreudiger Jugendamtsleiter, der bereits wesentliche Neuerungen im Allgemeinen Sozialen Dienst gefördert hat, sich so intensiv für die Einrichtung von FiM einsetzt?

Aus der Beantwortung dieser Frage und seinen Erwartungen an die innovativen Auswirkungen auf die kommunalen Sozialen Dienste ergeben sich einige Hinweise auf die Auswirkungen von „Familie im Mittelpunkt", auf die Praxis der Sozialen Arbeit überhaupt und auf die über die Hilfe für Familien und Kinder in Not hinausgehenden Motive und Erwartungen, die wir selbst mit der Einführung dieses Programms verbinden.

Der innovative Charakter von „Familie im Mittelpunkt"

„Familie im Mittelpunkt" oder – im Original – „Families First" ist ein Programm mit einer Reihe von wichtig erscheinenden Auswirkungen auf die Praxis, die Lehre und die Forschung in der Sozialen Arbeit. Es ist ein in sich stimmiges Programm, weil es explizit Wertorientierungen und Zielsetzungen, ein eigenes Konzept, besondere Arbeitsstrategien, weiter- oder neuentwickelte Methoden und Arbeitstechniken, eine eingebaute Selbst- und Fremdevaluation, eine eigenständige Organisation und ein eigenes Qualitätsmanagement entwickelt hat.

Es ist in hohem Maße dort erfolgreich (in den USA und den Niederlanden), wo es trotz der unterschiedlichen Voraussetzungen und Rahmenbedingungen realisiert wurde. Wegen des Programmcharakters und seiner Auswirkungen wird es von Kommunen und verschiedenen Sozialen Diensten gewünscht, aber teilweise auch abgelehnt.

Wir selbst betreiben die Einführung, weil es für die Profession Soziale Arbeit ein bedeutender Anstoß in die Richtung sein wird, die wir befürworten (vgl. Gehrmann/Müller 1993, a.a.O.). Es verbindet eine in der Sozialen Arbeit noch seltene Klarheit in Programm, Methoden, Effektivitätskriterien und Evaluation. Es zwingt die Familienarbeiter(innen) dazu, vor allem die ersten Schritte in bezug auf konkrete, erreichbare Nahziele zu bestimmen und deren Erreichung zu überprüfen.

10. Auswirkungen des Programms auf die Soziale Arbeit

„Familie im Mittelpunkt" steht im Einklang mit den derzeit diskutierten *Werten und Normen der Profession* und ist unserer Meinung nach auch mit den Ethik-Codes aller westlichen Sozialarbeiter(innen)verbände in vollem Einklang. Um nur einige, aber wesentliche zu nennen:

- *„Neue Fachlichkeit":* unter Beibehaltung einer individuellen Verantwortung die Abkehr von individueller Schuldzuweisung, Anerkennung der gesellschaftlichen Verursachungszusammenhänge für die Konstitution der Klientele (DGfE-Kommission Sozialpädagogik 1977).

- *„Neue Sachlichkeit":* Sozialarbeit als Dienstleistung, Klienten als Kunden. Einführung des Effektivitätsgedankens und des Managements in die Sozialarbeit, Kosten-Nutzen-Analysen auch in der Sozialbranche. Damit ein verstärkter Zwang zur Transparenz, Offenlegung und Überprüfbarkeit der Arbeitsergebnisse (K.-E. Hesser – Produktgroep Methodikontwikkeling an der Hogeschool van Amsterdam, 1982).

- *„Sozialräumliches Paradigma":* Beschreibung der Domäne Sozialer Arbeit: die Überschneidung des individuellen Handlungsraumes mit dem sozialen Umfeld; Sozialarbeit als die Profession, die es weder nur mit dem Individuum (Psychozentrismus) noch mit dem Gesellschaftlichen (Soziozentrismus) zu tun hat, sondern mit der Person in ihrem sozialen Umfeld und den dort entstehenden Friktionen und Problemlagen, für die es professionelle Hilfe braucht (Karls/Wandrei: Person in Environment (PIE), NASW, New York 1990; in Deutschland: Wendt 1990).

- *„Neues Denken"* (nicht zu verwechseln mit „New-Age-Nützlichkeits-Denken"):

  – Schutz der Kinder in den Familien, Arbeit mit der ganzen Familie in ihrem sozialen Netzwerk und in ihrer Wohngemeinde, nicht mit einzelnen.

  – Kunden als Partner(innen): Kinder und Eltern sollen die Themen und Arbeitspläne bestimmen, nicht die Sozialarbeiter(innen).

  – Schritt für Schritt pragmatische, begrenzte und realistische Ziele erreichen und dabei produktiv arbeiten und motivieren.

  – Mit den Stärken der Klient(inn)en und den Ressourcen aller Beteiligten, auch im sozialen Umfeld, arbeiten, anstatt die „Probleme" zu bearbeiten (Non-Problem-Approach).

  – Nur mit dem arbeiten, was die Familie weiß oder in jeder Phase verstehen kann.

  – Die Verschiedenheit von Familien und ihrer Lebensstile anerkennen und ihre kulturellen, religiösen, sozialen und ethnischen Unterschiede respektieren, die ihre Besonderheit ausmachen („Guiding Principles of the International Initiative", Scheveningen 1990).

10. Auswirkungen des Programms auf die Soziale Arbeit

Die einzeln und für sich genommen nicht wirklich neuen Merkmale des „Neuen Denkens" sind in ihrer Gesamtheit und in ihrer konsequenten Umsetzung für die Praxis neu, in dem Sinne, daß vielerorts in Konzeptionen hehre Ziele und Anforderungen stehen wie z. B. „Hilfe zur Selbsthilfe", jedoch kaum aufgezeigt wird, wie sie in der Praxis zu realisieren ist und wie dort, wo das einmal gelingt, relativ regelmäßig Prozesse hergestellt werden können, die zur Erreichung dieses Zieles führen. Vor allem fehlt regelmäßig die Entwicklung der kleinen Schritte, die dorthin führen.

Das Konzept baut nicht auf bloße Rezepthuberei, sondern auf *Handlungsforschung.*

„Families First" oder „Familie im Mittelpunkt" sieht ausdrücklich vor, daß sich die Familienarbeiter(innen) als handelnde Forscher(innen) begreifen, die ein Assessment gemeinsam mit der Familie durchführen und dabei die Stärken und die Problem*lage* herausarbeiten, soweit diese im gegenwärtig gezeigten Verhalten deutlich werden (kein psychoanalytisches Vorgehen).

Die vorgefundene Aktenlage erhält dabei ein untergeordnetes Gewicht und wird relativiert. Mit jeder Familie wird dann ein individueller Arbeitsplan entwickelt, wobei der/die Familienarbeiter(in) aus dem breiten Methoden- und Technikrepertoire ein für jede Familie speziell zugeschnittenes Arbeitsprogramm erstellt. Dies geschieht mit Handlungshypothesen und Sicherheits-Backup durch den/die Anleitungssozialarbeiter(in) und wird gestützt durch Selbst- und Fremdevaluation.

Hierbei wird deutlich, daß es nicht um eine schlichte Sozialtechnologie geht, sondern um eine Soziale Arbeit, die sich reflektiert der vielen methodischen und technischen Hilfen bedient und die sich immer wieder vergewissern muß, ob die Einschätzung der Lage, der eingeschlagene Weg und die Methoden richtig und verantwortungsvoll eingesetzt wurden (s. auch Anleitung).

Der eindeutige Dienstleistungscharakter der Arbeitsstrategien

Deutlich wird der Dienstleistungscharakter von „Familie im Mittelpunkt" durch die besondere Art der Arbeitsstrategien in der Krisenintervention. In Fällen von schwerer Vernachlässigung, von Gewalt und Mißbrauch, wenn unmittelbare Gefahr besteht, daß Kinder aus Familien genommen werden müssen oder wenn Jugendlichen Knast und eine kriminelle Karriere drohen, dann ist der Krisendienst innerhalb von 24 Stunden bei der Familie und klärt die Übernahme (Intake).

10. Auswirkungen des Programms auf die Soziale Arbeit

Im gemeinsamen Assessment mit der Familie wird abgeklärt, ob es sich wirklich – wie leicht behauptet – um einen „hoffnungslosen" Fall handelt, was sich nach näherem Hinsehen in den meisten Fällen nicht bewahrheitet. Dies wird innerhalb von drei Tagen entschieden. Danach sind die Familienarbeiter(innen) 24 Stunden und 7 Tage die Woche rufbereit. Wenn die Krise „hochkocht", sind die Familienarbeiter(innen) bei Bedarf vor Ort. Die Dienstleistungen finden in der Wohnung der Familien, dem Wohnviertel oder der Wohngemeinde statt. Die intensive Krisenintervention dauert 4 Wochen, in Ausnahmefällen bis zu 6. Danach erfolgt eine Nachbetreuung durch den/die Casemanager(in) und die Nachschau durch die evaluierende Instanz, im ersten Jahr vierteljährlich, im zweiten halbjährlich. Jede(r) Familienarbeiter(in) hat maximal zwei Familien. Nach einer Woche mit der ersten Familie erfolgt die Übernahme der zweiten. Die Zeit der Arbeit in der Familie kann zwischen 5 und 25 Stunden pro Woche schwanken.

Keine Komm-Struktur, sondern Inhome-Service

Alle Soziale Arbeit mit Organisationsformen und Methoden, die eine Arbeit bedingen, die ausschließlich in der Dienst- oder Beratungsstelle stattfindet, sich außerdem auf solche Methoden beschränkt, die allein auf Verbalisierung gegründet sind, erreicht nicht die Hauptklientel sozialer Arbeit.

Die sich hieraus ergebenden Aktionsformen bewirken eine Selektion, die die Mittelschicht anspricht. Diese Tendenz wird noch verstärkt, wenn Anmeldeverfahren diese Schichtselektivität durch eine weitere Zugangsbarriere erhöhen. In derartigen Einrichtungen (vor allem Beratungsstellen) entstehen beliebte Arbeitsplätze, an denen „white-collar social work" praktiziert wird. Die Hauptkundschaft Sozialer Arbeit mit einem vieldimensionierten Bedarf an Hilfe und Unterstützung wird in der Regel nicht erreicht. Wenn „Kundenorientierung" in der Sozialen Arbeit eine wichtige Bezugsgröße sein soll, so muß sich jedes Kollegium solcher Einrichtungen die Frage stellen, für welche Kundschaft sie Dienste anbieten und welche Kundengruppen davon hauptsächlich profitieren.

Mitarbeiter weniger Beratungsstellen haben sich diese Frage gestellt und davon wiederum wenige haben sich unter der Leitlinie „Unterschichtberatung" umorganisiert, die Zugangsschwelle gesenkt (z. B. durch Wegfall von Wartelisten und umständlichen Anmeldeprozeduren, durch publikumsfreundliche Gestaltung der Baulichkeiten und Eingangsatmosphäre wie z. B. Café-Charakter). Einige Beratungsstellen haben sogar begonnen, zu den Kunden zu gehen. Barrieren durch die Methodik (Verbalisierung, Psychozentrismus) bleiben aber auch dann oft noch bestehen.

10. Auswirkungen des Programms auf die Soziale Arbeit

Methodik

Dies alles ist bei „Familie im Mittelpunkt" in konsequenter Form anders. Weil die Arbeit vorrangig in der Wohnung der Familie stattfindet, ist eine der wichtigsten Phasen das „Engagement".

Das heißt: Der Kontakt zur Familie geschieht nach massiven Vorfällen, nach Intervention durch das Jugendamt und andere staatliche Instanzen, die von den Familienarbeiter(inne)n bei der Begründung ihres ersten Hausbesuchs angesprochen werden. In dieser Situation, unter dem Druck einer möglichen Herausnahme der Kinder, vermitteln die Familienarbeiter(innen) Hoffnung und umwerben die Familie, damit sie auch einen Auftrag von ihr erhalten (Engagement).

Aus nur abhängigen Klient(inn)en müssen gleichberechtigte Partner(innen)/Kund(inn)en werden.

Diese schwierigste Phase vor dem Gewaltstopp wird in der Ausbildung besonders intensiv trainiert, aber auch der Gewaltstopp und die Vermittlung der Kontrolle von Wutausbrüchen von Familienmitgliedern. Hierbei wird mit einem anderen falschen Verständnis in der Sozialen Arbeit aufgeräumt: der Ansicht, Kund(inn)en müßten freiwillig kommen, damit man mit ihnen fruchtbare Arbeit leisten könne. Diese „Freiwilligkeit" ist bei der Hauptklientel, den Kund(inn)en aus der Unterschicht, beinahe nie wirklich vorhanden, jedenfalls nicht in der Jugend- und Familienhilfe. Auch in die Erziehungsberatung kommen diese Kund(inn)en selten wirklich freiwillig und noch weniger ins Jugendamt, meist werden sie geschickt (von der Schule, der Kindertagesstätte etc.).

In jedem Fall steht die Randständigkeit oder soziale Ausgrenzung ursächlich dahinter, also eine Lebenslage und Ereignisse, in denen sie massiven gesellschaftlichen, ökonomischen und psychischen Druck erfahren. Wenn nun ein Arbeitsprozeß in Gang kommen soll, ist der/die Sozialarbeiter(in) auf die Motivation der Kund(inn)en zur Mitarbeit angewiesen, ohne die keine wirkliche „Hilfe zur Selbsthilfe" stattfinden kann.

Die Kund(inn)en müssen dem/der Sozialarbeiter(in) den Auftrag, mit ihnen zu arbeiten, erst geben. Der amtliche und gesellschaftliche Auftrag reicht hierfür nicht aus. Dies methodisch zu gestalten ist das Kernstück, das zur Kunst des Helfens (Neuffer a.a.O.) gehört.

Anstatt sich die Kundschaft zu suchen, mit der es sich einfacher arbeiten läßt, die nämlich freiwillig kommt und sagt: „Ich habe ein Problem, bitte helfen Sie mir", muß die Soziale Arbeit ihre Konzepte weiterentwickeln, damit sie auch in der Arbeit mit der Hauptklientel wirksam werden können.

10. Auswirkungen des Programms auf die Soziale Arbeit

Wirkliche Ganzheitlichkeit der Unterstützungsleistungen

Die sozialen Hilfen und Dienstleistungen, die die Familienarbeiter(innen) erbringen, sind integrierte – im echten Sachsinn ganzheitliche – und dadurch für uns genuin sozialarbeiterische und eben nicht therapeutische Hilfen (wir legen großen Wert auf eine klare Abgrenzung).

Es sind Förderungs- und Unterstützungsleistungen, damit die Familien ihren eigenen Lebensalltag selbst managen können. Was übrigens in unseren Augen die pragmatische Definition von Sozialer Arbeit anspricht. Familienarbeiter(innen) bringen Struktur in den Haushalt, den Tagesrhythmus (z. B. bei drogenabhängigen Eltern-Paaren oder Alleinerziehenden), indem sie diese verlorenen oder nie vorhandenen Kompetenzen an die Kund(inn)en vermitteln, wo erforderlich auch durch direktes Lehren, sie helfen Hygiene herzustellen (und kaufen u. U. einen Kühlschrank), sie vermitteln Erziehungskompetenzen an die Eltern, sie zeigen gewaltfreies oder -ärmeres Umgehen miteinander. Sie beraten im Alltag, schlichten, klären, versuchen das soziale Netzwerk der Familie (wieder-)herzustellen und renovieren gemeinsam mit den Kund(inn)en – falls erforderlich – eine Wohnung und vermitteln rudimentäre Alltagskompetenzen.

Die Problemdefinition geschieht zuvorderst durch die Klient(inn)en. Die Sozialarbeiter(innen) fokussieren systematisch Stärken, um für den Umgang mit Herausforderungen geeignetes Verhalten zu stärken. Gemeinsam mit den Kund(inn)en setzen sie realistische und erreichbare Ziele, die sie in kleinen nachprüfbaren Schritten ansteuern. Das Ganze geschieht mit Sicherheits-Backup durch die/den Anleitungssozialarbeiter(in) (s. Organisation).

Methoden und Arbeitstechniken

Die Methoden und Arbeitstechniken von „Familie im Mittelpunkt" sind in der Praxis der Familienarbeit entwickelt worden. Sie stützen sich auf eine Vielzahl von theoretischen Grundlagen und therapeutischen Ansätzen, von denen sie in eklektischer Weise jeweils nur die Elemente genommen haben, die in der Praxis der Arbeit gebraucht werden. Durch die synthetische Wirkung des professionellen Handelns in der Alltagspraxis wurden sie enttherapeutisiert und damit sozialarbeiterisch. Sie bilden das Repertoire an Untersuchungs- und Arbeitsmethoden und Techniken, die den Familienarbeiter(inne)n zur Verfügung stehen, aus denen sie das für jede Familie spezielle Arbeitsvorhaben entwickeln.

Theoretische Grundlagen des Programms sind (s. auch Kapitel 4, S. 45 ff.):
- die Rational-Emotive-Therapie und damit auch die Lerntheorie,
- Krisenintervention und Kompetenzmodell,
- Stärken-Assessment und Empowerment,

10. Auswirkungen des Programms auf die Soziale Arbeit

- Systemische Familientherapie,
- Familienkonferenz und Gesprächsführung,
- Soziale Zugehörigkeitsthese,
- Person in Environment, Sozialräumliches Konzept,
- Didaktik der Direkten Unterweisung,
- Environmentaktivierung.

Evaluation

„Familie im Mittelpunkt" sieht sowohl eine formative als auch eine summative Evaluation vor. FiM besteht aus Momenten der Selbst- und Fremdevaluation, wobei sowohl eher „subjektive" Bewertungen als auch „objektive" Bewertungsakte stattfinden.

Die formative Evaluation durch regelmäßige Berichte und Gespräche im Kleinteam der Familienarbeiter(innen) mit der/dem Anleiter(in) wird durch Selbsteinschätzung und durch die Familie vorgenommen. Hierdurch wird eine Korrektur der Arbeit (Handlungsforschung) ermöglicht.

Zum Abschluß einer Familienaktivierungsarbeit erstellen wiederum beide, der/die Sozialarbeiter(in) und die Familie jeweils einen Abschlußbericht (summativ), der subjektive Bewertungen enthält. Die Familie beurteilt die Leistungen des/der Familienarbeiter(in)s anhand eines Leistungskatalogs.

Zum Ende der Familienaktivierung beurteilen auch andere Instanzen den Erfolg oder Mißerfolg. Die überweisende Stelle, in der Regel der ASD, beurteilt die Situation in der Familie nach dem Kriterium, ob die Kinder dort sicher weiterleben können und wieweit die Situation der Familie stabilisiert wurde. Auch die Meinungen anderer Instanzen werden eingeholt, z. B. die anderer Sozialer Dienste, der Kindertagesstätten, der Schulen, der eventuell hinzugezogenen Ärzte, der Richter(innen). Mitarbeiter(innen) von „Families First" oder anderen Diensten halten regelmäßig Nachschau, ob die Kinder noch in der Familie bleiben können: nach drei, sechs, neun, zwölf, achtzehn und vierundzwanzig Monaten.

Als objektive Kriterien gelten einmal, wie viele Kinder tatsächlich vor der Fremdplazierung bewahrt werden konnten und zum anderen eine Kosten-Nutzen-Analyse der Arbeit.

Sowohl die Zahlen aus 32 Bundesstaaten der USA als auch aus den gesamten Niederlande weisen hohe Erfolgsquoten aus. In Michigan, mit einem der bestorganisierten „Families First"-Programme, mit über 400 „Families-First-specialists" bei etwa 10 Millionen Einwohnern, liegt die erste Evaluation nach 30 Monaten von der Michigan State University vor, die die bislang vorliegenden Zahlen ebenfalls bestätigt.

10. Auswirkungen des Programms auf die Soziale Arbeit

Qualitätsmanagement und Organisation

Da es, wie z. B. in Michigan, „Families First"-Einrichtungen von staatlichen (auf kommunaler und Kreisebene) und privaten Trägern gibt, die unter ganz unterschiedlichen Bedingungen arbeiten, gibt es im Department for Social Services des Staates eine zentrale Leitungs- und Unterstützungsstelle.

Dort werden nicht nur die ständig eingehenden Daten der einzelnen Einrichtungen überprüft. Diese Dienststelle organisiert auch zentral die Öffentlichkeitsarbeit und die Ausbildung der Familienarbeiter(innen) und Spezialist(inn)en auf allen Ebenen. Dort arbeitet auch ein Team von „Families First"-Qualitätsmanager(innen), den über Computer eingehenden Datenfluß daraufhin zu untersuchen, wo es zu Abweichungen vom Modell und zu schlechteren Ergebnissen kommt. Wenn dies geschieht, dann reisen diese Spezialist(inn)en vor Ort, um in der Einrichtung herauszufinden, wo die Problembereiche liegen:

- Läßt z. B. die Anleitungsqualität nach?
- Arbeitet eine(r) der Familienarbeiter(innen) nicht gut genug?
- Wo liegen die Gründe?
- Wie kann die Situation verbessert werden? u. v. m.

Diese Spezialist(inn)en gehen, wenn nötig, auch in die Familien. Da sie nicht als harte Kontrolleure auftreten, wird ihre Arbeit überwiegend als Hilfe angesehen. Die gute Kooperation innerhalb des Programms liegt wohl nicht zuletzt daran, daß die Leiterin Susan Kelly erhebliche Anstrengungen unternimmt, damit sich alle Mitarbeiter(innen) regelmäßig persönlich treffen und fortbilden. Das Ergebnis: Corporate Identity.

Als Kennzeichen gilt: Organisation von unten.

Drei bis fünf Familienarbeiter(innen) bilden ein lokales Team. Sie werden von einer Anleiterin betreut. Alle administrativen Aufgaben übernehmen Verwaltungskräfte als Zuarbeiter(innen), wodurch die Familienarbeiter(innen) davon weitgehend freigestellt sind. Mehrere Teams haben u. U. ein gemeinsames regionales Management. Die regionalen Einrichtungen sind dann wiederum mit der Zentrale verbunden.

10. Auswirkungen des Programms auf die Soziale Arbeit

Einige Konsequenzen der Einrichtung der „Familie im Mittelpunkt"-Dienste in Deutschland für die Praxis der Sozialen Arbeit und ihre Ausbildung

Aus dem oben dargestellten Sachverhalt ergeben sich eine Reihe von Konsequenzen für die Praxis und die Ausbildung von Sozialarbeiter(inne)n. Wir halten es für wichtig, daß die Soziale Arbeit von einer diffusen Helferorientierung zu einer Perspektive als Dienstleistungsagentur kommt.

Wesentlich erscheint auch, daß sie ihren Eingriffscharakter nicht einfach „verdrängt", sondern damit bewußt umgeht und von dort aus eine positive Perspektive entwickelt. Bei schwerer Kindesmißhandlung oder -vernachlässigung z. B. kann die Sozialarbeit diesen Charakter schon zum Schutz der Kinder nicht einfach leugnen. Entgegen mancher Vorstellung kommt ein im echten Sinne präventiver Ansatz bei der existierenden Sozialarbeit real kaum vor. Für die Profession ist es durchaus wichtig, auch den Reparaturcharakter zu akzeptieren und dennoch nach den Kriterien der o. a. Professionalität zu handeln und die Menschenwürde ihrer Kund(inn)en zu achten.

Der Dienstleistungscharakter beinhaltet auch die Absage an eine schlechte „Beamtenmentalität" einer Profession, die fast nur zu Bürozeiten Dienste anbietet. Hier lernen Studierende und Sozialarbeiter(innen), daß sie ihre Arbeit dann leisten, wenn die Familien sie brauchen. Sie lernen kleine, reale Schritte zu gehen, ihre Arbeit auch von den Kunden bewerten zu lassen und vor allem deutlich zu machen, welche Umstände eingetreten sein müssen, damit ein Ziel als erreicht gelten kann.

Das stärkenorientierte Assessment widerspricht dem Denken in Problemen und muß neu antrainiert werden (viele Einzellfallhilfe-Ansätze verlangen, daß die Klient(inn)en ankommen und sagen „Ich habe ein Problem", und die Praktiker(innen) tun nichts lieber, als psychozentriert nach persönlichen Problemen zu forschen).

Der Arbeitsansatz von FiM ist wirklich ganzheitlich und relativiert den schichtselektiven Königsweg traditioneller Sozialarbeit, die überwiegend verbale Aktionsweise. Er ist vor allem an der Lebenswelt orientiert, weil er dort ansetzt und nicht im klinischen Beratungszentrum. Die Arbeit mit der Familie in ihrem sozialen Umfeld ist damit eine Entsprechung zu Momenten der Domäne Sozialer Arbeit, zumal „Families First" in der Praxis der Sozialen Arbeit entwickelt wurde.

Wichtig erscheint uns auch die Tatsache, daß hier Sozialarbeit als zeitlich begrenzte Dienstleistung mit einem definierten Ende realisiert wird, die zudem nicht nur überprüfbar, sondern auch wirklich auf ihre Wirkungen und Kosten hin betrachtet wird.

10. Auswirkungen des Programms auf die Soziale Arbeit

Damit ist ein weiteres innovatives Moment verbunden. Sozialarbeiter(innen) lernen noch immer nicht systematisch und qualifiziert, wie und wann Inhome-Service wirklich Sinn macht. Viele schöne Beratungsmethoden für den klinischen Gebrauch werden bereits im Studium gelehrt; wie man fachlich kompetent und respektvoll gegenüber der Familie Hausbesuche macht, jedoch selten.

In der Ausbildung für „Familie im Mittelpunkt" wird dies genauso theoretisch begriffen und antrainiert wie die vorurteilsfreie und an den Stärken der Kund(inn)en orientierte Beobachtung der Lebensumstände, der Wohnsituation, des Verhaltens und der Kommunikationsstile einer Familie.

Die von „Families First" entwickelte „Supervision" bereichert existierende Konzepte um eine permanente direkte Anleitung mit fundierter Kenntnis der Situation vor Ort.

Nicht zuletzt liegt mit dem Organisationsmodell eine Struktur vor, die den Familienarbeiter(innen) einen gewissen Aufstieg erlaubt. Nach mindestens zwei Jahren können die Familienarbeiter(innen) nach einer weiteren Ausbildung Anleitungssozialarbeiter(innen) werden. In einem weiteren Schritt Trainer(innen), Qualitätssicherungsspezialist(inn)en oder Manager(innen).

Mitarbeiter(innen) auf allen Ebenen behalten jedoch einen definierten direkten Anteil von Arbeit in der Praxis mit Familien. Mit steigender Qualifikation steigt auch die Bezahlung. Durch angemessene Einstufung und Vergütung der Bereitschaftszeiten verdienen die Familienarbeiter(innen) auch besser als Kolleg(inn)en, die nur die hierfür vorausgesetzte Ausbildung als Sozialarbeiter(in) haben.

Wir halten es für die Profession durchaus für wichtig, wenn sie auch die Möglichkeit für Aufstieg und bessere Bezahlung vorsieht.

„Familie im Mittelpunkt" und andere Dienste der Familienhilfe

Die teilweise massive Abwehr, die das Programm bei Mitarbeiter(inne)n einiger Einrichtungen wie z. B. einiger, nicht aller Sozialpädagogischen Familienhilfen (SPFH) erzeugt hat, mag nur bei wenigen in einer begründeten Existenzangst wurzeln. Meist jedoch werden das Programm und die Absichten seiner Befürworter mißverstanden und beiden eine gewisse Omnipotenz unterstellt. Diese Sachlage macht eine noch zu verbessernde Informationspolitik und Öffentlichkeitsarbeit notwendig.

Weder die Sozialpädagogische Familienhilfe, wenn sie denn mit guten, nachweisbaren Ergebnissen arbeitet, noch andere Einrichtungen der Familienhilfe wie Beratungsstellen, Einzelbetreuung, Erziehungsbeistandschaft

10. Auswirkungen des Programms auf die Soziale Arbeit

oder Tagesgruppen für Kinder aus Familien, die sich in einer Problemlage befinden, können durch Einrichtungen der „Familie im Mittelpunkt" ersetzt werden.

FiM ist – wir betonen es hier ausdrücklich noch einmal – ein Programm der *Krisenintervention* bei extrem gefährdeten Familien. Es kann dann schnell reagieren, wenn Kinder in unmittelbarer Gefahr sind und eine Herausnahme der Kinder andernfalls vorgenommen werden müßte. Unseres Wissens gibt es in Deutschland kein anderes Programm, das so schnell reagieren kann, um mit der ganzen Familie in ihrer Wohnung Gefahren der groben Vernachlässigung, der physischen und psychischen Gewalt und – in vielen Fällen – des sexuellen Mißbrauchs zu beseitigen. Es ist eine notwendige Ergänzung zu den existierenden Hilfen und kein Ersatz oder gar Allheilmittel bei Familien in einer Problemlage. Es ist auf eine gute Kooperation mit all diesen Hilfen angewiesen, die ihre Berechtigung bei der Bearbeitung von Dauerkrisen haben. FiM kann eine akute Krise bereinigen und hat auch durchaus fortdauernde Wirkung, weil die Familie mit Kompetenzen und Techniken ausgestattet wird, die ihr zur Problembewältigung fehlten und die sie auch selbständig nutzen kann, wenn das Programm beendet ist.

Die Techniken zur Wut- oder Depressionskontrolle z. B. wird sie bereits während des Programms selbständig einsetzen und dies auch später tun. Familien, bei traditioneller Rollenteilung in der Familie sind es oft die Mütter, besser beide Elternteile, haben die erlernten verhaltensorientierten Kompetenzen in der Kindererziehung (z. B. mit Verhaltenskarten) auch nach dem Programm weiterhin zur Verfügung. All die Fälle, in denen Kinder zum Teil gefährlich mißhandelt werden, z. B. aufgrund der Hilflosigkeit der Eltern oder weil diese glauben, „altbewährte" Erziehungsmittel wie Prügel seien sinnvoll, müssen nach dem Programm nicht mehr auftreten. Bei uns werden zu viele Kinder aus solchen Gründen mißhandelt.

FiM wirkt nicht immer. Die Praxis von „Families First" in den USA und den Niederlanden hat jedoch gezeigt, daß das Programm in der überwiegenden Zahl der Fälle positiv gewirkt hat. In den USA hat dies dazu geführt, daß viele Richter zu Befürwortern des Programms geworden sind.

Die Praxis hat aber auch gezeigt, daß nach dem Durchlaufen des kurzen Programms oft eine weitere konstruktive Arbeit mit der Familie erforderlich ist. Das hat zwei Hauptgründe:

Zum einen hat sich durch das Programm an den äußeren Lebensumständen, die Probleme erzeugen, nicht alles grundsätzlich geändert. Wenn das Programm auch ausdrücklich das soziale Netzwerk, die Nachbarschaft und das Wohnumfeld, die materielle Lage und die Beschäftigung, Arbeit, Ausbildung und Schule in die Arbeit miteinbezieht, kann es dort aber nur begrenzt wirksam werden. Die Rahmenbedingungen von Ausgrenzung bedrohter Familien können nicht alle wirklich verändert werden, wobei man

10. Auswirkungen des Programms auf die Soziale Arbeit

auch sehen muß, daß Sozialarbeit hier allgemein an Grenzen stößt. Hier ist dieses Programm auf die enge Zusammenarbeit mit dem Allgemeinen Sozialen Dienst (ASD) angewiesen, der bei der Arbeitsförderung, der Schuldnerberatung oder der Suche nach geeigneterer Wohnung und Wohnumfeld schon eher vermittelnd helfen kann.

Der ASD hat bereits vorher die Gesamtverantwortung für die Kinder in der Familie, gibt sie während des Programms nur in Teilen ab und behält sie auch danach. Für den ASD bedeutet dies eine inhaltliche Umstellung seiner Arbeitsweise auf das *Case Management*.

Für diese Methode der Beratung und Befähigung, der Verknüpfung des Ressourcensystems der Familie mit dem des sozialen Netzwerks und des formellen Hilfesystems, der Koordination von Hilfeleistungen unterschiedlicher Spezialdienste und der „Anwaltstätigkeit" braucht der ASD eine qualifizierte Ausbildung.

Viele Sozialarbeiter(innen) des ASD glauben dies bereits freihand zu tun und zu können. Sie glauben, daß sie, wenn sie einen selbstgestrickten Hilfeplan nach dem KJHG erstellen, bereits Case Management betreiben. Dies ist nach unseren Erfahrungen in vielen Fortbildungen oft ein Trugschluß. Es reicht nicht aus, wenn zehn Sozialarbeiter(innen) eines Dienstes für eine Familie zehn völlig unterschiedliche Hilfepläne erstellen, wie dies ein Jugendamtsleiter festgestellt hat.

Mitarbeiter des ASD und andere Sozialarbeiter(innen) müssen nämlich erst lernen, präzise und fachlich ausgewiesene, stärkenbezogene Assessments und Unterstützungspläne zu erstellen und dabei die dienstleistungsorientierte und partnerschaftliche Beziehung zum/zur Kund(in)en zu realisieren.

Dies gilt auch für das Setzen von konkreten Nahzielen und die Evaluation der eigenen Dienstleistung. Die Ausbildung und Praxis als Case-Manager(in) steht zwar als Anforderung im Raum und sie kann auch als Belastung empfunden werden. Sie würde allerdings die Arbeit der Allgemeinen Sozialen Dienste fachlich erheblich aufwerten und damit den ASD weg von der staatlichen Hoheitsverwaltung, wie er noch oft von außen wahrgenommen wird, hin zu einer Agentur für Dienstleistungen mit Fachleuten für das Kindeswohl bringen.

Als Case Management würde sich die Arbeit viel besser dokumentieren und darstellen lassen. Damit wäre eine wichtige Voraussetzung für die Anerkennung der professionellen Arbeit durch andere Professionen und die Öffentlichkeit gegeben. Unter dem noch schlechten Image des ASD leiden derzeit seine Mitarbeiter(innen).

Die Einführung von „Familie im Mittelpunkt" macht also eine Verbesserung der Arbeit im ASD erforderlich und hätte somit eine innovative Wirkung auf eine der wichtigsten Agenturen der professionellen Sozialen Arbeit. Qualifizierte Familienarbeiter(innen) mit ihren vielfältigen Kompetenzen, z. B. guten Inhome-Service zu leisten, damit Hausbesuche nicht kontrollierend durchzuführen, überhaupt kundenorientiert Dienstleistungen anzubieten, wären, falls sie nicht in Einrichtungen von „Familie im Mittelpunkt" aufsteigen, nach einigen Jahren der Praxis als FiM-Mitarbeiter auch sehr gut qualifizierte Sozialarbeiter(innen) in anderen Diensten wie dem ASD.

Die bei FiM verwirklichte Kunden-Service-Organisation könnte auch Allgemeine Soziale Dienste verstärkt innovativ beeinflussen.

Auch andere Spezialdienste wie die Sozialpädagogische Familienhilfe könnten von der Zusammenarbeit mit FiM profitieren. Oft ist die aktuelle Krise in einer Familie Ausdruck von persönlichen und Beziehungskrisen, die sich über längere Zeit entwickelt haben und manchmal mit einer schnellen, kompakten Krisenintervention nicht zu beheben sind. Dann brauchen die Familie oder einzelne eine Weiterbehandlung durch die SPFH oder eine Familien- bzw. Einzeltherapie.

Die Praxis von „Families First" hat erwiesen, daß Kunden, die bislang jegliche weitergehenden psychosozialen Hilfen ablehnten, durch das Programm erst beratungs- oder therapiefähig gemacht wurden. Die hier angesprochene Partnerschaft von FiM, insbesondere mit der SPFH, wird inzwischen auch von anderer kompetenter Seite anerkannt, auch wenn das Mißtrauen vieler Mitarbeiter(innen) der SPFH noch nicht ausgeräumt scheint.

In der Tat sind bei den Programmen von FiM und denen qualifizierter Sozialpädagogischer Familienhilfen viele Gemeinsamkeiten festzustellen. Die wichtigste: Sie wollen – wo immer möglich – nicht notwendige Heimunterbringung von Kindern dadurch vermeiden, daß sie den Familien helfen, ihre eigenen Angelegenheiten und die Kindererziehung gewaltfrei zu leisten.

Marga Rothe von der „Arbeitsgemeinschaft zur Förderung von Kindern und Jugendlichen" in Heidelberg stellt hierzu fest:

„Sozialpädagogische Familienhilfe und ‚Families First' sind keine Konkurrenzangebote, sondern sinnvolle Ergänzungen im Rahmen familienorientierter Hilfen."

„Families First" kann

- den Einsatz von Sozialpädagogischer Familienhilfe in Familien, deren Problematik mit SPFH – noch – nicht zu bewältigen ist, vorbereiten,

- durch das konkrete Erleben von Krisensituationen im Lebensraum der Familie Erfahrungen sammeln, die der Entwicklung von sinnvollen Handlungsstrategien im Rahmen der Sozialpädagogischen Familienhilfe förderlich sind.

Rothe 1996

10. Auswirkungen des Programms auf die Soziale Arbeit

Wir können diese Argumente aus der Sicht von „Familie im Mittelpunkt" voll unterstreichen. Eine wichtige Voraussetzung für die notwendige enge Zusammenarbeit mit der SPFH wie auch mit anderen Diensten sehen wir jedoch darin, daß die Arbeitsweisen der Dienste zumindest so weit aufeinander abgestimmt werden, daß die Mitarbeiter(innen) die Arbeit der anderen Einrichtung verstehen und achten.

Wie wir im Kapitel 4 dargelegt haben, setzen sich Programm und Methodik aus einer Reihe von unter pragmatischen Gesichtspunkten zusammengesetzten Elementen unterschiedlicher sozialarbeiterischer, pädagogischer und therapeutischer Verfahren zusammen und fußen auf theoretischen Erkenntnissen der Soziologie, der Psychologie und der Sozialarbeit.

Für die Arbeitsweise von FiM sind z. B. ganz wesentlich der humanpsychologische Beitrag der Gesprächsführung (vgl. Straumann 1993), der Systemtherapie und der Rational-Emotiven-Verhaltenstherapie. Für eine Familie, die das Programm FiM als positiv erfahren hat, wäre es verheerend, wenn danach eine SPFH, die einer dieser Richtungen und dem sozialarbeiterisch ganzheitlichen und pragmatischen Ansatz extrem ablehnend gegenübersteht, mit der Familie weiterarbeiten würde und dabei ihre Verachtung der Arbeit von FiM ausdrücken würde. Dies würde überhaupt eine Zusammenarbeit mit FiM unmöglich machen.

Wir sagen dies aus der Erfahrung mit Mitarbeiter(inne)n einiger Sozialpädagogischer Familienhilfen, deren Ablehnung von FiM sich aus solchen Motiven speiste.

Auf jeden Fall bedarf die nicht nur mögliche, sondern notwendige Zusammenarbeit von FiM mit anderen Spezialdiensten einer genauen und gründlichen Feinabstimmung.

„Familie im Mittelpunkt" paßt hervorragend ergänzend in das bei uns bestehende System sozialer Hilfen für Familien. Dies wird besonders deutlich, wenn man die Zielgruppen dieser Hilfen betrachtet, wie sie im folgenden Schaubild (Jährling 1997) zur Anschauung kommen. Das Schaubild auf Seite 213 zeigt, wie sich das Krisenintervenionsprogramm „Familie im Mittelpunkt" ergänzend in die Familienhilfen einfügt. – Beide Schaubilder werden jeweils nachstehend erläutert.

10. Auswirkungen des Programms auf die Soziale Arbeit

Abb. 8: Zielgruppe

	formlose Betreuung	Beratungsstelle	SPFH	Tagesgruppe	FiM	Fremdplazierung
Familien mit strukturellen Krisen	●●					
Familien mit chronischen Krisen	●●	●				
Familien mit akuten Krisen	●		●		●	●
Multiproblemfamilien mit strukturellen und chronischen Krisen			●	●		
Multiproblemfamilien mit unklarem Gefährdungspotential für die Kinder					●	●
Multiproblemfamilien mit strukturellen, chronischen Krisen und akuter Eskalierung					●	●
Multiproblemfamilien mit strukturellen und chronischen Krisen, die eine Fremdplazierung notwendig machen würden und in denen diese Entscheidung eine akute Krise auslöst					●	●

Jähring, Projekt „Familie im Mittelpunkt" beim Albert-Schweitzer-Kinderdorf Hanau 1997

Erläuterungen zu den Zielgruppen

Allgemeine Anmerkungen

Die nachfolgenden Abgrenzungen zwischen den Begriffen Krisen, Belastungen, chronisch, akut, strukturell und Multiproblemfamilien sind notwendigerweise abstrakt und dadurch gleichzeitig unscharf. Trotz dieser Schwächen verdeutlicht diese Gegenüberstellung verschiedener Zielgruppen im Verhältnis zu unterschiedlichen Hilfeformen den Einsatzbereich des Programms „Familie im Mittelpunkt". In oberflächlichen Diskussionen wird das Ziel von einzelnen Hilfeformen, z. B. der Sozialpädagogischer Familienhilfe oder Tagesgruppen, als Vermeidung von Fremdplazierung angegeben und dadurch der Eindruck einer Konkurrenzsituation zu „Familie im Mittelpunkt" nahegelegt. Diesem Ziel werden diese Hilfeformen aber nur sehr indirekt und teilweise gerecht. Tatsächlich ist zum Zeitpunkt des Beginns der Hilfe noch nicht die Absicht einer unmittelbaren Fremdplazierung vorhanden, sondern die Einschätzung, ohne diese Hilfe wird auf längere Sicht die Belastung für das Kind zu hoch sein und deshalb könnte eine Fremdplazierung zukünftig notwendig werden. Die unterschiedlichen Hilfeformen bestehen zu recht nebeneinander und sind für unterschiedliche Zielgruppen konzipiert.

Die einzelnen Zielgruppen*) und Hilfeformen:

1. Familien, die ausschließlich durch eine strukturelle Krise in eine Belastungssituation kommen und professionelle Hilfe benötigen. Scheidung, Tod, Geburt eines Kindes, Pubertät, alleinerziehende Elternteile, zusammengesetzte Familien usw. können Krisen auslösen, die das Familiensystem nachhaltig bedrohen und dadurch eine Gefährdung des Kindes auslösen. Diese Familien sind in der Regel in weiten Lebensbereichen flexibel und verfügen über Ressourcen, die eine erfolgreiche Beratung über die Sozialen Dienste oder Beratungsstellen erwarten lassen.
2. Familien mit anhaltenden Problemen, die sich als schwerwiegende Entwicklungshemmnisse für die Kinder auswirken und nicht selten generationsübergreifend weitergegeben werden. Hierzu gehören unzureichende Erziehungskompetenzen, Suchtprobleme, Überschuldung, unangemessenes Sozial- und Konfliktverhalten, häufige Straffälligkeit oder Probleme werden nicht gelöst sondern bagatellisiert oder verdrängt usw. Bei diesen Familien ist wenig Flexibilität zur Veränderung vorhanden. Handlungsorientierte und aufsuchende Sozialarbeit, wie sie in Tagesgruppen und Sozialpädagogischer Familienhilfe über einen längeren Zeitraum praktiziert werden, sind angemessene Hilfeformen.
3. Familien, bei denen ein sofortiges Handeln erforderlich ist um eine nicht zu verantwortende Gefährdung von Kindern zu beheben, z. B. Mangelversorgung von Kleinkindern, sexueller Mißbrauch, Mißhandlung von Familienmitgliedern (übermäßige Übergriffe von Eltern an Kindern oder von Kindern in Richtung Eltern), Weigerung von Kindern und Jugendlichen ins Elternhaus zurückzukehren usw. In diesen Situationen steht „Familie im Mittelpunkt" alternativ zu einer schnellen Fremdplazierung bzw. Inobhutnahme.
4. Familien mit einer Vielzahl von Problemen in unterschiedlichen Lebensbereichen und einer Mischung von chronischen und strukturellen Belastungen. Diese Familien sind das Hauptklientel von Sozialarbeit und benötigen eine längerfristige ambulante oder teilstationäre Hilfe.
5. Familien wie unter Punkt 4 beschrieben, jedoch mit Zweifeln, ob das vorliegende Gefährdungspotential für die Kinder eine längerfristige Hilfeform zuläßt. Durch die speziellen Rahmenbedingungen von „Familie im Mittelpunkt" ist unter Wahrung der Sicherheit für die Kinder eine Krisenhilfe möglich. Die sehr flexible Arbeitszeit der Mitarbeiter, die sich ausschließlich an den Notwendigkeiten in der Familie orientiert, die permanente Erreichbarkeit über alle Wochentage, stellt einen höheren Schutz für Kinder dar, als es Hilfeformen mit Langfristcharakter bieten können.
6. Familien wie unter Punkt 4 beschrieben, jedoch mit dem Zusatz, daß in einem Lebensbereich ein Problem so eskaliert, daß eine Fremdplazierung notwendig erscheint (z. B. Weglaufen eines Kindes und Weigerung ins Elternhaus zurückzukehren). Diese Form der Eskalierung kann auch während einer anderen ambulanten oder teilstationären Hilfeform eintreten. Wenn diese akute Krise dann mit den Möglichkeiten dieser Hilfeform nicht ausreichend bearbeitet werden kann, kann eine Unterbrechung der bestehenden Hilfeform und gleichzeitigem Einsatz von FiM hilfreich sein. Nach Bearbeitung der akuten Gefährdungssituation kann die bestehende Maßnahme dann fortgesetzt werden.
7. Familien wie unter Punkt 4 beschrieben, wenn die andauernden Belastungen nicht behoben werden konnten und deshalb eine Fremdplazierung vorgesehen werden muß, weil die Belastungen auf Dauer eine nachhaltige Gefährdung der Kinder darstellen. Durch diese Entscheidung kann bei der Familie eine Krise ausgelöst werden, die für „Familie im Mittelpunkt" genutzt werden kann.

---

*) Hier sind nur Krisen und Belastungen gemeint, die eine nachhaltige Gefährdung von mindestens einem Kind darstellen und deshalb ein Hilfsangebot erfolgen muß.

10. Auswirkungen des Programms auf die Soziale Arbeit

Abb. 9: FiM in Verbindung mit Familienhilfen

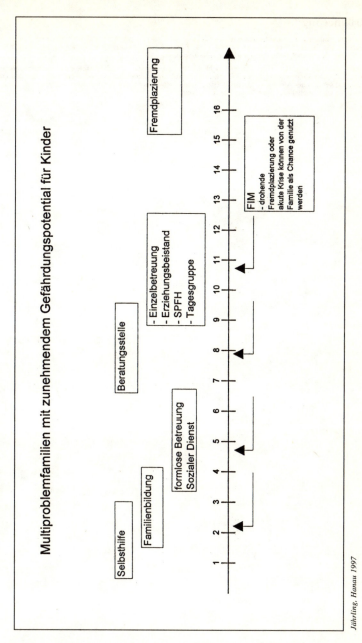

Erläuterung:

Auf einer Skala bis 16 ist die Intensität der Gefährdung für Kinder dargestellt. Punkt 1 der Skala heißt, das Gefährdungspotential ist durch Selbsthilfe zu beseitigen und Punkt 15 bis 16 kennzeichnet die Notwendigkeit einer Fremdplazierung. Dazwischen befinden sich weitere Hilfeformen.

Welche jeweils zum Einsatz kommt ist eine fachliche Entscheidung und eine Einschätzung der Angemessenheit. FiM ist unterhalb der Skala angebracht, weil es mit den oberhalb aufgeführten Hilfeformen nicht konkurriert und nur zur Fremdplazierung eine Alternative darstellt. Dann, wenn entsprechend den beschriebenen Zielgruppen (Seite 212) eine Krise zur Entscheidung einer Fremdplazierung führt.

11. „Familie im Mittelpunkt" in der Ausbildung

„Familie im Mittelpunkt" ist ein für die Profession eminent wichtiges Programm. Wir haben das bereits mehrfach betont und begründet. Seine Einführung in Deutschland bedeutet für die Soziale Arbeit einen deutlichen Fortschritt.

Wir fassen in der Begründung die Kennzeichen dieses Programms zusammen:

- Es ist uns kein Programm bekannt, das in seinem Dienstleistungscharakter und der Kundenfreundlichkeit so eindeutig ist und mit dem hier geforderten Respekt vor den Kunden einen endgültigen Schlußstrich zieht unter die obrigkeitsstaatlichen Relikte der ehemaligen Fürsorge mit ihrem überwiegenden Kontrollauftrag.

- Auch mit einer sich an Bürozeiten klammernden „Beamtenmentalität" im negativen Sinne wird hier Schluß gemacht. Die Dienstleistungen von FiM werden dann und dort erbracht, wann und wo die Familien sie benötigen. Sie werden unmittelbar zu den Zeiten angeboten, in denen die Krise „hochkocht" und wenn die Familie sie braucht, im Notfall auch nachts. Sie erfolgen in der Wohnung der Familie und warten nicht darauf, daß sie ins Amt kommt.

- FiM leistet dies, ohne dabei die berechtigten Arbeitnehmerrechte der Familienarbeiter(innen) zu verletzen.

- Das Programm gibt der Fachlichkeit der Sozialarbeiter(innen) Vorrang, indem die Arbeitsorganisation und -bedingungen so gesetzt werden, daß die Fachkräfte weitgehend von allen Verwaltungsaufgaben befreit werden (z. B. von der Beantragung von Mitteln etc.).

- Es erreicht die typischen Zielgruppen der Sozialen Arbeit, die von Ausgrenzung und Randständigkeit betroffenen oder bedrohten Bevölkerungsschichten.

- Die in der Praxis entwickelte und theoretisch abgesicherte Methodik fordert klare und realistische Zielsetzungen aufgrund einer gemeinsam mit der Familie erstellten fachlichen Einschätzung der Problemlage und der Stärken der Familie (Assessment) sowie die Formulierung von Handlungshypothesen im Design einer Handlungsforschung.

- Das Assessment ist die Voraussetzung für die Erstellung eines Handlungsplans, bei dem die Familienarbeiter(innen) die im Training erwor-

11. „Familie im Mittelpunkt" in der Ausbildung

benen präzisen und zielorientierten Methoden aus ihrem Repertoire auswählen und für jede Familie ein individuelles „Menü" realisieren.

- Jede Intervention für jede Familie wird nach wissenschaftlichen Gesichtspunkten evaluiert, ebenso das Programm am Ende des Hilfeprozesses.
- Bereits vor dem Ende der kompakten Krisenintervention wird mit den Sozialarbeiter(inne)n des Allgemeinen Sozialen Dienstes und anderer, weniger intensiver Familienhilfen gemeinsam mit der Familie überlegt, welche weiteren Hilfen noch gebraucht werden.
- Das bedeutet eine vom Programm geforderte institutionalisierte Vernetzung der beteiligten Einrichtungen und erfordert, auch die Fachlichkeit der anderen Dienste weiter zu verbessern.
- Für den ASD wird – wo dies noch nicht ausreichend geschehen – die Umstellung auf ein qualifiziertes Case Management unumgänglich, wodurch auch hier die Fachlichkeit zunehmen wird. Dies macht reformunfreudigen Amtsleitungen und Sozialarbeiter(inne)n möglicherweise Angst (was manchmal trotz guter Informationspolitik nicht zu umgehen ist). Bei reformfreudigen Amtsleitungen wird die Einführung des Programms nicht nur wegen seiner Effektivität und nachweislich positiven Hilfe für gefährdete Kinder in ihren Familien, sondern auch wegen seines innovativen Inputs in das System sozialer Hilfen begrüßt.
- Neben seiner Wirksamkeit lehrt es die Sozialarbeiter(innen) auch Bescheidenheit, weil es sie zwingt, realistische Ziele zu setzen und die Grenzen der Wirksamkeit der eigenen Arbeit zu beachten.
- Gleichermaßen ist FiM ein professionelles Programm, das sich gegen ideologische Verformungen der Sozialen Arbeit sperrt. Es ist nichts für Fundamentalisten jeglicher Couleur.
- Gut informierte Mitarbeiter(innen) der Sozialpädagogischen Familienhilfe werden das Programm als Ergänzung zu ihrer Arbeit schätzen, aber nur dann, wenn sie nicht auf therapeutische Arbeit im engeren Sinne fixiert sind.
- Bei Nachuntersuchungen im Abstand von 3, 6 und 12 Monaten wird die Wirksamkeit des gesamten Programms und der Arbeit der Einrichtung überprüft.
- FiM bietet eine humanere Lösung als die Trennung der gefährdeten Kinder von ihrer Familie und ist relativ kosteneffektiv. Ein qualifiziertes und mit dem erforderlichen Qualitätsmanagement und wissenschaftlicher Begleitung ausgestaltetes Programm ist gleichwohl kein Discount-Angebot für Politiker und Verwaltungsleiter, die es nur auf die Kostenersparnis abgesehen haben.

11. „Familie im Mittelpunkt" in der Ausbildung

Aus all diesen Gründen haben wir wichtige Teile dieses Programms am *Fachbereich Sozialpädagogik der FH Frankfurt am Main* bereits seit einigen Semestern als Wahlangebot in das Studium eingeführt. Wir sprechen hierbei zunächst von der grundständigen Ausbildung, nicht von einem Angebot für die Weiterbildung praxiserfahrener Sozialarbeiter(innen) und Sozialpädagog(inn)en, auf die wir später zurückkommen werden.

Nach unserer Auffassung gehört das theoretische und praktische Grundprogramm von *„Familie im Mittelpunkt"* in das Zentrum jeglicher Methodenausbildung in der Sozialen Arbeit. Um die oben angeführten Gründe nicht zu wiederholen, beschränken wir uns auf einen Schwerpunkt innerhalb des Programms, der zum Handlungsrepertoire jedes/r Sozialarbeiter(in)s gehört: das *Engaging*.

Immer wieder sagen uns Sozialarbeiter(innen) und Amtsleitungen, daß sie während ihres Studiums keine Ausbildung darin erhalten hätten, wie man respektvoll mit Kund(inn)en umgeht, wie man nicht-kontrollierende Hausbesuche macht, was man dabei zu beachten hat und wahrnehmen kann, wie man um die Kooperation bei einer Familie wirbt und diese vertraglich vereinbart.

Auch das Erstellen eines qualifizierten *Assessment* und die Arbeit mit dem *Ökogramm* wird in der Ausbildung fast überall vernachlässigt.

Wir haben daher ein zweisemestriges Kompaktseminar „Familie im Mittelpunkt" entwickelt, in dem Handlungskompetenz in diesen Bereichen regelrecht antrainiert wird. Dies geschieht während des zweiten Semesters dieses Kurses in einem viertägigen Kompaktkurs in einem dafür geeigneten Haus außerhalb der FH-Räume. Im ersten Semester werden die theoretischen Grundlagen erarbeitet.

In einer für Studierende des Hauptstudiums zu bewältigenden und dem Stellenwert der Konzepte im Programm entsprechenden Ausführlichkeit und Tiefe wird in Theoriebereiche eingeführt (vgl. die Kurzdarstellung in Kapitel 4 und das im Anschluß dargestellte Curriculum „Intensive Family Preservation").

Das Trainingsprogramm „Familie im Mittelpunkt"

Im folgenden stellen wir das von uns „Kleine Trainingsprogramm ‚Familie im Mittelpunkt'" für das viertägige Frankfurter Kompaktseminar – z. T. mit Kommentierung – vor (die Arbeits- und Fragebögen finden Sie im Anhang).

11. „Familie im Mittelpunkt" in der Ausbildung

Familie im Mittelpunkt (FiM) – Kleines Trainingsprogramm

1. Übungen und Reflexion zur eigenen Person im Verhältnis zu Kunden Sozialer Arbeit (60 Min.)

Arbeit mit der Netzwerkkarte

Arbeit mit der Verhaltenskarte

(Abdruck beider Instrumente – für die Ausbildung und die Arbeit – im Anhang)

Kommentar:

In dieser Übung werden die Teilnehmer damit konfrontiert, daß sie als Angehörige der Mittelschicht und ausübende oder in Ausbildung befindliche Sozialarbeiter(innen) in der Regel über ein ausgebautes informelles soziales Netzwerk verfügen, ihr formelles soziales Netzwerk, also mit Behörden etc., sich hingegen in Grenzen hält. Ihnen wird deutlich werden, daß sich dies bei typischen Kunden der Sozialen Arbeit völlig entgegengesetzt verhält.

Sie sollen ferner lernen, daß nicht nur die Kund(inn)en, sondern auch sie selbst sich nicht so verhalten, wie es andere erwarten könnten und daß es dafür verstehbare Motive gibt. Ein entsprechendes Verhalten der Kund(inn)en soll deshalb nicht vorschnell verurteilt werden, auch wenn es uns ärgert, wenn z. B. eine Familie eine Terminabsprache nicht einhält. Hierbei wird auch zur Geduld aufgefordert.

2. Übung zum Stärken-Assessment mit Fallbeispiel (45 Min.)

Am einem Fallbeispiel wird den Teilnehmern deutlich, daß unser Denken traditionell *problemorientiert* ist. Es werden sehr schnell die Problemseiten der Familie gesehen. Viele Stärken, an denen die Arbeit ansetzen soll, werden nicht gesehen. Hierbei wird den Beteiligten auch klar, daß es nicht ausreicht, dies nur zu wissen, sondern daß ein *Stärken-Assessment* eines gründlichen Trainings bedarf, bevor diese Sichtweise „in Fleisch und Blut" übergeht.

3. Übungen zum „Aktiven Zuhören" und zum „Positiven Feedback" (60 Min.)

(Abdruck der Übungsblätter im Anhang)

Kommentar:

Die Teilnehmer trainieren einige Techniken der Gesprächsführung (nach Rogers, Gordon), die eine wesentliche Grundlage der Intervention nach dem Programm von „Familie im Mittelpunkt" sind.

4. Einführung in das „Konflikt-Entschärfen" (30 Min.)
(Übungsmaterial im Anhang)

Hinweis:
Für das nachfolgende Engaging wird das positive Feedback geübt.

5. Rollenspiele zum Engaging (Übungen in Gruppen, 90 Min.)
Mit Videoaufzeichnung der gelungensten Version jeder Gruppe.
(Übungsmaterial im Anhang)

Kommentar:

Die Teilnehmer(innen) üben hierbei den Erstkontakt zu einer Familie an einem Fallbeispiel. Wie sie sich vorstellen, wenn sie am Telefon einen Termin erbitten, wie sie sich korrekt und beim ersten Hausbesuch die Familie respektierend verhalten. Wie sie das Gespräch in Gang bekommen, die problematischen Vorfälle, die zur Intervention geführt haben, darstellen und unter Einsatz der Techniken des Aktiven Zuhörens, des positiven Feedback und des Konflikt-Entschärfens mit der Familie zu einer Art von „Arbeitsbündnis" kommen, zum Engagiertwerden durch die Familie. Das Rollenspiel endet damit, daß die Familie sich bereit oder nicht bereit erklärt, mit dem/der Familienarbeiter(in) weiterzuarbeiten und wieder im Haus zu empfangen. Bei einer Familie von vier Mitgliedern besteht die Spielgruppe aus fünf Teilnehmern (incl. Familienarbeiter/in). Die einzelnen Rollen in der Spielgruppe werden ausgetauscht, so daß jedes Mitglied einmal den/die Familienarbeiter(in) spielen muß.

Es gibt also zunächst fünf Durchgänge. Danach entscheidet die Gruppe, welche Fassung sie für die Videoaufnahmen für geeignet hält, die dann noch einmal vor der Kamera gespielt wird.

6. Auswertung der Rollenspiele per Video (60 Min.)

Kommentar:

Die Auswertungen zeigen meist, daß selbst in der Familienarbeit erfahrene Sozialarbeiter(innen) noch gravierende Fehler machen. Dies zeigt auch, daß dies – wie es in der Grundausbildung geschieht – noch intensiver trainiert werden muß.

7. Einführung in das „Zielesetzen" (30 Min.)

8. Übungen zum „Zielesetzen" in Gruppen (60 Min.)

9. Videoaufzeichnung von jeweils einer Gruppenversion
   Besprechung der Videoaufnahmen (60 Min.)

Kommentar:

Hierbei lernen die Teilnehmer(innen) am Fallbeispiel wenige, realistische und kurzfristig erreichbare Ziele zu setzen, was vielen Sozialarbeiter(inne)n und Studierenden schwerfällt.

10. Arbeit mit dem Krisenthermometer (60 Min.)
    (z. B. Depressions-Management)

(Modell der Instrumente im Anhang)

Kommentar:

Das Krisenthermometer – eines der Instrumente für das Selbstmanagement der Familie – wird hier nur vorgestellt und in einem Selbstversuch mit jeweils einem Partner erstellt. Dabei wird ein, in der Sozialarbeit allgemein nicht bekanntes, wichtiges Instrument kennengelernt, das am Institut of Behavior Sciences der Universität in Seattle (WA) entwickelt und von uns übersetzt und auf deutsche Verhältnisse übertragen wurde.

11. Auswertung des Programms (60 Min.)

12. Zertifizierung

Möglichkeiten der Weiterbildung

Curriculumentwicklung für ERASMUS

Seit mehreren Jahren haben wir eine enge Kooperation mit der Hogeschool van Amsterdam und der Socialhögskolan der Universität Stockholm. Eines der Projekte ist das jährlich stattfindende Intensivprogramm „Working With Families", das unsere niederländischen Kollegen Anjo van Hout und Karl-Ernst Hesser, unsere schwedischen Kollegen Eva Walander und Ola Eriksson und wir zunächst mit einem vergleichenden Programm entwickelt und später zum Thema „Intensive Family Preservation" („Intensive Familienerhaltungsarbeit") verändert haben.

Wir haben es in einer übersetzten Fassung in den Anhang aufgenommen. Das Originalprogramm in englischer Sprache wurde in dem trinationalen Workshop entwickelt, in dem Englisch die Verkehrssprache ist. Der Workshop bot eine hervorragende Gelegenheit für die Curriculumentwicklung, die von ERASMUS gefördert wurde, weil hierbei ein Kern von sechs Kollegen aus den drei Hochschulen Amsterdam, Stockholm und Frankfurt seit mehreren Jahren kontinuierlich zusammenarbeiteten und dies auch noch weiterhin tun. Wir hatten nicht nur die Gelegenheit, die entwickelten Module immer wieder zu testen und zu evaluieren, wir trafen uns auch zwischenzeitlich regelmäßig mehrmals im Jahr für die Entwicklungsarbeit.

Sicher können die Module 1 (theoretische Vorbereitung) und 2 (praktisches Training) noch weiter verbessert werden, was wir in unserem Frankfurter Programm bereits getan haben; als eines der ersten übernationalen Lehrprogramme in der Sozialen Arbeit ist es aber auch in der vorliegenden Form bemerkenswert. Die Arbeitssituation während des Workshops war deshalb so günstig, weil jeweils acht Studierende und zwei Kollegen jeder Einrichtung eine Woche lang in einem abgelegenen Haus in einem der beteiligten Länder arbeiteten und zusammen wohnten. Und dies bei Selbstverpflegung, wodurch nicht nur das bessere Kennenlernen der Gruppen und ihrer nationalen Besonderheiten, sondern auch hauswirtschaftliche Tätigkeiten begünstigt wurden, die bekanntermaßen Teil des Programms sind.

Die Evaluation dieser Veranstaltungen zeigten die erwartungsgemäß günstigen Ergebnisse. Inzwischen werden die Module an allen drei Standorten im Lehrprogramm angeboten.

Ausbildung zum Programmanager, zur Teamanleitung und zum Familienarbeiter

Zweitägige Einführungskurse in „Familie im Mittelpunkt" für Sozialarbeiter(innen) bieten wir regelmäßig am Institut für Sozialarbeit und Sozialpädagogik (ISS) in Frankfurt am Main an. Sie enthalten eine kurze theoretische Einführung in das Programm und einen Übungsteil, in dem wir *Engaging, Gewaltdämpfung und Ziele setzen* vorstellen und üben lassen. Dies ist lediglich ein „Schnupperprogramm".

Noch im Jahr 1997 wird jedoch eine von den Niederländern autorisierte komplette Grundausbildung als Fort- und Weiterbildung für Praktiker(innen) angeboten, an der wir uns beteiligen wollen. Einrichtungen, die demnächst mit dem Programm starten wollen, sollten sich an die *„Bundesarbeitsgemeinschaft Familie im Mittelpunkt" (BAG FiM)* wenden, die ihren Sitz beim Träger des ersten Projekts im Rhein-Main-Gebiet, dem Albert-Schweitzer-Kinderdorf in Hanau hat (Adresse im Anhang).

Die BAG FiM wird nicht nur die Ausbildung anbieten, sondern auch bei Projektaufbau und -begleitung sowie der Installierung der Begleitforschung behilflich sein. Ansprechpartner für Fragen der Evaluation und Ausbildung sind auch wir von der *FH Frankfurt am Main* (Adresse im Anhang). Wir arbeiten in Abstimmung mit der BAG FiM, den niederländischen Instituten und dem Albert-Schweitzer-Kinderdorf.

11. „Familie im Mittelpunkt" in der Ausbildung

Wir haben bereits viele Anfragen von Einrichtungen aus dem ganzen Bundesgebiet erhalten. Wir wollen deshalb allen, die sich dafür interessieren, nicht nur einen Einblick in das Programm geben, sondern bereits Material für die Ausbildung bereitstellen. Wer das Programm qualifiziert praktizieren will, wird – trotz der Ausführlichkeit der hier gebotenen Materialien – um eine gründliche Ausbildung nicht herumkommen.

12. Anhang: Arbeitshilfen und Instrumente

Der Anhang wurde unter Mitarbeit von Andreas Hettich gestaltet.

Arbeitshilfen für Ausbildung und Praxis 225

Ich-Botschaften 225
A. Ziele Ihrer Botschaft 225
B. Was kann dabei helfen? 226
C. Übungsbogen: „Ich-Botschaften" 227

Diffusing – Krisenentschärfung und Feedback 229
A. Regeln für aktives Zuhören 229
B. Redewendungen, wenn Sie glauben, daß Ihre Wahrnehmungen einigermaßen zutreffen 230
C. Redewendungen, wenn Sie sich nicht sicher sind, richtig verstanden zu haben, um Klarheit zu schaffen und wenn die Person nicht aufnahmebereit zu sein scheint 231

Aktives Zuhören – Trainingsbogen 232

Engaging – Arbeitstechniken 233

Direkte Unterweisung 234

Übungsbogen: positive Aussagen 235

106 Möglichkeiten, „sehr gut" zu sagen 236

Übung: Verhaltensmatrix 238

Was können Belohnungen sein? 239

Funktionsbereiche und Alltagskompetenzen 241
I. Personale Kompetenzen 241
II. Interpersonale Kompetenzen 242
III. Allgemeine Kompetenzen 243

Verzeichnis der Arbeitsmaterialien

Öko-Gramm 244

Netzwerk-Karte 245

Wunschkarten für die Zielbestimmung 246

Arbeiten mit dem Verhaltensdiagramm 254

Shelley's Krisenthermometer zur Depressionsbekämpfung 256

Arbeitsbögen für Praxis und Evaluation 258

Übernahmeprotokoll 258
Erläuterungen zum Übernahmeprotokoll 262

Assessmentbogen 263

Wochenplanung 265

Berichtsformular 266

Verlängerungsformular 269

Berichtsbogen für die letzte Woche 270

Familie im Mittelpunkt – Auswertung 274
- von Familienarbeiter(inne)n 274
- von Familien 280

Leitfaden für das Abschlußinterview 286

FiM-Trainingsprogramm für Studierende 289

ERASMUS Curriculum
Entwicklungsprogramm 1994/1995 297

Arbeitshilfen für Ausbildung und Praxis

Ich-Botschaften

A. Ziele Ihrer Botschaft

1. Die andere Person soll genau das verstehen, was Sie gerne geändert hätten (was sie ändern soll).

2. Der Wunsch der anderen Person zu kooperieren soll maximiert werden.

3. Die Abwehrbereitschaft der anderen Person soll minimiert werden.

4. Das Selbstwertgefühl der anderen Person soll gestützt und aufgebaut werden.

5. Die Arbeitsbeziehung soll aufrechterhalten und gestärkt werden.

Übertragen aus dem Material der HOMEBUILDER (Seattle) und Behavioral Science Institute – Homebuilders Division (WA)

B. Was kann dabei helfen?

1. Beschreiben Sie das Verhalten, nicht die Person (ihr *„Wesen"*) z. B., nicht etwa:

ZUM BEISPIEL	nicht
„Sie haben die Verabredung nicht eingehalten."	*„Sie sind unzuverlässig"*.

2. Verwenden Sie Beschreibungen, die auf beobachtetem Verhalten basieren:

ZUM BEISPIEL	nicht
„Du hast Deinen Bruder geschlagen".	*„Du bist ein gewalttätiger Bruder"*.

3. Gebrauchen Sie Beschreibungen des Verhaltens, nicht Be- oder Verurteilungen:

ZUM BEISPIEL	nicht
„Sie schreien."	*„Sie sind keine guten Eltern."*

4. Reden Sie differenziert und in Abstufungen, nicht nach dem "Schwarzweiß-Muster":

ZUM BEISPIEL	nicht
„Sie unterbrechen mich häufig."	*„Sie hören mir nie zu."*

5. Sprechen Sie im „Hier und Jetzt", nicht im „Dort und Neulich": *(Rückzugsebenen vermeiden)*

ZUM BEISPIEL	nicht
„Ich möchte davon sprechen, was jetzt passiert ist oder geschieht."	*„was irgendwann, irgendwem, irgendwo passiert ist."*

6. Haben Sie Ideen oder Vorstellungen, wie es besser sein könnte, so teilen Sie sie mit den Personen, geben Sie aber keine Ratschläge:

ZUM BEISPIEL	nicht
„Ich wünsche mir, daß die Dinge sich anders entwickeln würden."	*„Sie sollten sich ändern, sich anpassen."*

7. Nur die Menge an Informationen geben, die gebraucht und verarbeitet werden kann, nicht alles, was mitgeteilt werden könnte. *(Gefahr der Überlastung)*

Übertragen und mit Beispielen ergänzt aus dem Material der HOMEBUILDER (Seattle) und Behavioral Science Institute – Homebuilders Division (WA)

C. Übungsbogen: „Ich-Botschaften"

Auf diesem Bogen sollen die anklagenden „Du-Botschaften" in klare „Ich-Botschaften" umgewandelt werden. Beim Umschreiben der „Du-Botschaften" nutzen Sie die „Gefühle - Verhalten - Konsequenzen"-Form.

1. „Du glaubst wohl, jeder könnte zum Abendbrot kommen, wann es ihm paßt." „Du mißachtest unsere Familienregeln, wenn Du später kommst."

2. „Gehe nicht so nah ans Flußufer, Du kannst ins reißende Wasser fallen, möchtest Du das?"

3. „Warum läßt Du Deine verdammten Rollschuhe mitten im Hausflur herumstehen?" „Willst Du mich umbringen?"

4. „Du bist unzuverlässig, Du sagtest, Du würdest mich von der Arbeit abholen, aber Du bist nicht gekommen."

5. „Das war das letzte Mal, daß wir Dir erlaubten, in die Disco im Nachbarort zu gehen." „Man hat gesehen, daß Du per Anhalter nach Hause gefahren bist." „Dabei weißt Du doch, daß wir es Dir verboten haben, weil dauernd etwas passiert."

6. „Du Schlamper, gib mir meine Techno CD's wieder, die Du Dir ausgeliehen hast." „Du gehst nicht einmal mit Deinen eigenen Sachen sorgfältig um." „Du wirst meine CD's noch mit beschädigen, also gib sie zurück."

7. „Glaubst Du wirklich, daß unser Blumengarten ein geeigneter Ort zum Fußballspielen ist?"

Diffusing – Krisenentschärfung und Feedback

A. Regeln für aktives Zuhören

1. Eine Vermutung äußern, was die andere Person fühlt und denkt.

2. Das Verwenden von „Türöffnern", wie z. B. „Aha", „Nicken", „Fahren Sie fort", „Weiter".

3. Augenkontakt herstellen und halten.

4. Mit anderen Worten wiederholen, paraphrasieren, was die andere Person gesagt hat.

5. Widerspiegeln von Gefühlen und Inhalten.

6. Alternieren von Gefühlen und Inhalten.

7. Körpersprache ebenso beachten wie das gesprochene Wort.

8. **Häufige Fehler vermeiden wie:** übertreiben und untertreiben, verzögern oder forcieren, mißtrauisch oder zu sicher sein.

Übertragen aus dem Material der HOMEBUILDER (Seattle) und Behavioral Science Institute – Homebuilders Division (WA)

B. Redewendungen, wenn Sie glauben, daß Ihre Wahrnehmungen einigermaßen zutreffen

- Sie fühlen ...

- Aus Ihrer Sicht ...

- Von Ihrem Standpunkt aus ...

- Wie Sie es sehen ...

- Sie glauben ...

- Sie denken ...

- Was ich Sie sagen höre ...

- Gefühle identifizieren: Sie sind verletzt, traurig, besorgt, froh, daß ...

- Ich entnehme Ihren Worten, daß ...

- Sie sind der Meinung, daß ...

- Sie glauben, daß ...

- Sie meinen ...

- Sie möchten ...

- Sie möchten nicht ...

Übertragen aus dem Material der HOMEBUILDER (Seattle) und FAMILIES FIRST (Michigan)

C. Redewendungen, wenn Sie sich nicht sicher sind, richtig verstanden zu haben, um Klarheit zu schaffen und wenn die Person nicht aufnahmebereit zu sein scheint

- Kann es sein, daß ...?
- Ich frage mich, ob ...?
- Ich bin nicht sicher, ob ich mich vielleicht irre, aber ...?
- Bitte korrigieren Sie mich, wenn ich falsch liege, aber ...?
- Ist es möglich, daß Sie ...?
- Könnte es sein, daß ...?
- Aus meiner Sicht ...?
- Sie scheinen zu fühlen, daß ...?
- Es erscheint Ihnen ...?
- Vielleicht fühlen Sie ...?
- Ich habe so eine Ahnung, daß Sie vielleicht fühlen ... (denken) ...?
- Ist es möglich, daß ...?
- Lassen Sie mich sehen, ob ich richtig liege, Sie ...?
- Lassen Sie mich sehen, ob ich Sie verstehe, Sie ...?
- Ich höre Sie sagen, daß ...?
- Ich denke, Sie sagen, daß ...?
- Sie scheinen zu sagen, daß ...?

Übertragen aus dem Material der HOMEBUILDER (Seattle) und FAMILIES FIRST (Michigan)

Aktives Zuhören – Trainingsbogen

Dieser Trainingsbogen wird Ihnen dabei helfen, aktiv zuzuhören, was die anderen Ihnen zu sagen haben. Ein wichtiger Schritt ist hierbei herauszufinden, welche Gefühle die Menschen in ihren Aussagen ausdrücken. Die folgenden Aussagen drücken aus, was ein Kind sagen könnte.
Im Anschluß finden Sie Wörter, die Gefühle ausdrücken, von denen Sie bitte jeweils ein bis zwei den Aussagen zuordnen. Welche(s) Wort(e) beschreib(en)t das Gefühl am besten, das in einer Aussage ausgedrückt wird? Manche mögen einfach erscheinen, andere schwierig. Dies ist die Gelegenheit, die Zuordnung von Begriffen, von Gefühlen auf Aussagen zu üben.

1. „Meine beste Freundin ist gestorben. Ich möchte auch sterben. Ich habe mich niemals so gefühlt, als sie noch da war."
2. „Es ist echt geil, mit Peter zusammen zu sein. Er ist immer lustig, kennt viele Witze und er hält immer zu seinen Freunden."
3. „Wenn ich nach Hause komme und meinen Bruder sehe, wird es der Kanaille schlecht gehen. Es wird einen Satz rote Ohren geben."
4. „Elke sagte, sie will abhauen und ich werde mitgehen, weil ich ihre Freundin bin."
5. „Laßt mich alleine! Hau ab! Ich will sowieso nicht mit Dir oder sonst jemand reden! Du magst mich ja doch nicht."
6. „Warum hast Du überall herumerzählt, daß ein Berater zu uns kommt. Jetzt glaubt die ganze Nachbarschaft, ich wäre irre."
7. „Ich bin unter Hausarrest. Alles, was ich tun kann, ist fernsehen oder im Kühlschrank nach etwas zum Naschen zu suchen."
8. „Ich hasse Dich, Du gönnst mir keinen Spaß. Du machst mir alle meine Bekanntschaften kaputt."
9. „Wow, ich dachte, ich würde großen Ärger bekommen, weil ich mein Geschichtsbuch zu Hause gelassen habe. Aber Thomas hat mir seines geliehen. Er ist ein wahrer Freund."
10. „Meine Mutter sagte, ich würde nie etwas alleine fertig bringen und dann hatte sie den Nerv, mich zu fragen, ob ich ihre Hilfe wollte."

ZUZUORDNENDE WÖRTER

Verängstigt	schuldig	verlegen	unterstützt	dumm	betrogen
Unter Druck	verletzt	einsam	zornig	klein	wortlos
gehetzt	rastlos	dankbar	gebraucht	gelangweilt	fürsorglich
enttäuscht	erleichtert	frustriert	erstaunt	entmutigt	
mißbraucht	beleidigt	es tut mir leid	betroffen	müde	
herausgefordert	vor den Kopf gestoßen	durcheinander	gemischte Gefühle	glücklich	

Übertragen in Anlehnung an das Material der HOMEBUILDER (Seattle) – Behavioral Science Institute Homebuilders Division (WA)

Engaging – Arbeitstechniken

1. Den Termin des Hausbesuchs mit der Familie vereinbaren *(telefonisch, an der Haustür etc.).*

2. Warten, bis man hereingebeten wird.

3. Zur Begrüßung die Hand geben.

4. Sich vorstellen, gutes Erscheinungsbild, angemessen gekleidet.

5. Respektvolles Verhalten und Anrede *(z. B. „Herr…", „Frau…").*

6. Sich erst setzen, wenn man dazu aufgefordert wird.

7. Freundliches Zugehen auf die Kunden.

8. Erklären, warum man gekommen ist.

9. Zuhören, was die Kunden erwarten.

10. Den Kindern Aufmerksamkeit widmen.

11. Das Eis brechen, Small talk, dabei Dinge und Arrangements in der Wohnung beachten und positive Anknüpfungspunkte suchen.

12. Ruhiges und sicheres Auftreten.

Übertragen aus dem Material von FAMILIES FIRST (Michigan)

Direkte Unterweisung

1. Eine positiv gestimmte Anfangssituation herstellen.
2. Präzise Beschreibung der angestrebten Fähigkeit und des Verhaltens.
3. Die angestrebte Fähigkeit und das Verhalten vormachen.
4. Begründung für das angestrebte Verhalten.
5. Erkundigen, ob die Aufgabe verstanden wurde oder Bestätigung.
6. Training und Einübung.
7. Feedback einholen.
8. Lob, Ermutigung und/oder andere Belohnungen.

Übertragen aus dem Amerikanischen – nach „Teaching Interaction" – Behavioral Science Institute – Homebuilders Division (WA)

Übungsbogen: positive Aussagen

- Toll, Du hast doch noch das Geschirr gespült, ich kann es kaum glauben.

- Großartig, Du hast wirklich ein Bad genommen.

- Du hast ja doch noch Dein Zimmer gereinigt, aber vergessen Staub zu wischen, die Fenster sind schmutzig und Du hast die Möbel merkwürdig angeordnet.

- Warum kommst Du erst zu dieser Zeit nach Hause.

- Mann, Du hast schon seit mindestens zwei Stunden keine dreckigen Ausdrücke mehr benutzt.

- Erstaunlich, Du hast schon seit einer Stunde niemand mehr geschlagen.

- Es überrascht mich, Du hast schon seit einiger Zeit nichts mehr zerbrochen.

- Ich kann es kaum glauben, Du hast bereits eine Stunde lang keinen frechen Ton mehr benutzt.

- Du hast es endlich mal geschafft, etwas passendes anzuziehen.

- Du hast schon zwei Tage nichts mehr von meinen Sachen genommen, bist Du krank?

Übertragen aus dem Material der HOMEBUILDER (Seattle)/Behavioral Science Institute, Homebuilders Division (WA)

106 Möglichkeiten, „sehr gut" zu sagen

1. Du bist/Sie sind jetzt auf dem richtigen Weg.
2. Du machst/Sie machen einen guten Job.
3. Sie haben heute viel geschafft.
4. Jetzt haben Sie den Bogen raus.
5. Das ist O.K.!!
6. Jetzt haben Sie den Knackpunkt erwischt.
7. Jetzt sind Sie übern Berg.
8. So ... läufts.
9. Sie kommen richtig zur Sache.
10. Sie machen das prima.
11. Jetzt haben Sie es.
12. Es läuft gut.
13. Alles palletti.
14. Das fügt sich prima.
15. Ist ja großartig!
16. Diesmal haben Sie es gepackt.
17. Wundervoll!!
18. Phantastisch.
19. Gut für Sie.
20. Sie haben sich heute selbst übertroffen.
21. Gute Arbeit!
22. Das ist besser.
23. Exzellent.
24. Das nenn' ich nen prima Jungen/Mädchen.
25. Gut gemacht, (Name)!
26. Es läuft gut.
27. Hervorragend.
28. Das ist das Beste, das Sie getan haben.
29. Halten Sie durch.
30. Das ist wirklich nett.
31. Das ist wirklich entzückend.
32. Anerkennend pfeifen.
33. Weiter so mit der guten Arbeit.
34. Viel besser!
35. Sehr viel besser!
36. Gut gedacht.
37. Genau richtig.
38. Super.
39. Wie Sie das machen, sieht es leicht aus.
40. Ich hab's niemand besser machen gesehen.
41. Sie machen es heute viel besser.
42. Wegweisend.
43. Nicht schlecht.
44. Grandios.
45. Sie werden jeden Tag besser.
46. Das Non-Plus-Ultra.
47. Mega cool.
48. Ich wußte doch, daß Sie es können.
49. Bleiben Sie dran.
50. Sie machen sich prächtig.
51. Machen Sie weiter so, Sie werden besser.
52. Sie arbeiten heut wirklich hart.

Übertragen aus dem Amerikanischen – Behavioral Science Institute, Homebuilders Division (WA)

53. So kann man's machen.	80. Sie haben sich daran erinnert!
54. Versuchen Sie es weiter!	81. Sie sind gut in die Gänge gekommen.
55. Das ist es!	82. Sie haben sich wirklich verbessert.
56. Nichts kann Sie jetzt mehr aufhalten.	83. Ich glaub', jetzt haben Sie's gepackt.
57. Sie haben es geschafft.	84. Schauen Sie sich nur an!!
58. Das können Sie sehr gut.	85. Das haben Sie gut erledigt.
59. Sie lernen schnell.	86. Ich mag das.
60. Ich bin sehr stolz auf Sie/Dich.	87. Himmlisch.
61. Heute haben Sie mit Sicherheit was geschafft.	88. Jetzt haben Sie Nägel mit Köpfen gemacht.
62. Sie haben es schon fast geschafft.	89. Ich hätte es selbst nicht besser gekonnt.
63. Das ist gut.	90. Das nenn ich eine gute Arbeit!
64. Ich bin froh, wenn ich Sie so arbeiten sehe.	91. Ich bin stolz darauf, wie Sie heute gearbeitet haben.
65. Sie waren sehr gut.	92. Gratuliere zur guten Arbeit.
66. Das ist die richtige Art, es zu tun.	93. Das war erste Klasse Arbeit.
67. Sie lernen wirklich viel.	94. Das war erste Sahne.
68. Jetzt haben Sie es raus.	95. Sensationell.
69. Das ist besser denn je.	96. Sie haben an alles gedacht.
70. Das ist eine ganz schöne Verbesserung.	97. Es macht Spaß Sie zu unterrichten, wenn Sie so arbeiten.
71. Diese Art von Arbeit macht mich glücklich.	98. Bestens.
72. Klasse!	99. Das nenne ich eine tolle Leistung.
73. Perfekt!	100. Sie haben sich gut erinnert.
74. Das ist durchweg gut.	101. Sie haben nichts vergessen.
75. Fein.	102. Sie machen mir wirklich die Arbeit zum Vergnügen, wenn Sie so gut arbeiten.
76. Sie haben Ihre Gedanken beisammen.	103. Gratuliere!
77. Sie haben es auf die Reihe gebracht.	104. Sie haben es gemeistert.
78. Genau das ist es.	105. Noch einmal und Sie schaffen es.
79. Sie haben das schnell herausgefunden.	106. Sie müssen inzwischen geübt haben.

Übertragen aus dem Amerikanischen – Behavioral Science Institute, Homebuilders Division (WA)

Übung: Verhaltensmatrix

VERHALTEN	Motive der Anderen	X	Eigene Motive

X *Bei welcher Gelegenheit haben Sie/Du selbst schon mal ähnlich so gehandelt?*

Übertragen aus dem Amerikanischen – Behavioral Science Institute, Homebuilders Division (WA)

Was können Belohnungen sein?

Benennen Sie einige Belohnungen für Ihr Kind. Wenn Sie nicht sicher sind, fragen Sie bitte Ihr Kind.

1. Personen

Mit wem ist Ihr Kind gern zusammen (andere Erwachsene, Freunde usw.)?

a.	b.
c.	d.
e.	f.
g.	h.

2. Alltagsbeschäftigungen

Welche Alltagsbeschäftigungen sind bei Ihrem Kind beliebt (z. B. ins Kino gehen, ein bestimmtes Spiel spielen, Rollschuh fahren, Fernsehen, telefonieren usw.)?

a.	b.
c.	d.
e.	f.

3. Besondere Aktivitäten

Welche besonderen Aktivitäten liebt Ihr Kind (z. B. ins Kino gehen, den Zoo besuchen, Kekse backen, zum Fußballspiel gehen, die Nacht bei Freunden verbringen, zu einem Konzert gehen usw.)?

a.	b.
c.	d.
e.	f.
g.	h.

Übertragen aus dem Amerikanischen – Behavioral Science Institute, Homebuilders Division (WA)

4. Speisen, Essen

Was mag Ihr Kind am liebsten essen?

a. | b.
c. | d.
e. | f.

5. Zuwendungen, Aufmerksamkeit

Über welche verbalen oder physischen Aufmerksamkeiten von Ihnen und anderen würde sich Ihr Kind freuen (z. B. Lob, Komplimente, Umarmungen, auf die Schulter klopfen usw.)?

a. | b.
c. | d.
e. | f.
g. | h.

6. Tauschgegenstände

Über welche Gegenstände, mit denen Ihr Kind mit anderen tauschen könnte, würde sich Ihr Kind freuen (z. B. Abziehbilder, Murmeln, Sticker usw.)?

a. | b.
c. | d.
e. | f.
g. | h.

7. Andere Belohnungen

a. | b.
c. | d.
e. | f.

Übertragen aus dem Amerikanischen – Behavioral Science Institute, Homebuilders Division (WA)

Funktionsbereiche und Alltagskompetenzen

I. Personale Kompetenzen

A. Wut-Management — Aggressives Verhalten und Wutausbrüche kontrollieren können.

B. Depressions-Management — Sich nicht von Depressionen beherrschen lassen, Niedergeschlagenheit bekämpfen können.

C. Angst-Management — Nicht begründete, übermäßige Ängste überwinden können.

D. Reduktion der destruktiven Selbstkritik — Stärkung des Selbstwertgefühls.

E. Umgang mit Enttäuschungen — Enttäuschungen sind im Leben unvermeidlich, deshalb soll Frustrationstoleranz entwickelt werden.

Mit Erläuterungen ergänzte Fassung der HOMEBUILDER (Seattle)/Behavioral Institute, Homebuilders Division (WA)

II. Interpersonale Kompetenzen

A. Gesprächsführungs-Kompetenzen — Sich mit anderen unterhalten können, eigene Gedanken in Worte fassen.

B. Selbstbehauptungs-Kompetenzen — Seine Interessen, Bedürfnisse und Meinung äußern, vertreten und angemessen durchsetzen können, sich nicht unterkriegen lassen.

C. Fähigkeit zuzuhören — Aufmerksam und geduldig zuhören können.

D. Problemlösungs- und Verhandlungs-Kompetenzen — Mit anderen nach Lösungsmöglichkeiten suchen und über Kompromisse verhandeln können.

E. Feedback geben und akzeptieren — Anderen sagen können, wie man ihr Verhalten wahrnimmt und dies auch von anderen ertragen können.

F. Angemessenes Sexualverhalten — Sich partner- und rollengemäß verhalten, d. h. sich auch entwicklungs- und altersgemäß verhalten können.

G. „Nein" von anderen akzeptieren — Den Willen anderer respektieren können.

Mit Erläuterungen ergänzte Fassung der HOMEBUILDER (Seattle)/Behavioral Institute, Homebuilders Division (WA)

III. Allgemeine Kompetenzen

A. Berufliche Kompetenzen – Fähigkeiten, die für die Ausübung einer beruflichen Tätigkeit gebraucht werden, z. B. frühes Aufstehen, Pünktlichkeit, Genauigkeit, Ausdauer etc.

B. Körperpflege-Kompetenzen – Sich regelmäßig waschen, Zähneputzen, saubere Kleidung etc.

C. Zeit-Management – Die Zeit sinnvoll einteilen und Tätigkeiten zeitlich sinnvoll planen und ausführen können.

D. Geld-Management – Ausgaben sinnvoll tätigen, Einnahmen und Ausgaben bilanzieren, ökonomisch wirtschaften können.

E. Ernährungs- und Eß-Management – Ausreichend und gesund ernähren können.

F. Kompetenzen für Freizeitaktivitäten – Mit anderen und allein spielen können, innerhäusliche und Außenaktivitäten, Sport und Unterhaltung aktiv und passiv erleben können.

G. Kompetenzen für die Teilnahme am Verkehr – Bus-, Bahn-, Autofahren können.

H. Schulische Kompetenzen – Ausreichend Lesen, Schreiben, Rechnen können.

I. Haushaltsführungs-Kompetenzen – Kochen, Waschen, Putzen, Gestalten etc.

Mit Erläuterungen ergänzte Fassung der HOMEBUILDER (Seattle)/Behavioral Institute, Homebuilders Division (WA)

Öko-Gramm

Sozialökologische Arbeitshilfe für die soziale Arbeit mit Familien

Name: _____ Aktennummer(n): _____

Sozialarbeiter(in): _____ Datum: _____

Netzwerk-Linien: ⟶ = deutlich unterstützende Beziehung
⟿ = starke störende Konflikt-Beziehung

Von _____ nach _____

Eindrücke / Hypothesen / Fragen:
_____
_____
_____

Nach K. E. HESSER, Hogeschool von Amsterdam, 1992

Netzwerk-Karte

Kund/e/in Klient/in Name:	Bereiche der Unterstützung 1. Haushalt 2. Andere Familie 3. Arbeit/Schule 4. Organisationen 5. Andere Freunde 6. Nachbarn 7. Sozialarbeiter/in 8. Andere	Wirkliche Unterstützung 1. Kaum 2. Manchmal 3. Fast immer	Emotionelle Unterstützung 1 Kaum 2 Manchmal 3 Fast immer	Information/ Beratung 1. Kaum 2. Manchmal 3. Fast immer	Kritik 1. Kaum 2. Manchmal 3. Fast immer	Richtung der Hilfe 1. In beide Richtungen 2. Sozialarbeiter/in zur Familie 3. Familie zum/r Sozialarbeiter/in	Nähe/Offenheit 1. Nicht sehr nahe 2. Leichte Nähe 3. Sehr nahe	Wie häufig gesehen? 0. Überhaupt nicht 1. Manchmal 2. Monatlich 3. Wöchentlich 4. Täglich	Wie lange bekannt? 1. Weniger als 1 Jahr 2. Zwischen 1–5 Jahren 3. Mehr als 5 Jahre
1									
2									
3									
4									
5									
6									
7									
8									
9									
10									
11									
12									
13									
14									
15									
1 – 6	7	8	9	10	11	12	13	14	15

Übertragen aus dem Amerikanischen – Behavioral Science Institute, Homebuilders Division

Wunschkarten für die Zielbestimmung

Fort- und Weiter-bildung/Umschulung	**Aussehen**
Gesundheitsvorsorge medizinische Betreuung	
Chemikalien Gifte	

Bearbeitetes und übersetztes Material der Homebuilder (WA)

- Was mögen Sie an Ihrem Aussehen?
- Welche Möglichkeiten haben Sie, Ihr gutes Äußere zu erhalten oder noch zu verbessern?

- Haben Sie die Möglichkeit an einer Fort- und Weiterbildung oder Umschulung teilzunehmen?
- Haben Sie Transportmöglichkeiten, Kinderbetreuung usw.?

- Ist Ihre Familie gesund?
- Was finden Sie an der Gesundheitsvorsorge für Familien gut?
- Welche Mittel haben Sie, um Ihre Gesundheit und die Ihrer Familie zu erhalten?
- Gehen Sie regelmäßig zu Vorsorgeuntersuchungen?
- Wie kommen Sie dort hin?

- Sind Ihre Kinder vor Benzindämpfen, bleihaltigem Anstrich, Reinigern und Giften sicher?
- Wie sind sie davor geschützt?

Bearbeitetes und übersetztes Material der Homebuilder (WA)

Geld/Finanzen	**Sicherheit der Erwachsenen**
Weltanschauung	**Beziehungen**
Stimmungen	**Fähigkeiten**

Bearbeitetes und übersetztes Material der Homebuilder (WA)

- Wie sicher fühlen Sie sich?
- Was tun Sie, damit Sie und andere in Ihrer Nähe sich sicher fühlen können?
- Denken Sie an Ihre eigenen Handlungen, um Sicherheit zu erreichen?
- Und wie sehen Sie Handlungen anderer?

- Wenn Sie mit Geld umgehen, was können Sie dabei gut?
- Haben Sie genug Geld für nötige Dinge? Für Extras?
- Welche Möglichkeiten haben Sie, zu mehr Geld zu kommen, wenn Sie es brauchen?
- Womit haben Sie versucht, Geld zu verdienen?

- Denken Sie an Ihre Freunde und Familie?
- Zu wem haben Sie Beziehungen, die Ihnen gut tun?
- Zu wem würden Sie gehen, wenn Sie über etwas für Sie Wichtiges sprechen wollen?
- Wer hilft Ihnen, wenn Sie es brauchen?

- Denken Sie an Ihre Werte, Ziele, religiöse, politische Bindungen und Ansichten.
- Was, glauben Sie, sind Ihre Stärken in diesem Bereich?
- Wer oder was kann Ihnen in diesem Lebensbereich helfen?

- Auf welche Ihrer Fähigkeiten sind Sie stolz?
- Nennen Sie mir bitte, was Sie gut können?
- Denken Sie dabei bitte auch an Freizeit und Erholung, Zwischenmenschliches, Arbeit, Haushalt usw. ?

- Denken Sie an alle Ihre Stimmungen.
- Welche Ihrer Stimmungen sind Stärken, helfen Ihnen?
- Können Sie mir bitte sagen, wie gut Sie die Stimmungen beherrschen können, die Ihnen schlechte Gefühle bereiten?

Bearbeitetes und übersetztes Material der Homebuilder (WA)

Sicherheit der Kinder	**Haushalt**
Drogen/Alkohol	**Die Schule der Kinder**
Sex-/ Geschlechtsleben	**Körperliche Merkmale als Stärken**

Bearbeitetes und übersetztes Material der Homebuilder (WA)

- Denken Sie bitte an Dinge in Ihrer Wohnung/Ihrem Haus, die Sie mögen.
- Denken Sie an Sicherheit in Ihrem Haushalt.
- Denken Sie an Möbel, Ausstattung, Bilder, Tapeten und Ähnliches.

- Bitte schreiben Sie auf, was vorhanden ist oder fehlt, was Ihre Kinder sicher macht.
- Denken Sie dabei an die Nachbarschaft, die Wohnung, Essen Schule, Drogen/Alkohol, Sicherheit vor anderem.

- Was gefällt Ihnen an der Schule, in die Ihre Kinder gehen?
- Denken Sie an Schulferien, Schulweg – Transport, Schulfreunde, Lernen und Ähnliches.

- Wie gelingt es Ihnen, Drogen zu vermeiden, die Ihnen nicht gut tun?
- Welche Drogen hat Ihre Familie entschieden, nicht zu nehmen?
- Welche Drogen nehmen Sie, weil sie Ihnen gut tun?

- Wenn Sie an sich und Ihren Körper denken, was finden Sie gut?
- Denken Sie an Kraft, Ausdauer, Beweglichkeit, Übungen, Gesundheit usw.?

- Was an Ihrem Sex-/Geschlechtsleben finden Sie gut?
- Denken Sie an Dinge, wie: Safer Sex (sicherer Geschlechtsverkehr), keine Krankheiten, kein Mißbrauch, Verhütung und Schwangerschaft und anderes.

Bearbeitetes und übersetztes Material der Homebuilder (WA)

Umgebung	**Sauberkeit Hygiene als Stärke**
Verkehr/Transport	**Haustiere**
Ernährung	**Schlaf**

Bearbeitetes und übersetztes Material der Homebuilder (WA)

- Welche Dinge in Ihrer Umgebung sind sauber und frei von gefährlichen Krankheitserregern?
- Wie verhält es sich mit Staub, unangenehmen Gerüchen, Kinderspielzeug usw.?

- Wenn Sie an Ihre Umgebung denken, in der Sie leben, was gefällt Ihnen daran?
- Denken Sie an Ihre Wohnung/ Ihr Haus, die Nachbarschaft, Grünflächen und Parks.
- Was ist in Ihrer Umgebung angenehm?

- Welche Haustiere oder Tiere draußen mögen Sie?
- Was gefällt Ihnen an diesen Tieren?

- Kommen Sie dorthin, wo Sie hin wollen?
- Welche Transportmittel können Sie derzeit nutzen?
- Welche anderen Transportmittel sind vorhanden, wenn Sie sie brauchen?

- Was an Ihren Schlafgewohnheiten finden Sie gut?
- Schlafen Sie ausreichend?
- Haben Sie einen komfortablen und ruhigen Platz zum Schlafen?

- Essen Sie und Ihre Familie gut?
- Essen Sie genug?
- Was essen Sie hauptsächlich, essen Sie gesund?
- Was wissen Sie über Ernährung?

Bearbeitetes und übersetztes Material der Homebuilder (WA)

Arbeiten mit dem Verhaltensdiagramm

Das „Wer", „Was", „Wann", „Wo" bestimmen.

1. Wer wird das gewünschte Verhalten aufspüren und benennen?
2. Wer wird Konsequenzen realisieren?

3. Was werden die Konsequenzen sein?
4. Was werden die Eltern tun, wenn das unerwünschte Verhalten auftritt?

5. Wann wird das Programm anfangen?
6. Wann wird das Programm evaluiert (im Normalfall zwischen drei Tage und einer Woche, es könnte jedoch auch täglich sein; ein erfolgloses Programm sollte nicht zu lange laufen.)?
7. Wann werden die Konsequenzen erfolgen?

8. Wie wird das gewünschte Verhalten aufgespürt?
9. Wie werden die Eltern das gewünschte, neue Verhalten lehren, wenn das Kind nicht weiß, wie es sich richtig verhält, was es also tun muß, um sich wie gewünscht zu verhalten?

10. Wie werden die Eltern Erfolg oder Mißerfolg bestimmen?
11. Wie werden es die Eltern dem Kind mitteilen?

Übertragen aus dem Material der HOMEBUILDER (Seattle)/Behavioral Science Institute, Homebuilders Division (WA)

VERHALTENSDIAGRAMM

	Verhalten				
	1	2	3	4	5
Montag					
Dienstag					
Mittwoch					
Donnerstag					
Freitag					
Samstag					
Sonntag					
Insgesamt					

Übertragen aus dem Material der HOMEBUILDER (Seattle)/Behavioral Science Institute, Homebuilders Division (WA)

Shelley's Krisenthermometer zur Depressionsbekämpfung

10 Urlaub auf Mallorca, wo ich Fred kennenlernte und sehr glücklich war.

9

8

7

6

5 Leben fließt ohne Aufregung. Nicht glücklich, aber auch nicht unglücklich. Nicht geweint.

4 ➜ Habe daran gedacht, daß ich verlassen wurde. Unglücklich, leichte Kopfschmerzen, geweint.

3 Gemerkt, daß ich immer noch an Fred denke. Einsamkeitsgefühl, Leere, unglücklich, Kopfschmerzen.

2 Wollte nicht aufstehen. Bewußtsein von Wertlosigkeit. Kopfschmerzen.

1 Als ich Tabletten nahm.

➜ bei **4** siehe folgende Seite

Übertragen aus dem Amerikanischen – Behavioral Science Institute – Homebuilders Division

WAS TUN BEI 4.?

1. Anjo (ihre Freundin anrufen).

2. Frau Verhoeven (ihre Nachbarin) sprechen.

3. Spazieren gehen.

4. Frau Verhoeven bitten, kurzzeitig auf die Kinder aufzupassen und ins Café gehen, um Leute zu sehen.

5. Zum Einkaufen in den Supermarkt gehen.

6. Seifenoper im Fernsehen anschauen.

7. Ihre Musik hören.

8. Kuchen backen.

9. Riet (die Familienarbeiterin von „Familie im Mittelpunkt") anrufen: Tel. 65 43 29

Übertragen aus dem Amerikanischen – Behavioral Science Institute – Homebuilders Division

Arbeitsbögen für Praxis und Evaluation

Übernahmeprotokoll (FiM) 01

Überweisende/r Sozialarbeiter(in):	
Überweisende Stelle:	
Anschrift:	
Telefon:	**Akten-nummer:**
FiM-Arbeiter(in):	
Anleiter(in):	

FAMILIENNAME:		
Anschrift:		
Telefon:		
FAMILIENMITGLIEDER:		
Namen:	*Alter:*	*Rolle:* *(bei Fremdplazierung siehe Kürzel)*
1.		
2.		
3.		
4.		
5.		
6.		
H: *Heim,* **PS:** *Psychiatrie,* **G:** *Gefängnis,* **TH:** *Therapie,* **A:** *Ausland,* **PF:** *Pflegefamilie*		

Von der Fremdunterbringung bedrohte(s) Kind(er):	
Name	*Grundlage im KJHG:*
1.	
2.	
3.	
4.	
5.	

Berichtete Verhaltensweisen, die zur Intervention des Jugendamtes geführt haben:

Wie hat das Jugendamt davon Kenntnis erhalten?

Liegt eine richterliche Entscheidung vor?

Wenn ☐ *ja, welche:*

Wenn ☐ *nein, warum nicht:*

Amtsgericht:

Name des Richters:

Der/die FiM-Mitarbeiter(in) hat ein Erstgespräch mit der Familie geführt:

☐ **Ja** *Datum:* *Uhrzeit:* bis

Ort:

Gründe falls nicht in der Wohnung:

☐ **Nein –** *Gründe dafür, daß das Gespräch nicht zustande gekommen ist:*

FiM erklärt die Aufnahme der Familie in das Programm: (Begründung)

FiM kann das Programm mit der Familie nicht durchführen: (Begründung)

Hiermit werden die vorstehenden Angaben bestätigt:

Für die Familie: Ort: Datum:

Unterschrift:

FiM übernimmt/übernimmt nicht die Familie in das Programm.

Im Falle einer Übernahme erklärt FiM im Rahmen der umfassenden Gesamtverantwortung nach besten fachlichen Gesichtspunkten seine Teilverantwortung für die Sicherheit der Familienmitglieder, vor allem der Kinder/des Kindes. FiM wird dem Jugendamt regelmäßig über den Fortgang der Arbeit Bericht erstatten.

Ort:	Datum:

Unterschrift der Anleiterin/des Anleiters: _____

Ort:	Datum:

**Unterschrift der
Familienarbeiterin/des Familienarbeiters:** _____

Ort:	Datum:

**Unterschrift der/des
zuständigen Sozialarbeiterin/Sozialarbeiters:** _____

**Unterschrift der/des
Dienststellenleiterin/Dienststellenleiters:** _____

Erläuterungen zum Übernahmeprotokoll   01

Das Übernahmeprotokoll dokumentiert die Übernahme/Nichtübernahme einer Familie durch *FiM* von der überweisenden Stelle – in der Regel das Jugendamt einer Kommune – und ist außerdem Teil der vertraglichen Vereinbarungen zwischen der überweisenden und annehmenden Stelle. Es dient auch der Evaluation des Programms.

Die Annahme einer Familie für das Programm wird zwischen folgenden Personen und Einrichtungen geregelt:

- der/die überweisende Sozialarbeiter(in) und der betreffenden Dienststelle,
- der/des Familie im Mittelpunkt-Arbeiter(in)s
- der/des Familie im Mittelpunkt-Anleiter(in)s und
- der betroffenen Familie.

Deshalb sind die Daten der beteiligten Personen und Dienststellen unbedingt vollständig einzutragen.

Sollten die Zeilen für die Familienmitglieder nicht ausreichen, so sollten diese auf der Rückseite aufgeführt werden.

Auf der zweiten Seite werden nur die Kinder aufgeführt, deren Fremdplazierung aktuell droht bzw. die aktuellen Gefahren ausgesetzt sind, die von der Familie ausgehen.

Entscheidend wichtig ist, daß hier wirklich das Verhalten von Familienmitgliedern beschrieben wird, über das berichtet wurde und das Anlaß für eine Intervention gewesen ist. Es dürfen keine Etikettierungen aufgenommen werden, schon gar nicht aus zweiter Hand. Alle möglichen „Problemdeutungen" interessieren hier nicht. Der/Die FiM-Arbeiter(in) hat die Position des „not knowing experts", des nicht bereits Wissenden einzunehmen, der/die sich ein eigenes Bild von der Familie macht, wobei die Familie selbst ihre eigene Problemsicht darstellt. Dies geschieht im Assessment während und kurz nach der Annahme durch FiM. Die Daten sind bewußt sachlich zu halten. Für die Arbeit ist es wichtig zu wissen, auf welchem Wege das Jugendamt Kenntnis erhalten hat, weil hier eventuell stressende oder stützende Personen oder Momente im unmittelbaren sozialen Umfeld aufzudecken sind, die bei der Arbeit des Empowerment, der Stärkenaktivierung zur Selbsthilfe, nützen können.

Auch der Kontakt zu den Vormundschaftsrichter(inn)en ist wichtig, deshalb sollte der Name hier nicht fehlen.

Die weiteren zu erhebenden Daten müssen nicht gesondert erläutert werden. Hier steht wieder im Mittelpunkt, wie schnell, wo (wichtig ist es, in der Wohnung zu sprechen, wenn es irgend geht, siehe: Engagement) mit wem gesprochen werden konnte. Die Gründe – vor allem für eine Ablehnung der Familie – sind wichtig und daher sorgfältig und ausführlich darzustellen.

Wenn irgend möglich sollte ein wichtiges Mitglied der Familie die Daten nach Lektüre unterschreiben!

Assessmentbogen (FiM) 02

Familienname:	Überweisende/r Sozialarbeiter/in:
Anschrift:	Überweisende Stelle:
Datum der Überweisung:	Aktennummer:
	FiM-Arbeiter/in:
	Supervisor:

FAMILIENMITGLIEDER:

	Namen:	Alter:	Rolle: *(bei Fremdplazierung siehe Kürzel)*
1.			
2.			
3.			
4.			
5.			
6.			

H: *Heim*, **PS:** *Psychiatrie*, **G:** *Gefängnis*, **TH:** *Therapie*, **A:** *Ausland*

Datum des Face-to-face-Kontaktes:

A: *Grund dafür, falls erster Kontakt nicht innerhalb von 24 Stunden:*

B: *Grund für Überweisung – besondere Umstände oder Verhalten, aufgrund derer das Risiko einer Fremdplazierung des/der Kindes(er) entstanden ist:*

Übertragen aus dem Material von FAMILIES FIRST (Michigan)

Kontakt zur Familie

Datum	Art	Person	Kommentar

Assessment:

Stärken der Familie:

Assessment der Eltern:

Assessment der/des Kinde/r/s:

Assessment der Situation:

Andere wichtige Informationen:

Ziel der Familie und Auftrag für die/den Familienarbeiter(in):

Familienarbeiter(in)/Unterschrift	Anleiter(in)/Unterschrift
Name des FiM-Dienstes:	**Datum: Kopie an Überweiser(in)/Datum:**

Übertragen aus dem Material von FAMILIES FIRST (Michigan)

Wochenplanung *(FiM)* 03.1

Familienarbeiter(in): **Woche:**

Familie: **Datum:**

Kurzbeschreibung der Problemlage:

Ziele:

1.
2.
3.
4.
5.

Übertragen aus dem Material von FAMILIES FIRST (Michigan)

Berichtsformular *(FiM)* — 03. 1-1

Zusammenfassung der Kontakte und Vorgänge in der Woche:
(Besondere Informationen, wichtige Ereignisse, Kooperationsbereitschaft und Beteiligung der Familie)

Seite: **Woche:**

Ziel:

Handlungen des/der Familienarbeiter(in)s, Techniken, vermittelte Fähigkeiten:
(Einzelne eingesetzte Strategien, Reaktionen der Familie)

Auf das Ziel bezogene Fortschritte der Familienmitglieder:

Erreichung des Ziels (bitte einkreisen):

| voll erreicht | weitgehend | teilweise | etwas | nicht erreicht |

Übertragen aus dem Material von FAMILIES FIRST (Michigan)

Seite: _____ **Woche:** _____

Ziel:

Handlungen des/der Familienarbeiter(in)s, Techniken, vermittelte Fähigkeiten:
(Einzelne eingesetzte Strategien, Reaktionen der Familie)

Auf das Ziel bezogene Fortschritte der Familienmitglieder:

Erreichung des Ziels (bitte einkreisen):

| voll erreicht | weitgehend | teilweise | etwas | nicht erreicht |

Seite: _____ **Woche:** _____

Ziel:

Handlungen des/der Familienarbeiter(in)s, Techniken, vermittelte Fähigkeiten:
(Einzelne eingesetzte Strategien, Reaktionen der Familie)

Übertragen aus dem Material von FAMILIES FIRST (Michigan)

Erreichung des Ziels (bitte einkreisen):

| voll erreicht | weitgehend | teilweise | etwas | nicht erreicht |

Zeitbezogene Fortschritte der Familienmitglieder:

Wochenplan:

Montag	
Dienstag	
Mittwoch	
Donnerstag	
Freitag	
Samstag	
Sonntag	

Familienarbeiter(in):   **Datum:**

Anleiter(in):   **Datum:**

Übertragen aus dem Material von FAMILIES FIRST (Michigan)

Verlängerungsformular

Falls Verlängerung auf 6 Wochen erforderlich, bitte genau begründen:

Kommentar der/des Familienarbeiter(in)s:

Feedback der/des Anleiter(in)s:

Familienarbeiter(in):	Datum:
Anleiter(in):	Datum:

Übertragen aus dem Material von FAMILIES FIRST (Michigan)

Berichtsbogen für die letzte Woche *(FiM)* 03. 1-2

Zusammenfassung der Kontakte und Vorgänge in der Woche:
(Besondere Informationen, wichtige Ereignisse, Kooperationsbereitschaft und Beteiligung der Familie)

Ziel:

Handlungen des/der Familienarbeiter(in)s, Techniken, vermittelte Fähigkeiten:
(Einzelne eingesetzte Strategien, Reaktionen der Familie)

Auf das Ziel bezogene Fortschritte der Familienmitglieder:

Erreichung des Ziels (bitte einkreisen):

| voll erreicht | weitgehend | teilweise | etwas | nicht erreicht |

Übertragen aus dem Material von FAMILIES FIRST (Michigan)

Ziel:

Handlungen des/der Familienarbeiter(in)s, Techniken, vermittelte Fähigkeiten:
(Einzelne eingesetzte Strategien, Reaktionen der Familie)

Auf das Ziel bezogene Fortschritte der Familienmitglieder:

Erreichung des Ziels (bitte einkreisen):

| voll erreicht | weitgehend | teilweise | etwas | nicht erreicht |

Ziel:

Handlungen des/der Familienarbeiter(in)s, Techniken, vermittelte Fähigkeiten:
(Einzelne eingesetzte Strategien, Reaktionen der Familie)

Übertragen aus dem Material von FAMILIES FIRST (Michigan)

Auf das Ziel bezogene Fortschritte der Familienmitglieder:

Erreichung des Ziels (bitte einkreisen):

| voll erreicht | weitgehend | teilweise | etwas | nicht erreicht |

Zeitbezogene Fortschritte der Familienmitglieder:

Wochenplan:

Montag	
Dienstag	
Mittwoch	
Donnerstag	
Freitag	
Samstag	
Sonntag	

Input/benötigte Unterstützung:

Übertragen aus dem Material von FAMILIES FIRST (Michigan)

Team Feedback/Vorschläge:

Feedback der Anleitung/Vorschläge/Empfehlungen:

Familienarbeiter(in): **Datum:**

Anleiter(in): **Datum:**

Übertragen aus dem Material von FAMILIES FIRST (Michigan)

Familie im Mittelpunkt – Auswertung *(FA)* 06.1

Nachweis über erbrachte Leistungen.

Auszufüllen von den <u>Familienarbeitern</u> nach Abschluß des Programms

Familie:	Abgeschl. am:
Familienarbeiter(in):	Datum:

Dienstleistungen *(Bitte ankreuzen)*

Kindererziehung	gut	befriedigend	nicht gut
Gebrauch von Verstärkern			
Verhaltensbeobachtung			
Beobachtung des Umgangs			
Nachvollziehbare Konsequenzen			
Aktives Zuhören			
Ich-Botschaften			
Auszeiten			
3.			
4.			
5.			
Weitere:			

Erstellt in Anlehnung an FAMILIES FIRST (Michigan)

Umgang mit Gefühlen	gut	befriedigend	nicht gut
Kontrolle von Ärger			
Arbeiten mit der Krisenkarte			
Kontrolle von Niedergeschlagenheit			
Umgang mit Enttäuschungen			
Kontrolle über Angst und Zweifel			
Hilfe durch schöne Ereignisse			
Verminderung der Selbstkritik			
Entspannung und Erholung			
Aufbau von Selbstwertschätzung			
Gefühle beachten			
Weitere:			

Selbstbehauptung	gut	befriedigend	nicht gut
Vergewisserung des eigenen Standpunktes			
Allgemeines Selbstbehauptungsverhalten			
Faires Streiten			
Weitere:			

Erstellt in Anlehnung an FAMILIES FIRST (Michigan)

„Anwaltstätigkeit"	gut	befriedigend	nicht gut
Vermittlung einer Beratung			
Verhandlung mit Schule etc.			
Vermittlung zu sozialen Diensten			
Verhandlung mit sozialen Diensten			
Beratung			
„Vertretung" bei Gerichtsverfahren			
Verhandlung mit anderen Dienstleistern			
Weitere:			

Zwischenmenschliche Fähigkeiten	gut	befriedigend	nicht gut
Sich unterhalten können			
Probleme lösen können			
Das „Nein" von anderen akzeptieren			
Etwas aushandeln können			
Verbesserung im Einhalten von Regeln			
Rückmeldungen geben und akzeptieren			
Weitere:			

Erstellt in Anlehnung an FAMILIES FIRST (Michigan)

Verschiedene Verhaltenstechniken	gut	befriedigend	nicht gut
Zuhören können			
Hoffnung aufbauen			
Konflikte verringern			
Beratung			
Arbeitsplanung			
Unterstützung und Verständnis geben			
Familienrat einrichten			
Familienrollen abklären			
Regeln in der Familie klären			
Veränderungen bewirken			
Verhalten beobachten und benennen			
Berücksichtigung d. Entwicklung d. Kinder und Jugendlichen			
Rollenspiele			
Informationsmaterial/Literatur			
Problemverhalten klären			
Krisen entschärfen			
Neuen Sinn vermitteln			
Verstärkende Ziele und Werte vermitteln			
Werte deutlicher machen			
Soziale Fähigkeiten			
Papier - Bleistift - Tests			
Weitere:			

Erstellt in Anlehnung an FAMILIES FIRST (Michigan)

Anderes	gut	befriedigend	nicht gut
Umgang mit Finanzen			
Zeitmanagement			
Selbstmordgefahr erkennen			
Freizeitaktivitäten			
Schützende Fähigkeiten			
Jobsuche/Bewerbung			
Aktivierung informeller Unterstützungssysteme			
Lesen/Schreiben/Rechnen			
Weitere:			

Konkrete Dienstleistungen für die Kunden	gut	befriedigend	nicht gut
Bereitstellung oder Hilfe bei Transport			
Bereitstellung von Nahrungsmitteln			
Finanzielle Unterstützung sichern			
Kinderpflege/Babysitting organisieren			
Bereitstellung/Hilfe bei Kleidungsbeschaffung			
Vermittlung von anwaltlicher Hilfe			
Hilfe bei der Wohnraumbeschaffung			
Nützliche Sach- oder Dienstleistungen			

Erstellt in Anlehnung an FAMILIES FIRST (Michigan)

Fortsetzung: *Direkte Dienstleistungen und Hilfe*

Hausarbeiten/Reinigen oder Dienste			
Vermittlung von ärztlicher/zahnärztlicher Hilfe			
Arbeitsplatzvermittlung			
Bereitstellung von Möbeln oder Geräten			
Spielzeug/Freizeitgeräte vermitteln			
Freizeitaktivitäten organisieren			
Ausbildung in Alltagskompetenzen organisieren			
Weitere:			

Erstellt in Anlehnung an FAMILIES FIRST (Michigan)

Familie im Mittelpunkt – Auswertung *(F)* 06.2

Nachweis über erhaltene Leistungen.

Auszufüllen von den <u>Familien</u> nach Abschluß des Programms

Familie: **Abgeschl. am:**

Familienarbeiter(in):   **Datum:**

Dienstleistungen *(Bitte ankreuzen)*

Kindererziehung	gut	befriedigend	nicht gut
Vermittlung von Ruhe und Gelassenheit			
Regeln eingeführt und durchgehalten			
Einsatz von Belohnungen			
Gemeinsam Ziele und Regeln formuliert			
<u>*Welche Ziele?*</u> *(Bitte hinschreiben)*			
1.			
2.			
3.			
4.			
5.			
Weitere:			

Erstellt in Anlehnung an FAMILIES FIRST (Michigan)

Umgang mit Gefühlen	gut	befriedigend	nicht gut
Kontrolle von Ärger/Wut			
Arbeiten mit der Krisenkarte			
Kontrolle von Niedergeschlagenheit			
Umgang mit Enttäuschungen			
Kontrolle über Angst und Zweifel			
Hilfe durch schöne Ereignisse			
Verminderung überzogener Selbstkritik			
Entspannung und Erholung			
Aufbau von Selbstwertschätzung			
Gefühle beachten			
Weitere:			

Selbstbehauptung	gut	befriedigend	nicht gut
Den eigenen Standpunkt erkennen			
Allgemeines Selbstbehauptungsverhalten			
Faires Streiten			
Weitere:			

Erstellt in Anlehnung an FAMILIES FIRST (Michigan)

„Anwaltstätigkeit"	gut	befriedigend	nicht gut
Vermittlung einer Beratung			
Verhandlung mit Schule etc.			
Vermittlung zu sozialen Diensten			
Verhandlung mit sozialen Diensten			
Beratung			
„Vertretung" bei Gerichtsverfahren			
Verhandlung mit anderen Dienstleistern			
Weitere:			

Soziale Fähigkeiten	gut	befriedigend	nicht gut
Sich unterhalten können			
Probleme lösen können			
Das „Nein" von anderen akzeptieren			
Etwas aushandeln können			
Verbesserung im Einhalten von Regeln			
Rückmeldungen geben und akzeptieren			
Weitere:			

Erstellt in Anlehnung an FAMILIES FIRST (Michigan)

Verschiedene Verhaltenstechniken	gut	befriedigend	nicht gut
Zuhören können			
Hoffnung aufbauen			
Konflikte verringern			
Beratung			
Arbeitsplanung			
Unterstützung und Verständnis geben			
Familienrat einrichten			
Familienrollen abklären			
Regeln in der Familie klären			
Veränderungen bewirken			
Verhalten beobachten und benennen			
Berücksichtigung d. Entwicklung d. Kinder und Jugendlichen			
Rollenspiele			
Informationsmaterial/Literatur bereitstell.			
Problemverhalten klären			
Krisen entschärfen			
Weitere:			

Erstellt in Anlehnung an FAMILIES FIRST (Michigan)

Anderes	gut	befriedigend	nicht gut
Umgang mit Finanzen			
Umgang mit der Zeit			
Selbstmordgefahr erkennen			
Freizeitaktivitäten			
Schützende Fähigkeiten			
Jobsuche/Bewerbung			
Unterstützung organisieren			
Lesen/Schreiben/Rechnen			
Weitere:			

Direkte Dienstleistungen und Hilfe	gut	befriedigend	nicht gut
Bereitstellung oder Hilfe bei Transport			
Bereitstellung von Nahrungsmitteln			
Finanzielle Unterstützung sichern			
Kinderpflege/Babysitting organisieren			
Bereitstellung/Hilfe bei Kleidungsbeschaffung			
Vermittlung von anwaltlicher Hilfe			
Hilfe bei der Wohnraumbeschaffung			
Nützliche Sach- oder Dienstleistungen			

Erstellt in Anlehnung an FAMILIES FIRST (Michigan)

Fortsetzung: *Direkte Dienstleistungen und Hilfe*

Hausarbeiten/Reinigen oder Dienste			
Vermittlung von ärztlicher/zahnärztlicher Hilfe			
Arbeitsplatzvermittlung			
Bereitstellung von Möbeln oder Geräten			
Spielzeug/Freizeitgeräte vermitteln			
Freizeitaktivitäten organisieren			
Ausbildung in Alltagskompetenzen organisieren			
Weitere:			

Der Auswertungsbogen soll von der Familie in Gegenwart des Interviewers nach dem Abschluß des Programms ausgefüllt werden. (Nach dem Interview zur allgemeinen Einschätzung des Programm des/der (FiM)-Mitarbeiter(in)s)

Erstellt in Anlehnung an FAMILIES FIRST (Michigan)

Leitfaden für das Abschlußinterview *(FiM)*

Familie:

Interviewer(in):

Wohnort:

Datum:

Zeit:

Wer aus der Familie hat geantwortet:

Bemerkungen zum Zustandekommen des Termins:

1. Sie haben nun 4/6 Wochen am Programm *„Familie im Mittelpunkt"* teilgenommen, können Sie mir bitte sagen, wie Sie es erlebt haben?

1.1 Wie sehen Sie das Auftreten des/der Mitarbeiter(in)?

1.2 Hatten Sie das Gefühl, daß sie/er Sie und Ihre Familie als Kunden respektiert hat?   ☐ **ja** ☐ **nein**

1.3 Können Sie das bitte beschreiben?

2. Wir haben hier einen Leistungskatalog. Kreuzen Sie bitte an, welche Leistungen Sie erhalten haben und wie Sie diese Arbeit einschätzen. Nehmen Sie sich ruhig Zeit. Wenn Sie Fragen dazu haben oder Hilfe brauchen, so fragen Sie bitte. Ich kann Ihnen dabei helfen, wenn Sie es wünschen. *(Leistungskatalog wird vorgelegt)*

3. Wenn Sie den Zustand Ihrer Familie heute im Verhältnis zu dem vor dem *Familienunterstützungsprogramm* beschreiben, was fällt Ihnen dazu spontan ein?

4. Wie sehen Sie Ihre gemeinsame Zukunft als Familie?

5. Glauben Sie, daß es Ihnen nun als Familie besser geht als vorher?   ☐ **ja**
                                                                                                    ☐ **nein**

5.1 Würden Sie das bitte etwas näher beschreiben?

6. Welche Hilfen werden Sie Ihrer Meinung nach weiterhin brauchen?

7. Sie waren mit der Arbeit des/der Mitarbeiter(in)
    ☐ sehr zufrieden   ☐ zufrieden   ☐ weniger zufrieden   ☐ völlig unzufrieden

7.1 Können Sie Ihr Urteil bitte begründen?

8. Wenn Nachbarn, Freunde und Verwandte in einer ähnlichen Situation wären, in der Sie sich befanden, bevor Sie in das Programm von FiM kamen, würden Sie Ihnen dann dazu raten, die Hilfe von FiM anzunehmen? ☐ **ja**
☐ **nein**

8.1 Können Sie Ihre Meinung bitte begründen?

9. Was kann *FiM* besser machen, fällt Ihnen dazu etwas ein?

Frau/Herr _____, ich danke Ihnen, daß Sie sich Zeit genommen haben, die Fragen zu beantworten.

FiM-Trainingsprogramm für Studierende *)

Übungen und Reflexion zur eigenen Person im Verhältnis zu Kunden Sozialer Arbeit

Arbeit mit der Verhaltenskarte	60 Min.
Übung zum Stärken-Assessment mit Fallbeispiel	45 Min.
Übungen zum „Aktiven Zuhören", zum „Positiven Feedback"	60 Min.
Einführung in das „Konflikt-Entschärfen"	30 Min.
Rollenspiele zum Engaging (Übungen in Gruppen) Mit Videoaufzeichnung der gelungensten Version	90 Min.
Auswertung der Rollenspiele-Videos	60 Min.
Einführung in das „Ziele Setzen"	30 Min.
Übungen zum „Ziele Setzen" in Gruppen Videoaufzeichnung von jeweils einer Gruppenversion	60 Min.
Besprechung der Videoaufnahmen	60 Min.
Arbeit mit dem Krisenthermometer (z. B. Depressionsmanagement)	60 Min.
Auswertung des Programms	60 Min.
Zertifizierung	

---

*) Von Prof. Dr. Klaus D. Müller und Prof. Dr. Gerd Gehrmann

Verzeichnis der Arbeitsmaterialien

NETZWERK-KARTE

Kund/e/in Klient/in
Name:

	Bereiche der Unterstützung 1. Haushalt 2. Andere Familie 3. Arbeit/Schule 4. Organisationen 5. Andere Freunde 6. Nachbarn 7. Sozialarbeiter/in 8. Andere	Wirkliche Unterstützung 1. Kaum 2. Manchmal 3. Fast immer	Emotionelle Unterstützung 1. Kaum 2. Manchmal 3. Fast immer	Information/ Beratung 1. Kaum 2. Manchmal 3. Fast immer	Kritik 1. Kaum 2. Manchmal 3. Fast immer	Richtung der Hilfe 1. In beide Richtungen 2. Sozialarbeiter/in zur Familie 3. Familie zum/r Sozialarbeiter/in	Nähe/Offenheit 1. Nicht sehr nahe 2. Leichte Nähe 3. Sehr nahe	Wie häufig gesehen? 0. Überhaupt nicht 1. Manchmal 2. Monatlich 3. Wöchentlich 4. Täglich	Wie lange bekannt? 1. Weniger als 1 Jahr 2. Zwischen 1-5 Jahren 3. Mehr als 5 Jahre
1									
2									
3									
4									
5									
6									
7									
8									
9									
10									
11									
12									
13									
14									
15									
1 - 6	7	8	9	10	11	12	13	14	15

Übertragen aus dem Amerikanischen – Behavioral Science Institute – Homebuilders Division

Familie im Mittelpunkt (FiM)
ICH-BOTSCHAFTEN

1. Ziele Ihrer Botschaft:

a. Die andere Person soll genau das verstehen, was Sie gerne geändert hätten (was sie ändern soll).

b. Der Wunsch der anderen Person zu kooperieren soll maximiert werden.

c. Die Abwehrbereitschaft der anderen Person soll minimiert werden.

d. Das Selbstwertgefühl der anderen Person soll gestützt und aufgebaut werden.

e. Die Arbeitsbeziehung soll aufrechterhalten und gestärkt werden.

2. Was kann dabei helfen?

a.. Beschreiben Sie das Verhalten, nicht die Person (ihr „Wesen") z. B. „Sie haben die Verabredung nicht eingehalten.", nicht etwa: „Sie sind unzuverlässig".

b. Verwenden Sie Beschreibungen, die auf beobachtetem Verhalten basieren, z. B.: „Du hast Deinen Bruder geschlagen"., nicht: „Du bist ein gewalttätiger Bruder".

c. Gebrauchen Sie Beschreibungen des Verhaltens, nicht Be- oder Verurteilungen, z. B.: „Sie schreien", nicht: „Sie sind keine guten Eltern".

d. Reden Sie differenziert und in Abstufungen, nicht nach dem „Schwarzweiß-Muster", z. B.: „Sie unterbrechen mich häufig"., nicht: „Sie hören mir nie zu".

e. Sprechen Sie im „Hier und Jetzt", nicht im „Dort und Neulich", z. B.: „Ich möchte davon sprechen, was jetzt passiert ist oder geschieht"., nicht: „was irgendwann, irgendwem, irgendwo passiert ist". Rückzugsebenen vermeiden.

f. Haben Sie Ideen oder Vorstellungen, wie es besser sein könnte, so teilen Sie sie mit den Personen, geben Sie aber keine Ratschläge, z. B.: „Ich wünsche mir, daß die Dinge sich anders entwickeln würden"., nicht: „Sie sollten sich ändern, sich anpassen".

g. Nur die Menge an Informationen geben, die gebraucht und verarbeitet werden kann, nicht Alles, was mitgeteilt werden könnte (Gefahr der Überlastung)

3. Übungsbogen: „Ich-Botschaften"

Auf diesem Bogen sollen die anklagenden „Du-Botschaften" in klare „Ich-Botschaften" umgewandelt werden. Beim Umschreiben der „Du-Botschaften" nutzen Sie die „Gefühle-Verhalten-Konsequenzen"- Form.

1. Warum läßt Du Deinen verdammten Tennisschläger auf der Treppe herumliegen? Willst Du mich umbringen?
2. „Laufe mir nicht wieder weg. Du kannst auf die Fahrbahn kommen und vom Auto überfahren werden. Möchtest Du, daß das passiert?
3. „Du bist nicht die einzige Person, die hier lebt, weißt Du? In fünf Minuten machst Du die Dusche frei, damit auch mal andere Duschen können!"
4. „Du Lügner! Du sagtest, Du würdest mich um Vier Uhr treffen. Jetzt ist es Viertel vor Fünf. Wo warst Du?
5. Das war das letzte mal, daß wir Dich unser Auto fahren ließen. Du fuhrst zu schnell und Du bist davorn über die rote Ampel gefahren. Du hast nicht einmal auf die Straße gesehen."
6. „Du Schlamper, gib mir meinen roten Pullover wieder, den Du Dir ausgeliehen hast. Du gehst nicht einmal mit Deinen eigenen Sachen sorgfältig um. Du wirst meinen Pullover noch mit Senf verschmieren, also gib ihn zurück."
7. „He, ist mein sauberer Schal gut genug, um damit Deine dreckigen Schuhe zu putzen?"

Übertragen aus dem Amerikanischen Trainingsmaterial von Families First, Michigan 1993

DIFFUSING – KRISEN – ENTSCHÄRFUNG UND FEEDBACK

A. Regeln für aktives Zuhören

1. Eine Vermutung äußern, was die andere Person fühlt und denkt.
2. Das Verwenden von „Türöffnern", wie z. B. „Aha", „Nicken", „Fahren Sie fort", „Weiter".
3. Augenkontakt herstellen und halten.
4. Mit anderen Worten wiederholen paraphrasieren, was die andere Person gesagt hat.
5. Widerspiegeln von Gefühlen und Inhalten.
6. Alternieren von Gefühlen und Inhalten.
7. Körpersprache ebenso beachten, wie das gesprochene Wort.
8. Häufige Fehler vermeiden wie: übertreiben und untertreiben, verzögern oder forcieren, mißtrauisch oder zu sicher sein.

B. Redewendungen, wenn Sie glauben, daß Ihre Wahrnehmungen einigermaßen zutreffen

- Sie fühlen ...
- Aus Ihrer Sicht ...
- Vor Ihrem Standpunkt aus ...
- Wie Sie es sehen ...
- Sie glauben ...
- Sie denken ...
- Was ich Sie sagen höre ...
- Gefühle identifizieren: Sie sind verletzt, traurig, besorgt, froh daß ...
- Ich entnehme Ihren Worten, daß ...
- Sie sind der Meinung, daß ...
- Sie glauben, daß ...
- Sie meinen ...
- Sie möchten ...
- Sie möchten nicht ...

Verzeichnis der Arbeitsmaterialien

C. Redewendungen, wenn Sie sich nicht sicher sind, richtig verstanden zu haben, um Klarheit zu schaffen und wenn die Person nicht aufnahmebereit zu sein scheint.

- Kann es sein, daß ...?
- Ich frage mich, ob ...?
- Ich bin nicht sicher, ob ich mich vielleicht irre, aber ...?
- Bitte korrigieren Sie mich, wenn ich falsch liege, aber ...?
- Ist es möglich, daß Sie ...?
- Könnte es sein, daß ...?
- Aus meiner Sicht ...?
- Sie scheinen zu fühlen, daß ...?
- Es erscheint Ihnen ...?
- Vielleicht fühlen Sie ...?
- Ich habe so eine Ahnung, daß Sie vielleicht fühlen ... (denken) ...?
- Ist es möglich, daß ....?
- Lassen Sie mich sehen, ob ich richtig liege, Sie ...?
- Lassen Sie mich sehen, ob ich Sie verstehe, Sie ...?
- Ich höre Sie sagen, daß ...?
- Ich denke, Sie sagen, daß ...?
- Sie scheinen zu sagen, daß ...?

(FiM) ENGAGING-ARBEITSTECHNIKEN

1. Den Termin des Hausbesuchs mit der Familie vereinbaren (telefonisch, an der Haustür, etc.).
2. Warten, bis man hereingebeten wird.
3. Zur Begrüßung die Hand geben.
4. Sich vorstellen, gutes Erscheinungsbild, angemessen gekleidet.
5. Respektvolles Verhalten und Anrede (z. B. „Herr ...", „Frau ...").
6. Sich erst setzen, wenn man dazu aufgefordert wird.
7. Freundliches Zugehen auf die Kunden.
8. Erklären, warum man gekommen ist.
9. Zuhören, was die Kunden erwarten.
10. Den Kindern Aufmerksamkeit widmen.
11. Das Eis brechen, small talk, dabei Dinge und Arrangements in der Wohnung beachten und positive Anknüpfungspunkte suchen.
12. Ruhiges und sicheres Auftreten.

Familienaktivierung Engagieren – Fallbeispiel 2

Dem Jugendamt der Stadt H. wird von der zuständigen Polizeistation gemeldet, daß die Kinder Jürgen (15) und Susanne (11) der Familie Peters bereits dreimal von zuhause fortgelaufen sind. Einmal waren sie gemeinsam zwei Tage auf Trebe. Jürgen mußte einmal vor drei Monaten, nach einer Abwesenheit von vier Wochen von der Polizei zurückgebracht werden; danach, innerhalb von wenigen Wochen erneut nach einer Abwesenheit von drei Tagen. Die Kinder berichteten der Polizei, sie würden es zuhause nicht mehr aushalten. Der Vater würde sie immer wieder schlagen. Die Sozialarbeiterin vom Sozialen Dienst hatte nach einem Hausbesuch den Eindruck, die Mutter (Eva, Hausfrau, 37) würde immer versuchen, den Vater (Hans, 45, Fernfahrer) zu besänftigen, der jedesmal in Wut gerät, wenn er sich nach einer anstrengenden Tour in seiner Bettruhe gestört sieht, weil die Kinder in der dünnwandigen Sozialwohnung nicht ruhig genug sind. Vor allem aber gerät er darüber in Wut, daß die Kinder, vor allem Jürgen nicht gehorcht, freche Antworten gibt und in der Schule faul sei. Nachdem wiederholter Hausarrest nichts gebracht hätte, würde er dem Jungen schon eine Ohrfeige geben. Frau Peters sagte, sie würde mit dem Jungen nicht mehr fertig, weshalb sie ihrem Mann die Züchtigung überlasse. Nur manchmal, so meint sie, würde er vielleicht etwas übertreiben. Herr Peters sieht das völlig anders. Ab und zu eine Tracht Prügel hat noch niemand geschadet. Die Sozialarbeiterin hatte kurz mit den Kindern gesprochen, die das wiederholten, was sie der Polizei gegenüber gesagt haben. Sie würden es einfach zuhause nicht länger aushalten. Vor allem Jürgen erklärte, lieber wollte er auf der Straße leben, als sich weiter vom Vater verprügeln zu lassen. Die Mutter machte aber auch deutlich, daß sie an ihren Kindern hing. Auch der Vater sagte, er wolle nur das Beste für die Kinder. Ihn würde stören, daß Jürgen so frech sei, sich mit sog. „autonomen" Bewohnern einer Wohnwagengruppe in Frankfurt herumtreibe und den Eltern, vor allem der Mutter gegenüber respektlos sei.

Verzeichnis der Arbeitsmaterialien

ERASMUS CURRICULUM ENTWICKLUNGSPROGRAMM 1994/1995

‚INTENSIVE FAMILIENHILFE UND KRISENINTERVENTION' ‚FAMILY PRESERVATION'

HOGESCHOOL VAM AMSTERDAM
– Faculteit Sociaal-Agogische Dienstverlening –

FACHHOCHSCHULE FRANKFURT
– Fachbereich Sozialpädagogik –

UNIVERSITY OF STOCKHOLM
– School of Social Work –

Endredaktion:
Produktgroep Methodikontwickeling en Deskundigheidsbevordering.
Hogeschool van Amsterdam
Dezember 1995

Verzeichnis der Arbeitsmaterialien

ERASMUS CURRICULUM ENTWICKLUNGSPROGRAMM ‚INTENSIVE FAMILIENHILFE UND KRISENINTERVENTION'

Sequenz 1: ‚Intensive Familienhilfe – theoretischer Rahmen'
in Deutschland 1 Semester.
Sequenz 2: ‚Intensive Familienhilfe – Training Programm'
in Deutschland 1 Semester.

Teilnehmer(innen)

Hogeschool van Amsterdam, Faculteit Sociaal-Agogische Dienstverlening:
- Drs. Karl-Ernst Hesser
- Drs. Anjo van Hout

University of Stockholm, School of Social Work
- Ola Eriksson, lecturer
- Eva Wahlander, lecturer

Fachhochschule Frankfurt am Main, Fachbereich Sozialpädagogik
- Prof. Dr. Gerd Gehrmann
- Prof. Dr. Klaus Müller

Inhaltsverzeichnis

1. Einleitung
2. Programm-Vorschau und Spezifizierung
3. Lernziele des Programms
4. Überprüfung der Lernergebnisse der Teilnehmer(innen)
5. Referent(inn)en- und Seminarbeurteilung
6. Lehrprogramm Sequenz 1:
   „Theoretischer Rahmen der intensiven Familienhilfe"
7. Lehrprogramm Sequenz 2:
   „Kompetenz-Trainings-Programm"

Verzeichnis der Arbeitsmaterialien

1. Einleitung

Intensive-Familienhilfe-Programme, wie z. B. die Families First oder Homebuilders-Programme in den USA, haben sich erfolgreich bewährt, wenn es darum ging, unnötige Fremdplazierungen von Kindern zu vermeiden, die in ihrer Familie psychisch und physisch gefährdet waren. Sozialarbeiter(innen) erbringen zeitbegrenzte Dienstleistungen in der Wohnung einer Familie, die Krisenintervention, Sozialkompetenztraining, Gewaltabbau, Hilfen bei der Organisation des Familienalltags, materielle Unterstützung und Systemstabilisierung intergrieren. Das Hauptziel ist hierbei die Sicherheit und Selbsthilfefähigkeit der Familie und aller Mitglieder zu gewährleisten.

Intensive-Familienhilfe-Programme – wir sprechen von Familien-Aktivierungs-Programmen (FAP) – besonders Families First – sind für die europäische Sozialarbeit von großem Interesse. Der Anstieg der Zahlen psychisch und physisch gefährdeter Kinder führt zu einer Zunahme von Eingriffen, die eine Herausnahme von Kindern aus der Familie zur Folge haben.

Deshalb werden amerikanische Intensive-Familienhilfe-Programme seit einiger Zeit in den Niederlanden, Schweden und Deutschland eingeführt. Erste Evaluationsergebnisse liegen für die Niederlande vor. Die Berichte zeigen, daß Families First Fremdplazierungen erfolgreich vermeiden kann.

Mit diesem Erasmus Curriculum-Entwicklungs-Programm stellen wir ein innovatives Modell der Vorbereitung von Studierenden der Sozialarbeit und Sozialpädagogik (Sozialwesen) vor. Es soll eine Basisorientierung und -wissen für das Familien-Aktivierungs-Programm und einige Grundkompetenzen für die Soziale Arbeit mit Familien vermitteln.

Nach unserer Überzeugung kann die theoretische und praktische Anfangsausbildung in Familienaktivierung auch in der Praxis der Einzelfallhilfe und Familienarbeit vieler Einrichtungen (z. B. ASD) von großem Nutzen sein.

2. Programm-Vorschau und Spezifizierung

Das Intensive Familienhilfe Programm – Sequenz 1: theoretischer Rahmen und Sequenz 2: Kompetenz Trainings-Programm – ist ein Überblick- und Einführungskurs, noch keine reguläre Ausbildung in der Familien-Aktivierung. Das vorliegende Programm hat das Ziel, den Teilnehmer(innen) ein Grundverständnis für Familienaktivierung und Anfangskompetentzen zu vermitteln.

3. Lernziele des Programms

Die Teilnehmer(innen) sollen:

- nachweisen, daß sie „Philosophie" und Ziele der Familien-Aktivierung kennen und verstanden haben;
- nachweisen, daß sie die politischen, rechtlichen und institutionellen Rahmenbedingungen für Familienarbeit kennen und Vorstellungen von den politischen Initiativen entwickeln können, die für die Realisierung und die Entfaltung des sozialen Potentials der Familien-Aktivierung erforderlich sind;
- nachweisen, daß sie ein Verständnis für die grundlegenden Werte der Familien-Aktivierung gewonnen haben;
- nachweisen, daß sie die theoretischen Grundlagen der Familien-Aktivierung kennen;
- wissen, aus welchen Komponenten das Programm der Familien-Aktivierung zusammengesetzt ist und ihre Inhalte kennen;
- nachweisen, daß einige Basiskompetenzen, Fähigkeiten und Fertigkeiten der Familien-Aktivierung erworben haben;
- ein Verständnis von einer kulturelle Besonderheiten berücksichtigenden Praxis der Familien-Aktivierung nachweisen.

4. Überprüfung der Lernergebnisse der Teilnehmer(innen)

Die Überprüfung der Lernergebnisse der Teilnehmer(innen) basiert auf vier unterschiedlichen Prüfungsleistungen, die bei der Gesamtbeurteilung gleich gewichtet werden.

1. Beteiligung an den Diskussionen und praktischen Übungen (setzt regelmäßige Teilnahme in beiden Semestern voraus).

2. Eine überzeugende kurze (1–2 S.) Darstellung des Familien-Aktivierungsprogramms vor einem kommunalpolitischen oder sonst einem kritischen Gremium (z. B. von Sozialarbeitern des ASD, der Sozialpädagogischen Familienhilfe usw. oder Juristen) mit anschließender Verteidigung.

3. Die Entwicklung und Implementation eines persönlichen Lernplans, der die Lücken im individuellen Wissensstand über die grundlegenden Theorien der Familien-Aktivierung verdeutlicht und Lernziele ausweist. Diese Lernziele müssen spezifisch, zeitbegrenzt und meßbar sein. Dieser Lernplan ist auf zwei Seiten begrenzt und muß Ende des Lehrprogramms umgesetzt worden sein.

4. Die Erstellung einer annotierten Bibliographie und eine 15-minütige Präsentation (z. B. Referat) über ein Schlüsselthema der Familien-Aktivierung im Seminar. Diese Arbeit soll in einem Team geschehen. In der ersten Seminarsitzung können die Themen ausgewählt und die Teams gebildet werden.

Die Bibliographie sollte 2–4 Kernartikel enthalten. Die Präsentation soll in der letzten Seminar-Sitzung stattfinden.

5. Referent(inn)en- und Seminarbeurteilung

Für die Evaluation des Lehrprogramms und der Kursleiter wird ein besonderer Auswertungsbogen entwickelt. Außerdem wird am Ende einer jeden Seminarsitzung eine Kurzauswertung vorgenommen.

Wir sind an fortlaufendem Feedback über die Lehr- und Lernprozesse interessiert.

6. Lehrprogramm Sequenz 1:

Einheit 1: Das Grundprinzip für Intensive Familienhilfe

Einleitend wird ein Blick in die Geschichte der Jugend- und Familienhilfe sowie die Jugendgerichtsbarkeit und Gesundheitspolitik und -praxis geworfen. Dabei wird die Bedeutung der Intensiven Familienhilfe und Familienerhaltung, ihr gegenwärtiger Platz im Spektrum des Angebots familienbezogener Dienste herausgearbeitet. Dies wird

a) am Beispiel der USA betrachtet mit einer Einführung durch den/die Seminarleiter(in) mit Hilfe des Video-Films ‚families first'.

b) im jeweiligen Land, in dem der Kurs gegeben wird, eventuell mit einem Gastdozenten.

Literatur:

- Whittacker, J. K., Kinney, J., Tracey, E.M. und Booth, C. (Hrsg.): Reaching high risk families: Intensive family preservation in the human services. Hawthoorne, NY, Aldine de Gruyter 1990.
- Kinney, J., Haapala, D., Booth, C.: Keeping families together, the homebuilder's model. NY, Aldine de Gruyter 1991.
- Ausgewählte Literatur des jeweiligen Landes.

Einheit 2: Werte und Zielsetzungen von Programmen der Familienerhaltung

In dieser Einheit werden die Hauptziele und Werte verschiedener Programme der Familienerhaltung vorgestellt und diskutiert.

Arbeitsmaterial:

- Standards für familienstärkende und erhaltende Dienste, Child Welfare League of America, Washington D.C. 1989
- Handbuch Familien-Aktivierung, im Reader
- Overheadfolien (siehe Materialsammlung)
- Kinney u. a.: a.a.O., Kapitel 1

Einheit 3: Charakteristika und Elemente der Familien-Aktivierungs-Programme

Es werden die wesentlichen Merkmale und Bestandteile der intensiven Familienhilfe vorgestellt und diskutiert.

- Handbuch Familien-Aktivierung
- Overheadfolien: Schaubilder (Materialsammlung)
- Kinney u. a.: a.a.O. Kapitel 2
- Video-Film: Families First

Einheit 4: Schutz für Familienmitglieder und Sozialarbeiter(innen)

Für alle Betroffenen und am Familienschutzprozeß Beteiligten muß Sicherheit geschaffen und gewährleistet werden. Dies gilt zuallererst für die Kinder, jedoch auch für die Erwachsenen und schließlich auch für die Sozialarbeiter(innen). Hierbei wird der Tatsache Rechnung getragen, daß die unterschiedlichen Programme der Familienerhaltung hauptsächlich in den Wohnungen der Familien realisiert werden.

Folgende Themen werden hier bearbeitet:

- Hoch gefährdete Familien
- Krisen und die Chance in der Krisensituation
- Gewalt in Familien
- Straffälligkeit, ihre Bedeutung für die Familie
- Gewalt-Stopp und Gewalt-Stopp-Techniken

Literatur:
- in bezug auf Krisenintervention:
  Goldstein, Freud, Solnit: Beyond the best interest of the child, Free Press New York 1974.
- in bezug auf die „Sozialkontext"-Theorie:
  Caplan, G.: Principles of preventive psychiatry, Basic Books, New York 1964.
- Parad / Caplan: A framework for studying families in crisis, Journal for Social Work 5, 1960 3-15 (Reader).
- Kinney u. a.: a.a.O.
- Whittaker u. a.: a.a.O.

Einheit 5: Der Kontext der Familienerhaltung

Vorstellung und Diskussion der „Philosophie" der Familienerhaltungsprogramme.

Folgende Themen werden behandelt:
- Vom Individuums-/Psycho-Zentrismus zum systemischen Familienapproach und zu einer Lebenskontext-/Nahumwelt-Orientierung,
- Netzwerkorientierung,
- Familien mit ihrem informellen, formellen und institutionellen Netzwerk verbinden,
- der kulturelle Kontext von Familien.

Literatur:
- Minuchin, S.: Familie und Familientherapie, Freiburg 8-1990.
- Germain / Gitterman: Das Life-Model in der Sozialen Arbeit, Stuttgart 1988
- Karls, J. M. and Wandrei, K. E.: Person-in-Environment system, NASW Press, Washington D.C. 1994.

Einheit 6: Engaging

In dieser Einheit geht es darum, wie der/die Sozialarbeiter(in) die Kooperationsbereitschaft und die praktische Zusammenarbeit einer Familie in ihrer Wohnung erreicht.

Themen:
- gemeinsames Entwickeln eines Arbeitsvertrages mit der Familie
- Beauftragung durch die Familie

- die Familie respektieren
- die Rolle des /der Sozialarbeiter(in) verdeutlichen
- Besprechung der Interventionsgründe mit der Familie.

Material und Literatur:
- Handbuch Familien-Aktivierung
- Miller / Rollnick: Motivational Interviewing, Kapitel 2 (Reader)
- The wheel of change, The Guilford Press New York 1991.

Einheit 7:   Stärkenorientierung und „Empowerment"

Der Fokus in dieser Einheit richtet sich auf die Stärken von Individuen und Familien, an denen die Arbeit verschiedener Programme zur Familienerhaltung ansetzen, und die systematisch und in radikaler Weise auszubauen sind und damit Selbsthilfepotentiale freizusetzen. Dieser Ansatz, der auch als „Non-problem-approach" bezeichnet wird, soll vorgestellt und diskutiert werden. Erörterung des Kompetenz-Modells. Es sollen praktische Erfahrungen aus anderen Bereichen herangezogen werden.

Folgende Themen sollen behandelt werden:

- der „Non-problem-approach" und seine Implikationen;
- das Entdecken positiver Verhaltenssequenzen bei Klienten;
- die Vermeidung von Verurteilungen und Etikettierungen;
- das Stärken der Familie und ihrer Mitglieder;
- die Ausweitung der Ressourcen des sozialen Netzes der Familie;
- das Verbinden von inneren und äußeren Ressourcen;
- Vorstellung des Kompetenz-Modells des Pedologisch Instituuts Amsterdam;
- Aktivierung versus Kompensation oder Restitution.

Literatur:
- Canbrill, E.: Behaviour midification, a handbook for assessment and evaluation, Jossey-Boss, San Francisco 1978.
- Cowger, D. CH.: Assessing Client Strength: a clinical Assessment for client empowerment, NASW NY 1994, pp 252 – 267.
- Kinney u. a.: a.a.O.; Kapitel 6
- Kim Berg, Inssoo: Family Preservation – a brief therapy workbook, BT Press London 1991.
- Ellis, Albert: Die rational-emotive Therapie, München 1977.

Einheit 8: Kompetenz- und Fertigkeitstraining mit Familien und Familienmitgliedern

Die Betonung dieser Einheit liegt auf dem Kompetenz-, Fähigkeits- und Fertigkeitstraining mit Familien und ihren Mitgliedern.

Themen:
- Aufgaben, Fähigkeiten und Kompetenzen;
- wie man über Aufgaben und Fähigkeiten sprechen kann;
- das Aktivieren von Klienten;
- die inneren Ressourcen der Klienten;

Literatur:
- Canbrill, a.a.O.
- Meichenbaum, a.a.O.
- Slot, Wim: Das Kompetenz-Modell, Amsterdam 1995.

Einheit 9: „Hoffnung und Zukunft"

Hier geht es um die Arbeit an folgenden Themenbereichen.
- Es ist unser Job, der Familie eine Perspektive der Hoffnung und Zukunft zu geben;
- Aktivierung der Stärken und Ressourcen der Familie und ihres sozialen Kontextes;
- Die Rolle des/der Sozialarbeiter(in)s als
    * für neue Erkenntnisse offene(r) Handlungsforscher(in),
    * nicht „Experte" in überlegener Position,
    * Experte/„Künstler" des Dialogs;
- Evaluation, um an Fehlern zu lernen und die Arbeit zu verbessern.

Material und Literatur:
- Handbuch Familienaktivierungs-Programm,
- Miller und Rolznich; a.a.O. Siehe Sitzung 6
- Steve de Shazer: Putting difference to work, W.W. Norton New York 1991.

Einheit 10: **Evaluation des Kurses (wie oben beschrieben)**
- Die Teilnehmer(innen) referieren zu ausgewählten Kernthemen der Intensiven Familienhilfe.
- Arbeiten mit Evaluationsbögen.

Lehrprogramm Sequenz 2:

Einheit 1: **Im Blick: Familienerhaltung**

Im Zentrum der Betrachtung steht, wie die Teilnehmer(innen) Kinder, Familien und Familienerhaltung wahrnehmen und einschätzen.

Ziel ist es, einen Selbstreflexionsprozeß hinsichtlich folgender Themen anzuregen:
- wie es ist, heutzutage Kinder zu haben und „aufzuziehen",
- welche Rechte Familien haben und haben sollen,
- welche Rechte Kinder haben und haben sollen

und
- Vorteile, wenn Kinder in ihrer Familie bleiben,
- Nachteile, wenn Kinder in ihrer Familie bleiben.

Teilnehmer(innen) erstellen ein persönliches Genogramm und besprechen es mit anderen Teilnehmer(innen) ihrer Wahl.

Anmerkung: Wenn Sequenz 2 nicht parallel zur Sequenz 1 durchgeführt wird, sollte zunächst eine Zusammenfassung der Sequenz 1 vorangestellt werden.

Einheit 2: **Der Umgang mit Werten und Zielen**

Hier wird mit den Werten und Zielen der Sozialarbeiter(innen) und der Familien und Familienmitglieder gearbeitet, mit denen er/sie zu tun hat. Ein besonderes Augenmerk soll hier darauf gerichtet sein, die Werte anderer zu respektieren. In Seminarübungen hat sich herausgestellt, daß dies für viele Studierende und Praktiker(innen) nicht einfach zu realisieren ist.

Nach einer kurzen Einführung in Verhalten und Motivation (siehe Handbuch Families First) werden die „Werte-Karten" (siehe Materialsammlung) eingeführt. Die Teilnehmer(innen) üben die Arbeit mit den „Werte-Karten" in Rollenspielen.

Einheit 3: Die Rolle des/der Sozialarbeiter(in)s

Der Schwerpunkt dieser Einheit liegt auf der Rolle der/des mit der Familie arbeitenden Sozialarbeiter(in)s.

- Die Rolle der/des Sozialarbeiter(in)s als unvoreingenommene(r) Forscher(in), der/die nicht schon alles über die Familie zu wissen glaubt (mit einer Übung für die Teilnehmer(innen)).
- Selbst-Evaluation der/des Sozialarbeiter(in)s (mit Übung).
- Auf Verhalten gerichtetes Assessment (mit einer kurzen Einführung durch den/die Anleiter(in) (Literatur: Handbuch).
- Vorbereitung auf Supervision. (Mit Übung in Selbst-Evaluation)

Einheit 4: Sicherheit für alle Programmbeteiligten

In dieser Einheit konzentrieren wir uns auf die Gewährleistung von Sicherheit für alle am Familien-Aktivierungs-Programm Beteiligten: die Kinder, die anderen Familienmitglieder und die Sozialarbeiter/innen).

- Konflikte in Familien, Konfliktdämpfungs-Kompetenzen. Nach kurzer Einführung wird Konfliktdämpfung geübt (s. Handbuch).
- Wie man als Sozialarbeiter(in) auf die eigene sichere Position in psychischer und physischer Hinsicht achtet. Praktische Erfahrungen (eigene und Video-Beispiele) werden herangezogen.
- Hierbei möglicherweise auftretende besondere Schwierigkeiten. Diskussion der Teilnehmer(innen) nach Einleitung durch den/die Anleiter(in) (s. Handbuch).

Einheit 5: Familienerhaltung und der Kontext der Familie

Der Fokus dieser Einheit liegt auf dem sozialen Kontext der Familie und die Möglichkeit, ihn mit der Öko-Karte zu beschreiben.

- Einführung der Öko-Karte durch den/die Anleiter(in). Herausarbeiten der unterschiedlichen Arten von Netzwerken; des informellen, des formellen und des institutionalisierten Netzes. Beschreibung des Einflusses von Prinzipien und Standards und der Gesetzgebung. Charakterisieren der Beziehungen des/der Einzelnen mit dem Kontext als: stützende, Streß verursachende oder neutrale.
- Die Teilnehmer(innen) fertigen zur Übung Öko-Karten von einem „Fallbeispiel" an.

Verzeichnis der Arbeitsmaterialien

Einheit 6: **Engaging – die Kooperation der Familie erreichen**

Im Zentrum dieser Einheit steht das Verfahren, in dem der/die Sozialarbeiterin es in den Erstkontakten erreicht, daß die Familie (trotz schwieriger Ausgangslage) im Familien-Aktivierungs-Programm zusammenarbeitet.

– Einführung durch den/die Anleiter(in): Engaging der Familie; Engaging für den/die Sozialarbeiter(in).

– Übung für die Teilnehmer(innen): Engaging der Familie im Rollenspiel mit einem Fallbeispiel.

– Engaging und Krisen-Entschärfungstechniken und -kompetenzen, Reflektion auf der Grundlage von Einheit 5.

– Übung für die Teilnehmer(innen), Engaging für den/die Sozialarbeiter(in) im Rollenspiel mit einem Fallbeispiel.

Einheit 7: **Betonung der Stärken und „Empowerment"**

In dieser Einheit soll die Orientierung an und die Sicht auf die Stärken und das Empowerment eingeübt werden (anstelle der gewohnten Orientierung an Defiziten und Problemen). Dies ist ein besonders wichtiger Teil dieses Programms und macht den Unterschied zu den meisten Herangehensweisen der Sozialarbeit an Familien in Not aus. Es werden einige Hilfsmittel und Techniken des Familien-Aktivierungs-Programms bereitgestellt.

– Einführung durch den/die Anleiter(in):
  * Stärken versus Schwächen
  * Empowering/Aktivierung versus Kompensation
  Anleitung der Arbeit mit „Stärken-Karten"

– Übung für die Teinehmer(innen); Arbeit mit den „Stärken-Karten"

– Einführung der Methoden der Informationssammlung über soziale Unterstützung und Hilfe. Diskussion und Ergänzungen.

Einheit 8: **Kompetenztraining mit Familien/Familienmitgliedern**

Im Mittelpunkt dieser Einheit steht das Kompetenztraining mit Familien und einzelnen Familienmitgliedern. Es werden die Anforderungen und Kompetenzen festgestellt, die sie brauchen. Dafür geeignete Kompetenzübungen werden entworfen, durchgeführt und evaluiert.

– Einführung durch den/die Anleiter(in) unter Zuhilfenahme des Videos und der mitgelieferten Instruktion, Anleitung zum Umgang mit der Übersicht der „Lebens-Kompetenzen" (s. Handbuch).

- Übung für Teilnehmer(innen): „Wut-und Zorn-Beherrschung" auf der Grundlage eines Fallbeispiels (s. Materialsammlung).
- Einführung des Bogens „97 Möglichkeiten eine Leistung zu loben."

Einheit 9: Ziele setzen

Hier geht es darum, Ziele setzen und formulieren und die Bedeutung des Ziele-Setzens für alle Beteiligten zu lernen: für die Sozialarbeiter(innen), die Familie und die Einrichtung.

- Einführung der „Wunsch-Karten" durch den/die Anleiter(in).
  Die Teilnehmer(innen) üben damit.
- Kriteriengeleitete Ziele und Zielformulierungen:
  * gemeinsam mit der Familie,
  * positive,
  * konkrete,
  * von der Familie auf der Grundlage ihrer Möglichkeiten erreichbare Ziele.

Die Teilnehmer(innen) üben, solche Ziele zu formulieren.

- Allgemeine Bereiche kultureller und schichtspezifischer Unterschiede.

Zusammenfaseung durch die/den Anleiter(in) (s. Handbuch).

Einheit 10: Übungen zum Abschluß der Sequenz

In der letzten Sitzung werden einige Hauptmerkmale der Familienerhaltung zusammengefaßt: positives Feedback, konstruktives Vorgehen, Überblick über positive Verhaltensfolgen und die Überwindung von Rückschlägen.

- Einführung durch die/den Anleiter(in).
- Übungen für die Teilnehmer(innen):
  * positive Äußerungen (mit Übungsbögen, s. Materialsammlung).
  * konstruktives Feedback (s. Handbuch).
  * Überblick über positive Konsequenzen.
- Einführung durch den/die Anleiter(in).
  * die Überwindung von Rückschlägen.
  * die Rückfall-Prävention und ihre Grundthese.
  * die Erhaltung der professionellen Kompetenz der Sozialarbeiter(innen) und die Vermeidung von „Burned-out-Folgen"
- Schlußdiskussion und Erfahrungsaustausch.
- Evaluation.

Weiterführende Literatur

Aponte, H.: Underorganization in the Poor Family, in: Guerin, P. H. jun. (Hrsg.): Family Therapy: Theory and Practice, New York 1976 – 432 ff.

Bandura, A.: Social Learning Theory, Nglewood Cliffs, NJ: Prentince Hall 1977.

Barabas, F. / Erler, M.: Die Familie, Weinheim und München 1994.

Barth, R. P.: Theories Guiding Home-based Intensive Family Preservation Services, in: Whittaker, J. K. / Kinney, J. / Tracy, E. M. / Booth, C. (Hrsg.): Reaching High Risk Families: Intensive Family Preservation in Human Services, Hawthorne, NY 1990.

Bronfenbrenner, U.: Ökologische Sozialisationsforschung, Stuttgart 1976.

Bundesarbeitsgemeinschaft „Familie im Mittelpunkt" (BAG FiM), Hanau 1997.

Cooper, A. / Pitts, J.: Ironic Investigations: Between Trans-National European Social Work Research and Social Work Education – 26 ff., in: Gehrmann, G. / Müller, K. D. / Ploem (Hrsg.) a.a.O.

Cowger, CH. D.: Assessing Client Strength: Clinical Assessment for Client Empowerment, National Association of Social Workers, New York 1994.

Ebbe, K. / Friese, P.: Milieuarbeit, Stuttgart 1989.

Erikson. E. H.: Identität und Lebenszyklus, Frankfurt am Main 1992.

Eriksson, Ola: Familienarbeit in Schweden, Stockholm 1995, unveröff. Manuskript.

Ellis, A.: Die Rational-Emotive-Therapie, München 1977.

Erler, M.: Die Dynamik der modernen Familie, Weinheim und München 1996.

Gehrmann,G. / Müller, K. D.:
- Management in sozialen Organisationen, Regensburg 1993.
- Sozialarbeit, nicht Therapie, in: Sozialmagazin 5/1994.
- Effektiver Schutz für Kinder in Familien, in: Blätter der Wohlfahrtspflege 3/1996.
- Familie im Mittelpunkt – Aktivieren statt Kompensieren, in: Forum Erziehungshilfe 5/1996.

Gehrmann, G. / Müller, K. D. / Ploem, R.: Social Work and Socialwork Studies – Cooperation in Europe 2000, Weinheim 1994.

Germain, C. B. / Gitterman, A.: Das ‚life model' der Sozialen Arbeit, Stuttgart 1988.

Goldstein, J. / Freud, A. / Solnit, A. J.: Beyond the Best Interests of the Child, New York 1973, in deutsch: Jenseits des Kindeswohls, Freiburg 1983.

Grigsby, R. K.: Theories That Guide Intensive Family Preservation, 16 ff., in: Grigsby, R. K. / Morton, E. S. (Hrsg.): Advancing Family Preservation, Newbury Park, London, New Delhi 1993.

Haag, F., Schwärzel, R. / Wildt, J. u. a. (Hrsg.): Aktionsforschung, München 1972.

Halter-Dofel, G.: Materialien zum Projekt „Familie im Mittelpunkt", Hanau 1997.

Hellmantel, M.: Neues Denken in der Arbeit mit Familien, Edam 1994, unveröffentl. Manuskript.

Hesser, K. E.: Der Person-Umfeld-Bezug in der Sozialen Arbeit, Amsterdam 1992, unveröffentl. Manuskript.

Hoffmann, Ine: Die Einrichtung eines Kriseninterventionsprogramms für Familien in einer Kommune, Diplomarbeit an der FH Frankfurt am Main, Fachbereich Sozialpädagogik, 1996.

Hollis, F.: Soziale Einzelhilfe als psychosoziale Behandlung, Freiburg 1971.

Jährling, R.: Materialien zum Projekt „Familie im Mittelpunkt", Hanau 1997.

Karberg,W.: Soziale Einzelfallhilfe-Methode als Beeinflussungsinstrument, in: Otto, H.-U. / Schneider, S.: Gesellschaftliche Perspektiven der Sozialarbeit, Neuwied 1975.

Karls, E. / Wandrei, K.: Person in Environment, National Association of Social Workers, New York 1992.

Kern, S.: Die Rational-Emotive-Therapie in der Hilfe für gefährdete Familien, Frankfurt 1995, unveröff. Manuskript.

Kern, U.: Familien-Pflege, unveröff. Manuskript, Offenbach 1997.

Kommission Sozialpädagogik der DGFE, Bielefeld 1977.

Lindeman, E.: Symtomatology and Management of Acute Grief, in: American Journal of Psychiatry, 101, 1944, 141 ff.

Meinhold, M.: Wir behandeln Situationen – nicht Personen, in: Müller, S. / Otto, H.-U.: Handlungskompetenz in der Sozialarbeit/Sozialpädagogik, Bd. 1, Bielefeld 1982, 165 ff.

Minuchin, S.: Familie und Familientherapie, Freiburg 1990.

Müller, C. W.: Wie Helfen zum Beruf wurde, Bd.1, Weinheim 1982.

Müller, K. D. / Gehrmann, G.:
- Gratisangst, Sozialmagazin 11/1981.
- Zur Problematik gegenwärtiger Methodendiskussion in der Sozialarbeit/ Sozialpädagogik, in: Sozialmagazin 7/8, 1990.
- Wider die Kolonialisierung der Sozialarbeit, in: Sozialmagazin 1994.
- Kompetent und respektvoll arbeiten, in: social management 5/96.

Nederlands Instituut voor Zorg en Welzijn, Utrecht, 1995.

Neefjes, Kees: Je kunt een Kind nooit van te voren afschrijven, Welzijnsweekblad 36/1994.

Neuffer, M.: Die Kunst des Helfens, Weinheim und Basel 1990.

Otto, R.: Wie eine Familie den Sozialdienst beschäftigt, in: Mühlfeld u. a. (Hrsg): Soziale Einzelhilfe, Brennpunkte Sozialer Arbeit 1988, 40 ff.

Perlman, H · Soziale Einzelhilfe als problemlösender Prozeß, Freiburg 1969.

Rogers, C. R.: Die klientenzentrierte Gesprächspsychotherapie, München 3-1981.

Rothe, M.: Das Neue an den „Families First"-Ansätzen, in: Forum Erziehungshilfen, 5/1997.

Salgo, L.: Der Anwalt des Kindes, Bundesanzeiger 1993

Satir, V.: Conjoint Family Therapie, Palo Alto, Science and Behavior Books, 1967.

Skowronek, H.: Lernen und Lernfähigkeit, München 2-1980.

Slot, N. W. / Spanjaard, H. J. M. / Berger, M. A.: Het Competentiemodel en gezinsgerichte Hulpverlening, Leuven/Apeldorn 1996.

Straumann, U.: Beratung und Krisenintervention, Köln 1992.

Wendt, W. R.: Unterstützung fallweise – Case management in der Sozialarbeit, Freiburg 1991.

Hilfreiche Adressen

Bundesarbeitsgemeinschaft „Familie im Mittelpunkt"
1. Vorsitzender Herr Rüdiger Jährling
c/o Albert-Schweitzer-Kinderdorf
Am Pedro-Jung-Park 1

63450 Hanau

Fachhochschule Frankfurt
Fachbereich Sozialpädagogik
Prof. Dr. Gerd Gehrmann / Prof. Dr. Klaus D. Müller
Limescorso 3

60439 Frankfurt

Abkürzungen

ASD   Allgemeine Soziale Dienste

BAG FiM   Bundesarbeitsgemeinschaft Familie im Mittelpunkt

EU   Europäische Union

FiM   Familie im Mittelpunkt

KJHG   Kinder- und Jugendhilfegesetz

PIE   „Person in Environment"

RET   Rational-Emotive-Therapie

SPFH   Sozialpädagogische Familienhilfe

Stichwortverzeichnis

ABCDE-Schema 68
Abschlußbericht 176, 180
Abschlußinterview 176
Aktionsforscher(in) 99
Aktionsforschung 93, 114
Aktivposten 133
Alleinerziehende 16
Allgemeine Soziale Dienste 30, 103, 155
Alltagssituationen 60
Anleitungssozialarbeiter(in) 185, 189
Arbeitsplanung, flexible 34
Arbeitstechniken 202
Ärger 70
Assessment 17, 30, 31, 32, 53, 59, 62, 85, 93, 99, 100, 101, 105, 113, 114, 121, 133, 148, 177, 215, 217
Assessmentbogen 175, 177, 178
Ausbildung 160
– Familienarbeiter 215
– Programmanager 215
– Teamanleitung 215
Ausschlußkriterien 104
Außenwerbung 25

BASIC PRIME Modell 80
Bausteine 25
Begleitforschung 147, 160, 171, 173, 174, 177
Belastungsfähigkeit 82
Belohnung 66, 149
Beratungsstellen 19, 206, 213
Bereitstellungszeiten 38
Bestrafung 66
Betrachtungsweise, systemische 62
Bewährungshilfe 35, 104
Bildungsreserven 85

Case Management 18, 105, 106, 170, 208, 216
Charakteristika 25, 93
Corporate Identity 191, 204
Crash-Kids 119

Depression 69
Dienstleistungscharakter 199
Dienstleistungsqualität 171
direct teaching 66
Domäne 18
Drogensucht 36

Effektivitätskontrolle 174
Eigenmacht 102
Einsatzbereitschaft 34
Einzelbetreuung 213
Eklektizismus 19
Elternführerschein 27
Elternkompetenzen 40
Elternwohl 49
Empowerment 18, 40, 53, 54, 77, 102
Engaging 38, 76, 90, 114, 116, 135, 160, 217
Entwicklungs-Krisenmodell 80
Environment 62, 90
Environment-Aktivierung 87, 90
Erziehungsbeistand 213
Erziehungsberatung 36, 104, 170
Erziehungskompetenzen 27, 124
Ethik-Codes 28, 94
Evaluation 34, 45, 93, 147, 160, 168, 170, 171, 172, 173, 184, 187, 203
– summative Evaluation 171

Fachlichkeit 216
Familien- und Environment-Aktivierung 86, 87

Familienaktivierung 54
Familienarbeiter 221
Familienberatung 155
Familienbildung 213
Familienhilfe 19, 160
Familienorganisation 52
Familienrichter 105, 185
Familienstrukturen 51, 52
Familiensystem 51
Familientherapie 63, 64, 160
Families First 21, 25, 54
Feedback 73, 76, 79, 90, 115, 151, 169, 180
Feedback-Bericht 176
Feedback-Schleifen 100
Fertigkeiten 66
Forschungsziele 173
Fortbildungsprogramm 159
Fremdplazierung 34, 36, 80, 103, 113, 174, 177, 203, 213
Fürsorge 40

ganzheitlich 43, 161
Ganzheitlichkeit 66, 202
Gemeinwesenarbeit 30
Genogramm 62, 89
Geschlechterrollen 193
Gesprächsführung 76, 115, 210
Gesprächspsychotherapie 76
Gewalt 15, 36
Gewaltdämpfung 90
Grundwerte 76

Handgeld 43
Handlungsforschung 99, 199, 215
Handlungshypothese 99
Handlungskompetenz 217
Handlungsziele 99
Haushaltsmanagement 42
Heim 28, 37, 120
Heimkarriere 49
heterosexuell 29
Hilfe zur Selbsthilfe 40, 102
Homebuilders Organisation 21

Homebuilding 15, 21
Hygieneverhalten 44

Ideen, irrationale 72
Individuumszentriertheit 58
Inhome-Service 41, 42, 200, 206, 209
Intensive Family Preservation 22
Interaktionen 90, 100
Interaktionsprozesse 65
International Initiative 22
Intervention 59
– intensive Intervention 39

Jahresbericht 181
Jugendamt 36, 60
Jugendarrest 104
Jugendgefängnis 104
Jugendgerichtshilfe 35, 104
Jugendkriminalität 36

Kinder- und Jugendhilfedienste 28
Kindeswohl 49
Kleinfamilie 16
Kognition 66, 67
Kolonialisierung 19
Komm-Struktur 36, 41, 68, 200
Kommunikationskompetenz 21, 124
Kommunikationsmanagement 25
Kommunikationsstrukturen 55, 59
Kommunikator 97
Kompetenzbegriff 57
Kompetenzen 66, 122, 150, 168, 179
– berufliche Kompetenzen 169
– Beziehungskompetenzen 124
– Elternkompetenzen 40
– Erziehungskompetenzen 27, 124
– Gesprächsführungskompetenzen 169
– Haushaltsführungskompetenzen 124, 170

- Handlungskompetenz 217
- Kinderpflegekompetenzen 124
- Kommunikationskompetenzen 21, 124
- Problemlösungskompetenzen 169
- schulische Kompetenzen 170
- Selbstbehauptungskompetenzen 169
- Verhandlungskompetenzen 169

Kompetenzmodell 55, 57, 62, 80, 86, 173
Konditionierung 75
Konfliktdämpfung 125
Konfliktlage 53
Konsequenzen
- emotionale 74
- negative 74

Kontinuitätsprinzip 50
Konzept, kognitives 67
Krisen
- entwicklungsbedingte 55
- ereignisbedingte 56
- existentielle 16
- interpersonale 60

Krisenbewältigung 93
Krisenbewußtsein 58
Krisendämpfung 38
Krisendienst 199
Krisenentschärfungshilfe 151
Krisenhilfe 21
Krisenintervention 29, 36, 42, 54, 58, 60, 61, 62, 80, 86, 108, 172, 178, 199, 207, 209, 216
Kriseninterventionsprogramm 53, 68
Krisenmanagement 43
Krisensituation 133
Krisentheorie 54, 57, 58, 60
Krisenthermometer
   zur Wutkontrolle 151
Krisenverlauf 37
Kultur 97
Kundenorientierung 21, 37, 200

Lebensalltag 51
Lebensräume, soziale 89
Lebensrhythmus 37
Leistungsbericht 176
Lerntheorie 65
Life-Event-Forschung 56

Makroebene 65
Management 204
- Angst-Management 168
- Depressions-Management 168
- Geld-Management 169
- Wut-Management 168
- Zeit-Management 169

Menschenwürde 66, 95
Mesoebene 65
Methoden 25, 93
- der Einzelhilfe 33

Mikroebene 65
Milieuarbeit 30
Minitherapeut 19
Mißbrauch 15, 17, 27, 36, 48, 58, 59, 122
- sexueller 17

Mißhandlung 27, 48
Mitarbeiterqualität 188
Mittelziele 44
Model-Drifting 25
Moderator 97
MONITORING 106
Monopolisierung 60
Motivation 68, 178
Multiproblemfamilie 31, 54, 58, 59, 176, 213

Nachbefragung 176, 180
Nachuntersuchungen 216
Nähe-Distanz-Balance 189
Nähe-Distanz-Relation 171
Nahräume, materielle 89
Nahziele 44
Netzwerkarbeit 55
Netzwerke 18, 43

Stichwortverzeichnis

Netzwerkkarte 218
Nische 49, 89, 91
non-problem-approach 32, 77
Notruf 43

Öffentlichkeitsarbeit 103, 188
Ökogramm 52, 62, 89, 131, 217
Operationalisierung 44
Organisation 25, 52, 183
Organisationsentwicklung 85
Organisationsstruktur 93
Orientierung, sexuelle 97

Pathologie 85
Peergroups 89
Person in Environment 19, 42, 63, 65, 88
Personalmanagement 25
Persönlichkeitsdefizite 17
Pflegeeltern 50
Pflegefamilie 37
Pflegestelle 28, 120
Planungsbögen 175
Pragmatismus 55
Problemlagen 17, 42, 55, 77, 85, 95, 132
Problemorientierung 77, 160
Problemverhalten 130
Programm, genuin sozialarbeiterisches 161
Programmanager 221
Prozeß-Evaluation 100, 174
Prozeßcharakter 52
Psychiatrie 63
Psychoanalyse 46, 50, 68
Psychotherapie 33, 63
psychozentriert 45
Psychozentrismus 19, 58
Qualitätsmanagement 105, 139, 160, 171, 183, 184, 187, 197, 204
Qualitätssicherung 25, 172, 174, 187

Ratingbögen 175
Rational-Emotive-Therapie 66, 67, 68, 71, 141
Rational-Emotive-Verhaltenstherapie 210
Reduktion der destruktiven Selbstkritik 168
Reorganisierung des Alltags 163
Ressourcen 43, 55, 57, 77, 78, 99, 106
– externe 57
– interne 57
Risikofamilie 58
Rollenverhalten 150
Rollenverteilung 16
Roma-Sippen 29
Rufbereitschaft 38

Safety-Backup 147
Sanktionssysteme 149
Schuld 70
Schuldnerberatung 170
Schulsozialarbeit 126
Selbst- und Fremdevaluation 25
Selbsthilfe 213
Selbstmanagement 91, 174
selbstreflexives Arbeitskonzept 18
Selbstwertgefühl 100
Setting 87, 163
Shadowing 76, 189
Sicherheits-Back-Up 139, 189
Sicherheits-Netz 147
Situation, soziale 89
small social work 32
Social Attachment Theory 47
Sozialarbeit 19, 35
Sozialer Dienst 213
Sozialforschung 173
Sozialisationsagentur 28
Sozialmanagement 183
Sozialökologische Theorie 50
Sozialpädagogische Familienhilfe 17, 104, 155, 170, 178, 206, 209

319

Sozialräumliches Paradigma 198
Sozialtherapie 63
Soziotop 18, 43, 49, 131
Soziozentrismus 19
Stärken 46
Stärken-Assessment 79, 115, 125, 129, 218
Stärkenansatz 77
Stärkenorientierung 53, 54, 79, 101, 114
Stimulusinformationen 67
Strafjustiz 120
Streßfaktoren 57
Strukturierungsfähigkeit 33
Subsystem 43, 51, 86
Supervision 39, 206
System, innovatives 193
systemische Familientherapie 51
systemischer Blick 53
Systemtherapie 210

Taskforce 37
Teamanleitung 221
Teamberatung 185
Teamsitzung 185, 189
Teamspezialist(in) 185
Techniken 25
Therapie 46, 55, 63, 66
Traditionen
– ethische 97
– religiöse 97
– soziale 97
Trainingsmodul 23
Trainingsprogramm 217
Transaktionen 51

Übernahme (Intake) 199
Übernahmeprotokoll 175, 177, 178

Überweisung 176
Unterschicht, soziale 16, 18
Unversehrtheit der Kinder 16

Verfügungsgeld 35, 44
Verhaltens- und Kommunikationsstrukturen, dysfunktionale 59
Verhaltensänderung 66
Verhaltensbeeinflussung 149
Verhaltenskarte 218
Verhaltensregeln 66
Verhaltenssteuerung 149
Verhaltensstörungen 85
Verhaltenstherapie 53, 65
Verhaltenstraining 151
Verhaltensveränderung 131
Verhaltensweisen 66
Vermeidung von Fremdplazierung 21
Vermittlung, direkte 66
Vernachlässigung 15, 27, 59, 122
Video-Home-Training 18
Vormundschaftsgericht 60

Weiterbildung 220
Wertmaßstäbe 45
Wertorientierung 197
Wertvorstellungen 25
Wochenberichtsbögen 175
Wunschkarten 135

Zielfindungsprozeß 147
Zielkarten 151
Zielkartentechnik 136
Zielorientierung 35
Zugehörigkeitstheorie, soziale 49
Zuhören, aktives 90, 151